Der Mann, der sich selbst verlor

H. De Vere Stacpoole

Writat

Diese Ausgabe erschien im Jahr 2023

ISBN: 9789359253114

Herausgegeben von
Writat
E-Mail: info@writat.com

Inhalt

TEIL I

KAPITEL I

JONES

Es war der erste Juni, und Victor Jones aus Philadelphia saß in der Lounge des Savoy Hotel in London, besiegt in seinem ersten wirklich großen Kampf mit dem, was wir Leben nennen.

Obwohl Jones aus Philadelphia stammte, war er kein Amerikaner und hatte auch nicht den amerikanischen Akzent. Der gebürtige Australier hatte sein Leben in einer Bank in Melbourne begonnen, war nach Indien gegangen, um dort ein Handelshaus zu eröffnen, hatte sich selbstständig gemacht, scheiterte und wurde ein Rolling Stone. Philadelphia war seine letzte Station.

Ohne finanzielle Grundlage hatten Victor und ein Herr aus Philadelphia um einen Auftrag zur Lieferung von Streben, Bolzen und Trägern aus Harveyised-Stahl an die britische Regierung konkurriert; er war nach London gekommen, um das Geschäft voranzutreiben; Er hatte Männer mit Messinghüten interviewt, langsame Männer, die ihn langsameren Männern übergeben hatten. Die Stringer Company, wie er sich selbst nannte, und Aaron Stringer, der ihm die Reise finanziert hatte, hatten drei Wochen mit dem Geschäft verschwendet, und heute Morgen war ihr Angebot abgelehnt worden. Die Hardmans, die Leute aus Pittsburg, hatten den Auftrag erhalten.

Es war ein schwerer Schlag. Hätten er und Stringer den Auftrag erhalten, hätten sie ihn problemlos durchführen können, Stringer hätte die Sache in die Hände von Laurenson aus Philadelphia gelegt, und ihr Auftrag wäre enorm gewesen, ein Federstrich der britischen Regierung hätte es getan füllten ihre Taschen; andernfalls waren sie bankrott. Zumindest war es Jones.

Und Sie werden zu Recht sagen, wenn man bedenkt, dass die ganze Sache ein gigantischer Bluff war – nun ja, vielleicht, aber im Namen dieses Bluffers würde ich behaupten, dass er bei einem Geschäft alles riskiert hatte und dass dies kein kleiner Misserfolg war seines, aber eine Katastrophe, nackt und vollständig.

Er hatte weniger als zehn Pfund in der Tasche und war im Savoy Geld schuldig. Er hatte nämlich damit gerechnet, sein ganzes Geschäft in einer Woche zu erledigen und, wenn es scheiterte – eine Idee, die er kaum in Betracht zog –, wieder in die dritte Klasse in die Staaten zu kommen. Er hatte nicht mit den schrecklichen Kosten Londons oder der dreiwöchigen Verzögerung gerechnet.

Gestern hatte er ein Telegramm an Stringer geschickt, um Geld zu fordern, und als Antwort erhalten: „Ich warte auf Neuigkeiten vom Vertrag.“

Stringer war so ein Mann.

Er dachte jetzt an Stringer, während er die Gäste des Savoy beobachtete, Amerikaner und Engländer, wohlhabende Leute ohne Geldsorgen, so dachte er. Er dachte an Stringer und seine eigene Lage, mit weniger als zehn Pfund in der Tasche, einer nicht erhaltenen Hotelrechnung und dreitausend Meilen tiefem Wasser zwischen ihm und Philadelphia.

Jones war vierundzwanzig Jahre alt. Er sah aus wie dreißig. Eine ernstgesichtige, leichenhafte Person, die man bei drei Vermutungen für einen schottischen Free-Kirk-Minister in Mufti gehalten hätte; ein Schauspieler in der melodramatischen Linie; ein Food-Kurbel. Dies sind die drei schwerwiegendsten Berufe der Welt.

In Wirklichkeit hatte er, wie bereits erwähnt, sein Leben in einer Bank begonnen, sich auf dem Korrespondenzweg in Mathematik und höheren kaufmännischen Methoden weitergebildet und mit dem Ziel, Millionär zu werden, die Bank verlassen und sich im großen tosenden Ozean auf den Weg gemacht des Geschäfts.

Er hatte die Wahrheit erkannt. Erkennen Sie die Tatsache, dass die Kunst des Lebens nicht so sehr darin besteht, für sich selbst zu arbeiten, sondern vielmehr darin, andere Menschen für sich arbeiten zu lassen und durch die eigene geistige Energie die körperliche Energie anderer in Produkte oder Handlungen umzuwandeln. Wäre dieser Regierungsvertrag zustande gekommen, hätte er zu seinem eigenen Vorteil tausend Hämmer zum Schwingen gebracht, ein Dutzend Stahlwerke in Betrieb genommen, zwanzig Schiffe beladen, Hämmer, Mühlen und Schiffe, die er noch nie gesehen hatte und nie sehen würde.

Das ist die Magie des Geschäftslebens, und wenn man tosende Städte und summende Kais erblickt, wenn man von tobenden Schlachten liest, sieht und liest man von der Arbeit einer verhältnismäßig kleinen Zahl von Männern, Herren, die Gehröcke tragen, die noch nie etwas zu tun hatten oder ein Gewehr trugen oder ein Schiff mit eigenen Händen steuerten. Zauberer!

Er bestellte bei einem vorbeikommenden Diener einen Whisky und eine Limonade, damit er mehr über Stringer und seine eigene schreckliche Lage nachdenken konnte, und nahm gerade das Glas vom Tablett, als ein sehr gut gekleideter Mann seines Alters und seiner Statur hereinkam Der Durchgang, der von der amerikanischen Bar nach oben führte, erregte seine Aufmerksamkeit.

Das Gesicht dieses Mannes kam ihm so bekannt vor, dass er auf seinem Stuhl auffuhr, als wollte er gleich aufstehen und ihn begrüßen. Auch der Fremde schien für eine Sekunde von der gleichen Besessenheit zu sein, aber nur für eine Sekunde; Er machte eine kurze Pause, ging dann weiter und verlor sich hinter den Palmen am Eingang aus seinem Blickfeld. Jones lehnte sich in seinem Stuhl zurück.

„Wo *habe* ich diesen Kerl schon einmal gesehen?" fragte er sich. „Wo um alles in der Welt habe ich ihn getroffen? und er hat mich erkannt – wo in der – wo in der – wo in der –?"

Sein Gedächtnis, das vage und vergeblich nach dem Namen suchte, der zu diesem Gesicht passte, war schuld. Er trank seinen Whisky und seine Limonade aus, stand auf und schlenderte dann davon, ohne viel darauf zu achten, in welche Richtung, bis er den Bücher- und Zeitungsstand erreichte, wo er stehen blieb, um die Waren zu inspizieren, und die Seiten des neuesten Bestsellers umblätterte, ohne ein Wort davon zu trinken der Text.

Dann befand er sich unten in der amerikanischen Bar, mit einem Champagnercocktail vor sich.

Jones war in der Regel ein enthaltsamer Mann, aber sein Nervensystem war hochgradig überlastet und es war überlastet. Der ungewohnte Whisky und die Limonade hatten ihn in seinen Bann gezogen, ihn getröstet und seine Schritte geleitet, und jetzt hob der Barkeeper, ein fröhlicher Mensch, in Kombination mit dem Champagnercocktail, dem fröhlichsten aller Getränke, seine Stimmung so sehr und wärmte seinen Optimismus Nachdem er sein Glas ausgetrunken hatte, schob er es über die Theke und sagte: „Gib mir noch eins."

In diesem Moment trat ein Herr, der gerade die Bar betreten hatte, an den Tresen, legte eine halbe Krone darauf und wurde vom Barassistenten mit einem Glas Sherry bedient.

Als Jones sich umdrehte, sah er sich dem Fremden gegenüber, den er im Aufenthaltsraum gesehen hatte, dem Fremden, dessen Gesicht er kannte, an dessen Namen er sich jedoch überhaupt nicht erinnern konnte.

Jones war ein direkter Mensch, der es gewohnt war zu reisen und zufällige Bekanntschaften zu schließen. Er blieb nicht zurück.

„Entschuldigen Sie", sagte er. „Ich habe dich in der Lounge gesehen und bin sicher, dass ich dich irgendwo getroffen habe, aber ich kann dich nicht einordnen."

KAPITEL II

DER FREMDE

Der Fremde, der sein Wechselgeld vom Hilfsbarkeeper entgegennahm, lachte.

„Ja", sagte er, „du hast mich schon oft gesehen, denke ich. Wollen Sie damit sagen, dass Sie nicht wissen, wo?"

„Nö", sagte Jones – er hatte sich ein paar amerikanische Redewendungen angeeignet – „ich bin völlig daneben – sind Sie Amerikaner?"

„Nein, ich bin Engländer", antwortete der andere. „Das ist sehr merkwürdig, du erkennst mich nicht, na ja – na ja – na ja – lass uns hinsetzen und reden, vielleicht kommt dir die Erinnerung – gib dir Zeit – es ist einfacher, im Sitzen zu denken als im Stehen."

Als Jones sich nun umdrehte, um an dem vom Fremden angegebenen Tisch Platz zu nehmen, bemerkte er, dass der Barkeeper und sein Assistent ihn ansahen, als sei er plötzlich zu einem Objekt von überdurchschnittlichem Interesse geworden.

Die Feinheit des menschlichen Gesichtsausdrucks ist unangefochten, und die Gesichter dieser Personen vermittelten Jones den Eindruck, dass das Interesse, das er plötzlich in ihren Köpfen geweckt hatte, etwas mit dem Humorvollen zu tun hatte.

Als er jedoch wieder hinsah, nachdem er seinen Platz eingenommen hatte, spülten beide mit der Feierlichkeit von Bestattern Gläser.

„Ich dachte, diese Jungs würden mich auslachen", sagte Jones, „scheinbar habe ich mich geirrt, und umso besser für sie – nun, lasst uns diesem Durcheinander auf den Grund gehen – wer bist du überhaupt?"

„Nur ein Freund", antwortete der andere, „ich verrate dir gleich meinen Namen, aber ich möchte, dass du es dir selbst ausdenkst. Sprechen Sie über sich selbst und dann kommen Sie vielleicht dazu. Wer bist du?"

„Ich", rief Jones, „ich bin Victor Jones aus Philadelphia. Ich bin der Partner eines Stinktiers namens Stringer. Ich bin das Opfer einer britischen Regierung, die den Unterschied zwischen Weißblech und Harveyized-Stahl nicht kennt. Ich bin ein Mann auf den Felsen."

Die Schleusentore seines Zorns wurden geöffnet und alles kam ans Licht, einschließlich der Tatsache seiner eigenen verzweifelten Lage.

Als er fertig war, war die einzige Bemerkung des Fremden:

"Noch ein Haben."

„Nicht in deinem Leben", rief Jones. „Ich sollte mich auf die Suche nach dem Konsul oder irgendwohin machen, um meine Rückreise in die Staaten zu ermöglichen – nun ja – ich weiß es nicht. Nein – keine Cocktails mehr. Ich nehme einen Sherry, genauso wie du."

Nachdem der Sherry versandt worden war, erhob sich der Fremde und lehnte in diesem Moment einen Gegentrunk ab.

„Komm mit mir ins Wohnzimmer", sagte er, „ich möchte dir etwas sagen, was ich dir hier nicht sagen kann."

Sie gingen die Treppe hinauf, der Fremde ging voran, Jones folgte ihm, leicht verwirrt im Kopf, aber voller Wärme im Herzen und mit einer über alle Erfahrung hinausgehenden Lebensfreude. Stringer war vergessen, die britische Regierung war vergessen, Verträge, Hotelrechnungen, Zwischendeckreisen in die Staaten, all das war vergessen. Die Wärme, die prächtigen Räume und die goldenen Lampen des Savoy reichten für den Moment aus, und als er in einen Sessel sank und sich eine Zigarette anzündete, ließ selbst sein Interesse an dem Fremden und dem, was er zu sagen hatte, für einen Moment nach und gemindert durch die Dämpfe, die sein Gehirn erfüllten, und die Leichtigkeit, die seine Sinne umhüllte.

„Was ich zu sagen habe, ist Folgendes", sagte der Fremde und beugte sich in seinem Stuhl nach vorne. „Als ich Sie vor einiger Zeit hier sah, erkannte ich Sie sofort als eine Person, die ich kannte, aber ich konnte Sie, wie Sie es ausdrückten, nicht einordnen. Aber als ich in die Haupthalle kam, sagte mir sofort ein Spiegel. Du bist, um es ehrlich auszudrücken, mein Zwillingsbild."

„Ich bitte um Verzeihung", sagte Jones, und das Wortbild erschütterte seine Selbstgefälligkeit. „Dein Zwilling, was sagst du?"

„Bild, Abbild, Gegenstück – ich meine nichts für ungut – drehen Sie sich um und werfen Sie einen Blick auf den Spiegel hinter Ihnen."

Jones tat es und sah den Fremden, und der Fremde war er selbst. Beide Männer gehörten einem ziemlich gemeinsamen Typ an, aber die Ähnlichkeit ging weit darüber hinaus – sie waren identisch. Das gleiche Haar und die gleiche Haarfarbe, die gleichen Gesichtszüge, die gleiche Kopfform, die gleichen Ohren und die gleiche Augenfarbe, der gleiche ernste Gesichtsausdruck.

Absolute Ähnlichkeit zwischen zwei Menschen ist fast so selten wie absolute Ähnlichkeit zwischen zwei Kieselsteinen an einem Strand, dennoch kommt sie vor, wie im Fall von M. de Joinville und anderen wohlbekannten und bestätigten, und wenn ich absolute Ähnlichkeit sage, meine ich Ähnlichkeit so vollständig, dass ein enger Bekannter den Unterschied zwischen den

Duplikaten nicht erkennen kann. Wenn die Natur einen solchen Trick macht, dann tut sie es gründlich, denn man hat es bemerkt – besonders aber bei Zwillingen –, dass die Ähnlichkeit auch die Stimme oder zumindest deren Klangfarbe, den Schildknorpel und die Stimmbänder einschließt, die dem geheimnisvollen Gesetz folgen das regelt die Vervielfältigung.

Jones' Stimme und die Stimme des Fremden könnten in Tonhöhe und Klangfarbe dieselben gewesen sein, der einzige Unterschied bestand im Akzent, und der war geringfügig.

„Nun, ich bin ddd-“, sagte Jones.

Er drehte sich zu dem anderen und dann zurück zum Spiegel.

„Außergewöhnlich, nicht wahr?“ sagte der andere. „Ich weiß nicht, ob ich mich bei Ihnen oder bei Ihnen entschuldigen soll. Mein Name ist Rochester.“

Jones wandte sich vom Spiegel ab, die beiden Champagnercocktails, der Whiskey und der Sherry bereiteten sein ungewohntes Gehirn darauf vor, diese höchst ungewohnte Situation zu ertragen. Die Sache kam ihm strahlend humorvoll vor, doch wenn er es gewusst hätte, war in der Sache sehr wenig Humor.

„Das müssen wir feiern“, sagte Jones, rief einen Diener und gab ihm klare Anweisungen zu den Mitteln.

KAPITEL III

ABENDESSEN UND NACHHER

Eine kleine Flasche Böllinger war das Mittel, und die Feier wurde größtenteils von Jones durchgeführt, denn es stellte sich heraus, dass dieser Fremde, Rochester, obwohl er selbst wenig trank, es auf irgendeine Weise schaffte, in Fröhlichkeit und damit in der Stimmung mit dem anderen mitzuhalten , obwohl er hin und wieder von der Landspitze abfiel, wie ein Schiff ohne Steuermann vom Wind abfällt, und für einen Moment in das verfiel, was ein scharfsinniger Beobachter für die grundlegende Niedergeschlagenheit seiner wahren Natur gehalten hätte.

Diese Ausfälle waren jedoch nur von vorübergehender Natur und beeinträchtigten die fröhliche Stimmung seines Begleiters überhaupt nicht, der nun mitten in der Einsamkeit Londons einen Freund und in der Person dieses Freundes sein Zwillingsbild gefunden hatte Er schüttelte bei jedem Thema sein Herz aus und kehrte immer und mit der Regelmäßigkeit eines Pendels auf die Tatsache der Ähnlichkeit und der gleichen Frage und Aussage zurück.

„Wie ist das, dein Name? Rochester! Nun ja, bei meiner Seele schlägt mich das.

Als der Bollinger fertig war, befand sich Jones mit diesem neu gefundenen Freund vor dem Savoy, spazierte durch den gaserleuchteten Strand und saß dann, ohne dass ein Übergang erkennbar war, beim Abendessen in einem privaten Raum eines französischen Restaurants in Soho.

Danach konnte er sich noch deutlich an Teile dieses Abendessens erinnern. Er konnte sich an das Hühnchen mit Salat und ein Rumomelett erinnern, über das er gelacht hatte, weil es in Flammen stand. Er erinnerte sich an Rochesters Fröhlichkeit und an einen Scherz, den Rochester dem Kellner gespielt hatte und der mit zerschmetterten Tellern endete – er erinnerte sich daran, wie er bei Letzterem wegen seines wilden Verhaltens protestiert hatte. An diese Dinge konnte er sich später erinnern, und auch an ein paar andere – einen Ort wie den Himmel – die Leicester Lounge, und einen Ort wie den anderen Ort, den Leicester Square.

Ein Streit mit einem Fremden, über etwas, das er nicht sagen konnte, ein Taxi, in dem er saß und Rochesters Stimme zuhörte, die dem Fahrer Anweisungen gab, genaue Anweisungen, wohin er, Jones, gefahren werden sollte.

Eine von Lampen erleuchtete Halle und eine Treppe, die er hinaufgeführt
wurde.

Nichts mehr.

KAPITEL IV

CARLTON HOUSE TERRASSE

Er erwachte aus dem Schlaf im Bett im Dunkeln, sein Geist war klar wie Kristall und heiße Scham packte ihn an der Kehle. Rochester war die erste Erinnerung, die ihm einfiel, und es war eine Erinnerung, die vom Bösen geprägt war. Er fühlte sich wie ein Mann, der mit dem Teufel gegessen hatte. Unter der Führung von Rochester hatte er sich lächerlich gemacht, er hatte sich zum Rohling gemacht, wie würde er den Hotelleuten gegenübertreten? Und was hatte er mit seinem letzten Geld gemacht?

Diese Gedanken hielten ihn für ein paar schreckliche Momente regungslos. Dann legte er die Hand auf seinen unglücklichen Kopf, drehte sich auf die Seite und starrte in die Dunkelheit. Es war ihm alles deutlich klar geworden. Rochesters wildes Verhalten, das Abendessen, die zerschlagenen Teller, der Streit. Er hatte Angst, aufzustehen und in seinen Taschen zu suchen, er ahnte, in welchem Zustand sie sich befanden. Stattdessen beschäftigte er sich damit, sich vorzustellen, was aus ihm ohne Geld und ohne Freunde in dieser Wildnis Londons werden würde. Mit zehn Pfund hätte er vielleicht etwas erreichen können; ohne, was könnte er tun? Nichts, es sei denn, es handelte sich um Handarbeit, und er wusste nicht, wo er danach suchen sollte.

Dann kam ihm Rochester, nie aus den Augen, deutlicher vor Augen – war diese Ähnlichkeit real oder nur eine Einbildung von Alkohol? Und was hatte Rochester sonst noch getan? Er schien verrückt genug zu sein, irgendetwas getan zu haben, wahnsinnig – würde er, Jones, für Rochesters Taten zur Rechenschaft gezogen werden? Er kämpfte mit dieser Frage, als in der Dunkelheit und in der Nähe des Bettes eine Uhr zu schlagen begann, neun zarte und silberne Schläge, die Jones plötzlich Schweiß auf die Stirn trieben.

Er war nicht in seinem Zimmer im Savoy. Im Savoy-Schlafzimmer gab es keine Uhr, und in keinem Hotel sprach eine Uhr jemals in solchen Tönen. Auf dem Geräusch hörte er, als käme es aus einem Gang draußen, eine Stimme:

„Habe sein ganzes Geld genommen und ihn in der Kleidung eines anderen Kerls nach Hause geschickt."

Dann ertönte das Geräusch eines leisen Schritts über den Teppich, das Geräusch sich bewegender Vorhangringe – dann ließ eine zusammengezogene Jalousie das Tageslicht in ein Zimmer fallen, das Jones noch nie zuvor gesehen hatte, ein jakobinisches Schlafzimmer, streng, aber in jedem Detail exquisit.

Der Mann, der die Jalousienschnur gezogen hatte und dessen kraftvolles Profil sich im Licht abzeichnete, zeigte der Sonne ein Gesicht, das durch eine lange Reihe von Jahren und Vorfahren stark, aber gleichmäßig gefärbt war, wie von der sanften Bemalung von altem Portwein. Die typische Farbe des altmodischen englischen Richters, Bischofs und Butlers.

Er war in einen schwarzen Morgenmantel gekleidet, und sein ganzes Gesicht, seine Gestalt, sein Körperbau und sein Aussehen hatten etwas Ernstes und Erzbischöfliches, das das Auge und die Fantasie am meisten anzog.

Es erschreckte Jones, der, jetzt atmend, als würde er schlafen, mit geschlossenen Augenlidern zusah, wie die Erscheinung mit geschürzten Lippen die Jalousie des anderen Fensters bediente.

Nachdem dies geschehen war, ging es zur Tür, unterhielt sich in gedämpfter Stimme mit einer unsichtbaren Person und kehrte mit einem Porzellanservice für den Morgentee in der Hand zurück.

Nachdem sie dies auf den Tisch neben dem Bett gelegt hatte, verschwand die Erscheinung und schloss die Tür.

Jones setzte sich auf und sah sich um.

Seine Kleidung war verschwunden. Er hängte seine Hosen immer an den Bettpfosten am Ende seines Bettes und legte seine anderen Sachen auf einen Stuhl, aber Hosen oder andere Dinge waren nirgends zu sehen, sie waren weggezaubert worden. In diesem Moment bemerkte er den wunderschönen Seidenpyjama, den er angezogen hatte. Er streckte seinen Arm aus und betrachtete die Textur und das Muster.

Dann kam blitzschnell Trost und Verständnis. Er war in Rochesters Haus. Rochester muss ihn letzte Nacht hierher geschickt haben. Diese Erscheinung war Rochesters Diener. Die Vision von Rochester verwandelte sich von einem bösen Geist in einen Engel und wurde von einem warmen Gefühl der Freundlichkeit gegenüber dem besagten Rochester erfüllt. Er war gerade dabei, eine Tasse Tee einzuschenken, als die Worte kamen, die er draußen im Gang gehört hatte zurück zu ihm.

„Habe sein ganzes Geld genommen und ihn in der Kleidung eines anderen Kerls nach Hause geschickt.“

Was bedeutete das?

Er schenkte den Tee zu Ende und trank ihn; Auf einem Teller lag dünnes Brot und Butter, aber er ignorierte es. Wessen Geld war gestohlen worden und wer war in der Kleidung eines anderen Kerls nach Hause geschickt worden?

Betrafen diese Worte ihn oder Rochester? War Rochester ausgeraubt worden? Könnte er, Jones, zur Rechenschaft gezogen werden?

Ein tiefes Unbehagen und ein leidenschaftliches Verlangen nach seinen Kleidungsstücken, hervorgerufen durch diese Fragen, ließen ihn aus dem Bett aufstehen und auf den Boden fallen. Er kam zum näheren Fenster und schaute hinaus. Das Fenster gab den Blick auf den Green Park frei und bot einen fröhlichen Blick unter den Himmel eines perfekten Sommermorgens. Er wandte sich vom Fenster ab, und als er den Raum durchquerte, öffnete sich die Tür, durch die die Erscheinung verschwunden war. Draußen lag ein mit dicken Teppichen ausgelegter Korridor, ein Korridor, der still war wie das Hypogäum des Apis, geheimnisvoll, wunderschön, mit seidenen Vorhängen mit Quasten und Hängelampen. Jones schätzte, dass diese Lampen aus Silber seien und einen Wert von tausend Dollar pro Stück hätten. Als Junge hatte er „1001 Nacht" gelesen, und wie ein Hauch von Aladdins Garten wehte nun etwas Unbestimmtes, das seine Sinne erregte und seine praktische Natur störte. Er wollte seine Kleidung. Diese stille Pracht hatte das Verlangen nach seinen Kleidungsstücken zur Leidenschaft gemacht. Er wollte seine Stiefel anziehen und sich der Welt und dem Schlimmsten stellen. Schwingende silberne Lampen, weiche Teppiche und Seidenvorhänge steigerten nur seine Sensibilität für seine Kleidung und seine gesamte Position.

Er kam zurück ins Zimmer. Seine Wut begann zu steigen, die nervöse Wut eines Mannes, der sich lächerlich gemacht hat, über den ein Scherz gespielt wird und der sich in einer falschen Lage befindet.

Als er einen elektrischen Knopf neben dem Kamin sah, ging er dorthin und drückte ihn zweimal fest, dann öffnete er die zweite Tür des Zimmers und fand ein Badezimmer.

Ein pompejanisches Badezimmer mit Quastenboden, Marmorwänden und Marmordecke. Die Badewanne war im Boden versenkt. Über mit Silber plattierte Warmwasserleitungen hingen weiße Handtücher mit kardinalroten Fransen. Auch hier stand für die meisten Unpompejaner ein wunderbarer Schminktisch, eine solide Glasplatte, auf dem Rasiermesser, Maniküreinstrumente, Pinsel, Pudertöpfe und Duftflaschen lagen.

Jones betrat diesen Ort, ging um ihn herum wie eine Katze in einer seltsamen Speisekammer, schätzte die Tiefe des Bades ab, warf einen Blick auf die Dinge auf dem Tisch und war gerade dabei, eines der Maniküreutensilien aufzuheben, als ein Geräusch von ihm zu hören war Das Schlafzimmer erregte seine Aufmerksamkeit.

Da bewegte sich jemand.

Jemand, der scheinbar die Position von Stühlen veränderte und Dinge arrangierte.

Er vermutete, dass es der Diener war, der auf die Glocke geantwortet hatte; er hielt es für besser, das Ding jetzt draußen zu haben und damit Schluss zu machen. Er wollte eine ausführliche Erklärung, und zwar mutig, aber mit den Gefühlen eines Mannes, der eine Zahnarztpraxis betritt, kam er zur Badezimmertür.

Ein blassgesichtiger, beweglich aussehender junger Mann mit glänzendem schwarzem Haar, ein junger Mann in einer Weste mit Ärmeln, ein junger Mann, der ein Hemd und rosafarbene Seidenunterwäsche über dem linken Arm trug, war gerade dabei, ein Paar Lackleder zu platzieren Stiefel mit Kinderoberteilen auf dem Boden. Auf dem Bett lag ein wunderschöner Morgenmantel. Es war offensichtlich vom Flinken dort platziert worden.

Jones hatte vorgehabt, um Erklärungen zu bitten. Diese Absicht verschwand irgendwie im Akt des Sprechens. Was er äußerte, war eine sehr mild formulierte Bitte.

„Ähm – kann ich bitte meine Kleidung haben?" sagte Jones.

„Ja, mein Herr", antwortete der andere. „Ich stelle sie aus."

Der augenblickliche Zorn, der durch die offensichtliche Tatsache, dass er von der zweiten Erscheinung angegriffen wurde, ausgelöst wurde, wurde ebenso augenblicklich durch die Erinnerung von Rochester unterdrückt. Hier war ein weiterer Scherz. Dieses Haus gehörte offensichtlich Rochester – das Ganze war schlicht. Nun, er würde diesem listigen Geist zeigen, wie er einen Witz verstehen und ihn gegen den Macher wenden konnte. Wie Brer Rabbit beschloss er, sich bedeckt zu halten.

Er zog sich ins Badezimmer zurück und setzte sich auf den Stuhl mit Binsenboden am Tisch, sein Temperament war angespannt und bereit, wie ein Sprung hervorzuspringen. Er saß so, die Zehen aneinandergekrümmt und an seiner Entschlossenheit festhaltend, als der Flinke mit einer absoluten Ernsthaftigkeit, die jeden Zorn entwaffnete, mit dem Morgenmantel eintrat. Er stand da und hielt es hoch, und Jones stand auf und setzte es auf. Dann füllte der AO das Bad, prüfte die Temperatur mit einem Thermometer und war so in sein Geschäft vertieft, dass er allein hätte sein können.

Das Bad füllte sich, er verließ das Zimmer und schloss die Tür.

Er hatte ein paar Kristalle ins Wasser geworfen und es mit einem wohlriechenden und erfrischenden Parfüm parfümiert, die Temperatur war genau richtig, und als Jones eintauchte und suhlte und halb schwebend dalag und sich an den zu diesem Zweck aufgestellten versilberten Schienen stützte, kam ihm die Idee Er sagte ihm, dass er nicht murren würde, wenn der Scherz so angenehm weitergehen würde, wie er begonnen hatte.

Beruhigt durch die Wärme erlangte sein Geist einen klareren Blick auf die Dinge.

Wenn dies ein Scherz von Rochester war, was mit Sicherheit der Fall war, wo lag dann der Kern davon? Jeder Witz hat seinen Kern, und der Kern dieses Witzes war ganz offensichtlich die Ähnlichkeit zwischen ihm und Rochester.

Wenn Rochester ein Lord wäre und wenn dies sein Haus wäre und wenn Rochester ihn – Jones – wie ein Bündel Waren nach Hause geschickt hätte, dann würde die außergewöhnliche Ähnlichkeit vielleicht die Diener und vielleicht auch andere Menschen täuschen. Das wäre ein guter Witz, der allerlei lustige Entwicklungen verspricht. Nur war es kein Witz, den ein Mann mit Selbstachtung spielen würde. Aber Rochester, so die vagen Erinnerungen an seine Eskapaden, schien nicht mit Selbstachtung belastet zu sein. Er schien in seinen späteren Entwicklungen verrückt genug für alles zu sein.

Wenn er dies getan hatte, waren die Diener nicht im Geschäft; Sie würden sich der Illusion hingeben, dass er, Jones, Rochester war, gedopt und ausgeraubt, die Kleidung eines anderen Mannes angezogen und nach Hause geschickt wurde.

Rochester, der später am Morgen eintraf, würde ein schönes Fest voller Humor genießen.

Das schien klar. Der geborene Spaßvogel, der sein eigenes Zwillingsbild entwickelt, konnte nicht widerstehen, davon Gebrauch zu machen. Diese Erklärung klärte die Situation, machte sie aber nicht angenehmer. Wenn die Bediensteten die Zumutung vor der Ankunft von Rochester entdecken würden, würde es unangenehm werden. Er muss vorsichtig sein, nach unten gehen und so schnell wie möglich den Ort verlassen. Später ließ er sich mit Rochester nieder. Die Diener hatten ihn, sofern sie nicht an dem Scherz beteiligt waren, für bare Münze genommen, seine Stimme hatte ihn offensichtlich nicht verraten. In diesem Punkt war er sich sicher. Er verließ das Bad, trocknete sich ab und zog den Morgenmantel an. Zahnpasta und eine Zahnbürste standen auf einem Glastablett neben einem kleinen Becken mit Wasserhähnen für heißes und kaltes Wasser, und jetzt, so seltsam Männer beschaffen sind, wurden die wichtigsten Fakten seiner Position für einen Moment durch die Überlegung, dass er keins hatte, in den Schatten gestellt eine eigene Zahnbürste.

Allein dieses kleine Ding konzentrierte seine Kräfte und steigerte seine wachsende Verärgerung.

Er öffnete die Schlafzimmertür. Der mit den glänzenden Haaren steckte gerade Knöpfe in die Ärmel eines Hemdes.

„Besorg mir eine Zahnbürste – eine neue", sagte Jones schroff, fast brutal. „Schnell zugreifen."

"Ja, mein Gebieter."

Er ließ das Hemd fallen und verließ den Raum schnell, aber nicht überstürzt, wobei er darauf achtete, die Tür leise hinter sich zu schließen.

Für Jones war es der erste Hinweis auf eine so vollständige Methode und einen so perfekt konstruierten Mechanismus, dass Stöße so gut wie ausgeschlossen waren.

„Ich glaube, wenn ich diesen Kerl um einen Elefanten gebeten hätte", sagte er sich, „hätte er genauso gehandelt – gibt es auf dem Gelände eine Drogerie?"

Offensichtlich hatten sie einen Vorrat an Zahnbürsten, denn in weniger als anderthalb Minuten war Expedition mit der Zahnbürste auf einem kleinen lackierten Tablett zurückgekehrt.

Nun ist es für einen Mann, der es gewohnt ist, sich selbst anzuziehen, ein Schock, wenn ihm die Unterhose hingehalten wird, damit er hineinschlüpfen kann, als wäre er ein kleiner Junge.

Das ist Jones passiert – und sie waren aus rosa Seide.

Auf die gleiche Weise wurde ihm eine Hose in dezenter Farbe präsentiert, die völlig neu aussah und zerknittert war. Er durfte seine eigenen Socken aus Seide anziehen, die er noch nie zuvor getragen hatte, aber er durfte keine eigenen Stiefel anziehen. Der perfekte Kammerdiener tat dies, indem er mit Schuhlöffel und Knopfhaken in der Hand vor ihm kniete.

Nachdem er ihn in eine rosafarbene Seidenunterweste und ein weiches, plissiertes Hemd mit schlichten goldenen Gliedern an den Ärmeln eingeführt hatte, wobei jeder Knopf dieser Glieder in der Mitte eine kleine schwarze Perle trug, wurden ihm ein Kragen und eine dunkelfarbige Seidenkrawatte hinzugefügt , außerdem eine schwarze Morgenweste und ein schwarzer Morgenmantel, mit ziemlich breitem Zopf an den Rändern.

Dann wurde ein Taschentuch aus reinweißem Batist mit einem winzigen Monogramm, ebenfalls in Weiß, ausgeschüttelt und präsentiert.

Dann ging sein Diener aufmerksam, schweigsam und scheinbar wie am Schnürchen zu einem Tisch, auf dem ein kleiner Eichenschrank stand. Er öffnete den Schrank, nahm daraus eine Uhr und eine Kette und legte sie auf den Tisch.

Seine Pflichten waren nun beendet, und einer vorgeschriebenen Regel entsprechend verließ er vorsichtig und leise das Zimmer und schloss die Tür hinter sich.

Jones nahm die Uhr und die Kette in die Hand.

Die Uhr war so dünn wie ein Fünf-Schilling-Stück, die Kette bestand nur aus einem goldenen Faden. Es handelte sich um eine Abendangelegenheit, die mit eleganter Kleidung getragen werden sollte, und diese Tatsache stellte für Jones eine Bestätigung der Vorstellung dar, dass er sich nicht nur buchstäblich in Rochesters Schuhen befand, sondern auch, dass Rochesters gewöhnliche Uhr und Kette nicht zurückgekehrt waren.

Er setzte sich einen Moment hin, um über einen anderen Punkt nachzudenken. Seine eigene alte Waterbury- und gerollte Goldkette und die wenigen unwichtigen Briefe in seinen Taschen – wo waren sie?

Er beschloss, die Angelegenheit sofort zu klären und klingelte kühn.

Der Kammerdiener antwortete.

„Als ich letzte Nacht zurückkam – ähm – war irgendetwas in meinen Taschen?" fragte er.

„Nein, mein Herr. Sie hatten alles aus den Taschen genommen."

„Keine Uhr und Kette?"

„Nein, mein Herr."

„Hast du die Kleidung, in der ich zurückgekommen bin?"

"Ja, mein Gebieter."

„Geh und hol sie."

Der Mann verschwand und kam eine Minute später mit einem ordentlich gefalteten Bündel Kleidung auf dem Arm zurück.

"Herr. Church sagte mir, ich solle vorsichtig sein, damit Sie die Angelegenheit nicht in die Hände der Polizei legen, mein Herr, das sind doch schockierende alte Dinger."

Jones untersuchte die Kleidung. Sie gehörten ihm. Alles, was er gestern getragen hatte, lag dort, und der Anblick erfüllte ihn mit einer unaussprechlichen Nostalgie und einem Verlangen nach ihnen – einem Heimweh und einer Kleiderkrankheit –, die über alle Maßen hinausgingen.

Anhand des Verhaltens des Dieners war er sich absolut sicher, dass die Diener nicht „informiert" waren. Der wilde Drang überkam ihn, den Aussteller dieser Überbleibsel seiner Vergangenheit in sein Vertrauen zu ziehen. Um es gleich zu sagen: „Ich bin Jones. Victor Jones aus Philadelphia. Ich bin kein Herr. Hier, gib mir die Klamotten und lass mich da raus – lass es uns beenden."

Das bereits fallengelassene Wort „Polizei" hielt ihn zurück. Er war ein Betrüger. Was könnte das Ergebnis sein, wenn er die Fakten vor Rochesters Rückkehr bekannt geben würde? Was auch immer das Ergebnis sein würde, eines war sicher: Es würde unangenehm sein. Außerdem war er kein Gefangener, sobald er unten war, konnte er das Haus verlassen.

Anstatt also zu sagen: „Ich bin Victor Jones aus Philadelphia", sagte er: „Nehmt sie weg", und als er wieder allein war, setzte er sich hin und dachte darüber nach.

Rochester muss seine Taschen durchsucht haben, nicht um Beute zu machen, sondern um jeden Gegenstand zu entfernen, der Verdacht erregen oder den Verdacht erwecken könnte, dass er, Jones, nicht Rochester war. Das schien klar genug, und in dieser Tatsache lag eine ernsthafte Absicht, die beunruhigend war.

Es hatte jedoch keinen Sinn nachzudenken. Er würde nach unten gehen und fliehen. Er war furchtbar hungrig, aber er meinte, der Savoy reichte für eine weitere Mahlzeit – wenn er es schaffen würde.

Er ließ die Uhr und die Kette zurück – ohne den Ehrgeiz, zu seinen anderen Problemen noch eine Anklage wegen Diebstahls hinzuzufügen, sollte das Schicksal ihn vor der Rückkehr von Rochester festnehmen, und ging den Korridor hinunter zu einem Treppenabsatz, der auf eine Treppe führte, die, abgesehen von der Steigung, hinaufführte Möglicherweise wurden eine Kutsche und Pferde gefahren.

Der Ort war ein Palast. Riesige Bilder von düsteren alten Künstlern, Bilder von Männern in Rüstungen, Männern in Halskrausen, Frauen ohne Rüstungen oder Halskrausen oder sogar einem Stück Chiffon, zweifellos Bilder im Wert von mehreren Millionen Dollar, hingen an den Wänden des Treppenabsatzes und an der Wand daneben diese triumphale Treppe.

Jones schaute in den Flur hinein und begann dann, die Treppe hinunterzusteigen.

Als er in der Halle einen Hut fand, hatte er vorgehabt, ihn aufzusetzen und sich auf den Weg in die Freiheit und das Licht des Himmels zu machen, zum Savoy zurückzukehren, sich einen anderen Anzug anzuziehen und noch einmal selbst nach Rochester zu fahren. aber das war kein Saal mit Hutablage und Schirmständer. Ritter in Rüstung bewachten es und ein Lakai, sechs Fuß groß, in roten Plüschhosen und mit Waden, die Victor Jones unter normalen Bedingungen zum Lachen gebracht hätten.

Als der Lakai unseren Freund sah, ging er zu einer Tür, öffnete sie und hielt sie ihm auf. Den so bezeichneten Raum nicht zu betreten, wäre durchaus möglich gewesen, aber der überzeugende Einfluss dieses riesigen Dieners machte es Jones unmöglich.

Sein Wille war geflohen, er war seiner Umgebung unterworfen, für den Moment besiegt.

Er betrat einen Frühstücksraum, der hell und angenehm eingerichtet war, wo an einem Frühstückstisch und vor einer silbernen Teekanne eine etwa vierzigjährige Dame saß, schmalgesichtig, hochnasig, aristokratisch und ziemlich verblasst.

Sie las gerade einen Brief, und als sie den Neuankömmling sah, stand sie vom Tisch auf und sammelte einige andere Briefe ein. Dann fegte sie buchstäblich aus dem Zimmer. Sie sah ihn im Vorbeigehen an, und es schien Jones, als hätte er noch nie zuvor die volle Bedeutung des Wortes „Verachtung" gewusst.

Eine wilde Sekunde lang glaubte er, dass alles entdeckt worden sei und dass die Polizei nun mit Sicherheit eintreffen würde. Dann wusste er es sofort. Es war nichts entdeckt worden, die Täuschung hielt selbst bei dieser Frau an, dass dieser Blick für Rochester bestimmt war, nicht für ihn, und dass er durch die Affäre der letzten Nacht verursacht worden war, vielleicht auch durch andere Dinge, aber das sicher.

Unbehaglich, wütend, nervös, wild auf der Flucht, und dann der Vorsicht nachgebend, setzte er sich an den Tisch, wo ein Platz gedeckt war – offensichtlich für ihn.

Die Frau hatte einen Umschlag auf dem Tisch liegen lassen, er warf einen Blick darauf.

DER EHRENWERTE: VENETIA BIRDBROOK ,

10A Carlton House Terrace,

London, SW

Victor las die Inschrift in kühner Frauenschrift.

Es sagte ihm, wo er war, er befand sich im Frühstücksraum von 10A Carlton House Terrace, aber es sagte ihm nichts weiter.

War die Honble: Venetia Birdbrook seine Frau oder zumindest die Frau seines Zwillingsbildes? Dieser Gedanke machte ihn für einen Moment blind für die Tatsache, dass ein Diener – sie schienen so zahlreich wie die Fliegen im Mai – mit einer *Speisekarte* an seiner Seite stand , während ein anderer Diener, der vom Boden aufgesprungen zu sein schien, an der Anrichte herumfummelte, die ihn umgab enthielt kalte Lebensmittel, Zunge, Schinken, Hühnchen usw.

„Rührei", sagte er und blickte auf die Karte.

„Tee oder Kaffee, mein Herr?"

"Kaffee."

Er brach ein Frühstücksbrötchen und bediente sich mechanisch etwas Butter, die ihm der Anrichte-Geiger sofort präsentierte, und er hatte gerade mechanisch in ein Butterbrötchen gebissen, als sich die Tür öffnete und der Erzbischöfliche Herr sein Fenster hochzog Blind kam dieser Morgen herein. Mr. Church, denn Jones hatte bereits herausgefunden, dass dies sein Name war, trug in seiner rechten Hand einen kleinen gelben Korb voller Briefe und in seiner linken ein großes Bündel: The Times, Daily Telegraph, Morning Post, Daily Mail, Daily Express , Chronik und Tagesnachrichten. Diese Papiere legte er auf einen offenbar für diesen Zweck vorgesehenen Beistelltisch. Den kleinen Briefkorb stellte er neben Jones' linkem Ellenbogen auf den Tisch.

Dann zog er sich zurück, aber nicht ohne ein paar gemurmelte, zurechtweisende Worte an den Lakaien neben der Anrichte gerichtet zu haben, der zweifellos einen Punkt in dem mysteriösen Ritual, dessen Akolyth er war, ausgelassen hatte.

Jones warf einen Blick auf den obersten Buchstaben.

DER GRAF VON ROCHESTER ,

10A, Carlton House Terrace,

London, SW

Ah! jetzt wusste er es. Der wahre Name des Jongleurs, der ihm diesen Streich gespielt hatte. Es war jetzt auch klar, dass Rochester ihn als Ersatz hierher geschickt hatte.

Doch die Bestätigung seiner Idee beruhigte ihn nicht. Im Gegenteil, es erfüllte ihn mit einer vagen Beunruhigung. Das Gefühl, in einer Falle zu sitzen, überkam ihn nun zum ersten Mal. Der Witz hatte jegliche Farbe verloren, die Sache war ernst. Rochester hätte vorher zurückkommen sollen, um dem Geschäft ein Ende zu setzen. War ihm etwas passiert? War er ins Gefängnis gekommen?

Er berührte die Briefe nicht. Ohne Verdacht zu erregen und sich so natürlich wie möglich wie ein Standesbürger zu verhalten, musste er so schnell wie möglich aus diesem Lakaiennest fliehen, und zu diesem Zweck nahm er die Rühreier, die ihm jetzt präsentiert wurden, und den Kaffee an .

Als sie fertig waren, stand er vom Tisch auf. Dann erinnerte er sich an die Briefe. Hier war eine weitere winzige Krawatte. Er konnte sie nicht ungeöffnet und unberührt auf dem Tisch liegen lassen, ohne Verdacht zu erregen. Er nahm sie aus dem Korb und verließ mit ihnen in der Hand das Zimmer, während der Diener vor ihm herschlüpfte, um die Tür zu öffnen.

Wie durch ein Wunder war die Halle verlassen, von allen außer den Männern in Rüstung. Ein Raum, in dem er die höllischen Briefe hinterlassen und eine Glocke finden konnte, um einen Diener zu holen und ihm einen Hut zu besorgen, war das dringendste Bedürfnis des Augenblicks.

Er ging zu einer Tür direkt gegenüber, öffnete sie und fand einen Raum, halb Bibliothek, halb Arbeitszimmer, ein angenehmer Raum, der an Tabak gewöhnt war, mit einem ziemlich abgenutzten türkischen Teppich auf dem Boden, Satteltaschensesseln und einem großen Schreibtisch im Zimmer Das Fenster ist geöffnet und zeigt Fächer mit Briefpapier, Umschlägen, Telegrafenformularen und einem Regal mit dem ABC Railway Guide, Whitakers Almanac, Ruffs' Guide to the Turf, Who's Who und Kelly.

Pfeifen lagen auf dem Kaminsims, eine silberne Zigarrenschachtel und eine Zigarettenschachtel auf einem kleinen Tisch neben einem der Sessel, Streichhölzer – hier fehlte nichts, und alles war vom Feinsten.

Er legte die Briefe auf den Tisch, öffnete die Zigarrenschachtel und nahm eine Ramon Alones heraus. Eine Waffe mit stumpfem Ende zur Vernichtung von Melancholie und Unruhe, sechseinhalb Zoll lang und vielleicht eine halbe Krone kostend. Eine echte Havanna-Zigarre. Derzeit gibt es in London nur noch vier Orte, an denen Sie eine echte und perfekte Havanna-Zigarre erhalten können. Das heißt vier Geschäfte. Und in diesen vier Geschäften – oder sollen wir sie Handelszentren nennen – können nur bekannte und vertrauenswürdige Kunden die Sonne finden, die in diesem oder jenem perfekten Jahr auf die Vuelta Abajos schien.

Der gegenwärtige Vertreter des Earl of Rochester fand es jetzt, allerdings mit wenig Freude, als er im Raum auf und ab ging, um die Glocke zu läuten. Er näherte sich zu diesem Zweck gerade dem elektrischen Knopf, als das leise und ferne Rauschen eines Autos, als käme es von einer plötzlich geöffneten Flurtür herein, seine Hand blockierte. Hier war endlich Rochester. Er wartete und hörte zu.

Er musste nicht lange warten.

Plötzlich öffnete sich die Zimmertür und die Frau am Frühstückstisch zeigte sich. Sie war zum Ausgehen gekleidet und trug einen Hut, der einen Durchmesser von einem Meter zu haben schien, und eine Federboa, aus der sich ihr hühnerartiges Gesicht und ihr Hals zum krönenden Abschluss des Hutes erhob.

„Ich gehe zu Mutter", sagte sie. „Ich komme nicht zurück."

„Ähm-ähm", sagte Jones.

Sie hielt inne. Dann kam sie direkt herein und schloss die Tür hinter sich.

Sie stand mit dem Rücken zur Tür und sprach mit Jones.

„Wenn Sie Ihr eigenes Verhalten nicht so sehen können, wie andere es sehen, wer kann Sie dann dazu bringen? Ich beziehe mich nicht auf die Schande der letzten Nacht, obwohl das weiß Gott schon schlimm genug war, ich spreche von *allem* , von deiner armen Frau, die dich immer noch liebt, von dem Anwesen, das du durch dein verrücktes Verhalten ruiniert hast, von der Gesellschaft, die du führst , von den Beleidigungen, die Sie den Menschen überhäuft haben – und jetzt fügen Sie dem Rest noch Alkohol hinzu. Das ist neu." Sie hielt inne.

"Das ist neu. Aber ich warne Sie, Ihr Gehirn hält *das nicht aus* . Sie kennen den Makel in der Familie genauso gut wie ich, er hat sich in Ihren Handlungen gezeigt. Nun, trinken Sie weiter, und Sie werden im Chaos und nicht im Arbeitshaus enden. Sie nennen dich „Mad Rochester"; Du weißt, dass." Sie verschluckte sich. „Ich bin errötet, als deine Schwester bekannt zu sein – ich habe versucht, meinen Platz hier zu behalten und dich zu retten. Es ist vorbei." Sie wandte sich der Tür zu.

Jones hatte sich entschieden. Er würde die ganze Angelegenheit erzählen. Dieser Rochester war offensichtlich ein durch und durch schlechter Kerl; Nun, er würde jetzt den Spieß umdrehen.

„Schau her", sagte er. „Ich bin nicht der Mann, für den Sie mich halten."

„Tosh!" rief die Frau.

Sie öffnete die Tür, wurde ohnmächtig und schloss sie mit einem Knall.

„Nun, ich bin verdammt", sagte Jones zum zweiten Mal im Zusammenhang mit Rochester.

Die Uhr auf dem Kaminsims zeigte Viertel vor elf; das leise Geräusch des Autos hatte aufgehört. Die Dame mit der Federboa hatte sich offenbar verabschiedet, und im Haus herrschte wieder klösterliche Stille.

Er wartete einen Moment, um sich zu vergewissern, dann ging er in den Flur, wo ein riesiger Lakai – ein neuer, neugieriger als die anderen – in der Nähe der Tür herumlungerte.

„Mein Hut", sagte Jones.

Das Ding flog und kam mit einem glänzenden Seidenhut, einem Gehstock mit Schildpattgriff und einem Paar neuer Wildlederhandschuhe in zarter

Taubenfarbe zurück. Dann öffnete es die Tür und Jones, den Hut auf den Kopf setzend, ging hinaus.

Durch eine Gnade passte der Hut.

KAPITEL V

Der Sinn des Witzes

Draußen an der frischen Luft und im Sonnenschein holte er tief und zufriedenstellend Luft. Es kam ihm vor, als wäre er einem Käfig voller Affen entkommen. Affen in Menschengestalt, Kreaturen, die ihm als Rochester unterwürfig gehorchten, ihn aber, als sie die Wahrheit witterten, in Stücke reißen würden.

Nun, er war ihnen aus dem Weg gegangen. Zurück im Savoy würde er sich in seine eigenen Sachen stürzen, und wenn er wieder in seinen eigenen Sachen wäre, würde er zuschlagen. Wenn er keinen Anwalt finden konnte, der seinen Fall gegen Rochester vorbrachte, würde er sich an die Polizei wenden. Ja, das würde er. Rochester hatte ihn gedopt, seine Briefe und seine Uhr mitgenommen.

Jones war nicht der Mann, der falsche Anschuldigungen vorbrachte. Er wusste, dass dieser höllische Narr seine Habseligkeiten nicht aus Plünderungsgründen mitgenommen hatte, sondern um die Diener glauben zu machen, dass er, Rochester, von Haien aller Dinge beraubt und in einem alten Anzug nach Hause geschickt worden war ; Trotzdem würde er Rochester beauftragen, ihm seine Sachen wegzunehmen, er würde diesem praktischen Spaßvogel beibringen, wie man sich benimmt.

Um sich abzukühlen und seine Gedanken zu sammeln, bevor er zum Savoy ging, machte er einen Spaziergang im Green Park.

Dieses eine Wort „Tosh!" Die Aussage der Frau als Antwort auf seine Aussage verriet ihm mehr über Rochester als viele andere Aussagen. Dieser Mann wollte ein kaltes Bad, er wollte unter dem Wasserhahn gehalten werden, bis er um Gnade weinte.

Beim Gehen, jetzt mit dem Stock unter dem rechten Arm und der linken Hand in der Hosentasche, spürte er etwas in der Tasche. Es war eine Münze. Er nahm es heraus. Es handelte sich um einen Penny, der offensichtlich unentdeckt und vom Kammerdiener nicht entfernt worden war.

Es war auch eine Erinnerung an seine eigene Armutssituation. Seine Gedanken wandten sich von Rochester und seinen Witzen ab und wandten sich seiner eigenen unmittelbaren und tragischen Lage zu. Das Ganze war seine eigene Schuld. Es war ziemlich einfach zu sagen, dass Rochester ihn geführt und in Versuchung geführt hatte; Er war ein ausgewachsener Mann und hätte der Versuchung widerstehen sollen. Er hatte sich von starkem Alkohol befallen lassen; Nun ja, er hatte mit dem Verlust seines Geldes bezahlt, ganz zu schweigen von der Art und Weise, wie sein Selbstwertgefühl durch diesen Narren verletzt worden war.

In der Nähe des Buckingham Palace kehrte er um, ging den Weg, den er gekommen war, und verließ den Park durch das neue Tor.

Er überquerte das Wegegeflecht, wo die Northumberland Avenue in den Trafalgar Square mündet. Es war fast zwölf Uhr, und die ersten Abendzeitungen erschienen. Ein Straßenhändler mit einem Bündel Papieren unter dem Arm und einem gelben Plakat vor sich, das wie eine Schürze aussah, erregte seine Aufmerksamkeit; Zumindest das Poster.

„Selbstmord eines Amerikaners in London!“ waren die Worte auf dem Plakat.

Jones erinnerte sich an seinen Penny, holte ihn hervor und kaufte eine Zeitung.

Der Selbstmord des Amerikaners interessierte ihn nicht, aber er vermutete vage, dass die Presse durch die Polizeinachrichten etwas von Rochesters Taten in der Nacht zuvor erfahren haben könnte. Er hielt es für sehr wahrscheinlich, dass Rochester, der seinen verrückten Kurs fortsetzte, ins Gefängnis geworfen worden war.

Er wurde belohnt. Gleich auf der ersten Seite sah er seinen eigenen Namen. Er hatte es noch nie zuvor in gedruckter Form gesehen, und der Anblick und die Umstände ließen seine Zunge zurückschnalzen, als würde sie durch eine Schnur, die an ihrer Wurzel befestigt war, zurückgehalten.

Das war der Absatz:

„Gestern Abend, als der Inner Circle-Zug um 11.35 Uhr in den Bahnhof Temple einfuhr, wurde ein Mann gesehen, der vom Bahnsteig auf die Metalle sprang. Bevor die Stationsbeamten eingreifen konnten, um ihn zu retten, hatte sich der unglückliche Mann vor die herannahende Lokomotive geworfen. Der Tod erfolgte augenblicklich.

„Anhand der im Besitz des Verstorbenen befindlichen Papiere wurde seine Identität als die von Herrn VA Jones, einem amerikanischen Gentleman aus Philadelphia, der kürzlich im Savoy Hotel in Strand wohnte, bestätigt.“

Jones stand entsetzt mit dem Papier in der Hand da. Rochester hatte Selbstmord begangen!

Das war der Scherz – der schwarze Kern davon. Den ganzen letzten Abend, die ganze Heiterkeit über, hatte er das geplant. Vielleicht planten sie es vom ersten Moment ihres Treffens an. Dieser der Welt angetane Witzbold, dieser der Welt angetane Verschwender, der der Eingebung dieser außergewöhnlichen Ähnlichkeit nicht widerstehen konnte, verließ sein

Leben am Ende eines letzten Jamboree und mit einem Ausbruch von Gelächter – und hinterließ einen anderen Mann in seinen Kleidern, nein, fast einen könnte man in seinem Körper sagen.

Jones erkannte sofort den Sinn der Sache.

TEIL II

KAPITEL VI

DAS NETZ

Er sah etwas anderes. Ihm wurde automatisch der Zutritt zum Savoy und zum amerikanischen Konsul verwehrt. Und obendrein noch etwas anderes. Er hatte einen sehr schweren Fehler begangen, als er seine Position auch nur für einen Moment akzeptierte. Er hätte an diesem Morgen sofort sprechen sollen, mit „Mr. Church", erzählte seine Geschichte und gab Erklärungen ab, obwohl er versäumte, Erklärungen abzugeben, bevor er das Haus verließ. Er war in Rochesters Kleidung gegangen und hatte die Rolle von Rochester gespielt.

Er rollte das Papier zu einer Kugel zusammen, warf es in die Gosse und betrat Charing Cross, um sein Monolog fortzusetzen.

Er hatte Rochesters Essen gegessen, eine seiner Zigarren geraucht und seinen Stock und seine Handschuhe angenommen. Mit Rochesters Hilfe wäre das alles vielleicht erklärbar gewesen, aber Rochester war tot.

Niemand wusste, dass Rochester tot war. Um zum Savoy zurückzukehren und seine eigene Identität festzustellen, musste er die Tatsache von Rochesters Tod nachweisen, die Geschichte seiner eigenen Trunkenheit erzählen und die Leute glauben machen, dass er ein unschuldiges Opfer war.

Ein unschuldiges Opfer, das zum Haus eines anderen Mannes gegangen war und sich einige Stunden lang offensichtlich als dieser andere Mann ausgegeben hatte, in seiner Kleidung und mit seinem Stock das Haus verließ, ein unschuldiges Opfer, das im Savoy eine Rechnung schuldete.

Jeder Mann, Sie können sicher sein, auch die Familie, würde das unschuldige Opfer in Rochester finden.

Was hatten Jones' Briefe mit Rochester zu tun? Das war eine schöne Frage für eine verwirrte Jury.

Mit welcher Kunst drängte sich Jones, der bedürftige amerikanische Abenteurer – so würde man ihn nennen – Rochester auf und veranlasste Rochester, ihn nach Carlton House Terrace bringen zu lassen?

Oh, es gab noch viel mehr Fragen, die an diesem Phantomgericht gestellt werden mussten, wo Jones sich selbst auf der Anklagebank sah und versuchte, das Unerklärliche zu erklären.

Das Bild wäre für die Schönfärberei nicht von Nutzen; es würde das Geheimnis nur vertiefen und die Angelegenheit noch extravaganter machen. Außerdem wäre die Ähnlichkeit zu diesem Zeitpunkt höchstwahrscheinlich schon ziemlich verdorben; Zum Zeitpunkt der Assizes war dies nur noch anhand von Fotos nachweisbar.

Er saß auf einem Sitzplatz im Bahnhof Charing Cross und dachte so nach, den phantastischsten Ideen nachjagend, doch die ganze Zeit über war er von der kalten Tatsache gefesselt.

Die Tatsache, dass die einzige Tür in London, die ihm offenstand, die Tür von 10A, Carlton House Terrace, war.

Da er nicht in die Savoy zurückkehren konnte, besaß er nichts auf der Welt außer der Kleidung, in der er aufstand, und dem Spazierstock, den er in der Hand hielt. Gekleidet wie ein Lord, war er ärmer als jeder Landstreicher, und zwar aus dem einfachen Grund, weil seine überaus feine Kleidung ihn vom Betteln und von der niederen Arbeit abhielt, die die einzige Möglichkeit der plötzlich Mittellosen darstellt.

Mit der Zeit und mit seiner schnellen Geschäftsfähigkeit hätte er sich vielleicht darum gekümmert, eine Stelle als Angestellter oder eine Stelle in einem Geschäft zu bekommen – aber er hatte keine Zeit. Es war kurz vor der Mittagspause und er hatte Hunger. Allein diese Tatsache war ein Hinweis darauf, wie er in Bezug auf die Zeit gestellt wurde.

Er war ein logischer Mann. Er sah deutlich, dass ihm nur noch zwei Wege bevorstanden. Zum Savoy gehen und seine Geschichte erzählen und auf der Polizeistation Essen und Unterkunft bekommen, oder zu 10A, Carlton House Terrace gehen und als Rochester Essen und Unterkunft bekommen.

Beide Vorstellungen waren verabscheuungswürdig, aber er rechnete mit gutem Grund damit, dass ihm Verhaftung, Schande und wahrscheinlich eine Gefängnisstrafe gewiss wären, wenn er den ersten Weg wählte, wohingegen er, wenn er den zweiten Weg wählte, vielleicht in der Lage sein würde, die Sache so lange zu bluffen, bis er es konnte Wege finden, dem Netz zu entkommen, das ihn umgab.

Er entschied sich für den zweiten Gang. Die Diener und sogar die Vogelscheuchenfrau mit der Federboa hatten ihn als gute Münze akzeptiert; Es gab keinen Grund, warum sie ihn nicht noch eine Weile aufnehmen sollten. Im Übrigen gab es keinen Grund, warum sie ihn nicht für immer akzeptieren sollten.

Selbst inmitten seiner Geistesverwirrung und allgemeinen Trübsal brachte ihn der Humor der letztgenannten Idee fast zum Lächeln. Die Idee, als Lord Rochester zu leben und zu sterben, als Mitglied der englischen Aristokratie, immer „My Lorded", bedient von Lakaien mit großen Waden und jeden Morgen in seiner Unterhose von diesem Kerl in der Jacke mit Ärmeln eingeführt!

Diese absurde Idee, absurder als jeder Traum, basierte dennoch auf einer materiellen Grundlage. Tatsächlich hatte er es an diesem Morgen in die Tat umgesetzt, und wenn kein Wunder geschah, würde er es noch einige Tage lang in die Tat umsetzen müssen.

Allerdings war Jones, zu seinem Glück oder Unglück, ein Mann der Tat und kein Träumer. Er verwarf die Ideen und kam zu praktischen Überlegungen. Wenn er die Position halten müsste, müsste er sich stärker behaupten.
Er stand auf, betrat das Charing Cross Station Hotel und besorgte sich vom Hotelangestellten ein Exemplar von „Who's Who".
Er blätterte um, bis er die Rs fand. Hier war sein Mann.
Rochester. 21. Earl of (gest. 1431) Arthur Coningsby Delamere. Baron Coningsby von Wilton, ehemaliger Lieut. Schützenbrigade, m. Teresa, 2. Tochter von Sir Peter Mason Bart. 9 v. Educ. Heidelberg. Besitzt etwa 21.000 Acres. Adresse 10A, Carlton House Terrace. Rochester Court, Rochester. The Hatch, Colney, Wilts. Vereine, Senior Conservative, National Sporting, Pelican.
Das war nur ein Teil der Aussagen des „Who is Who" über Rochester, Arthur Coningsby, Delamere. Der letzte dekadente Nachkomme einer Familie, die in den vergangenen Jahren für ihre Macht, Verschwendung und Produktivität berühmt war.

Hätte Jones seinen eigenen Stammbaum erklimmen können, hätte er vielleicht auf irgendeinem Spinnzweig den Grund für seine erschreckende Ähnlichkeit mit Rochester, Arthur Coningsby und Delamere gefunden, aber das war reine Spekulation und kam Jones nicht in den Sinn .

Er klappte das Buch zu, gab es zurück und ging hinaus.

Da nun sein Entschluss gefasst war, war sein Kampfgeist geweckt. Mit anderen Worten, er empfand die gleiche Rücksichtslosigkeit wie ein Mann, der in die Schlacht zieht, die Gleichgültigkeit gegenüber Konsequenzen, die einen wahren Entdecker auszeichnet. Denn Stanley an der Grenze des dunkelsten Afrikas und Scott am Eisrand des Beardmore-Gletschers hatten einfache Positionen und Bezirke vor sich im Vergleich zu denen, die jetzt vor Jones standen, der mit all diesen die westlichen und südwestlichen Londoner Bezirke vor sich hatte enthalten in der Art von Eingeborenen mit Zylinderhüten, geschminkten und gepuderten Eingeborenen, Stämmen mit Stammesgesetzen, von denen er wenig wusste, Tricks, von denen er weniger wusste, Sitten, Ju-Pus und Fetische. Und er betrat dieses dunkle, komplizierte und gefährliche Land, nicht als Entdecker mit Perlen und Bibeln, sondern verkleidet als Top-Mann, als Häuptling.

Burtons Position, als er als Mohammedaner verkleidet nach Mekka reiste, war im Vergleich zur Position von Jones einfach. Burton kannte das Ritual. Er hat zwar einen Fehler gemacht, aber dann konnte er den Mann töten, der ihn diesen Fehler machen sah. Jones könnte sich auf diese Weise nicht schützen, selbst wenn der Kammerdiener in der Jacke ihn in einer Position entdecken würde, die der von Burton entspricht.

Allerdings dachte er im Moment nicht an all diese Dinge; er dachte ans Mittagessen. Wenn er dazu verdammt war, eine Zeit lang die Rolle eines Lords zu spielen, war er fest entschlossen, sein Gehalt so zu gestalten, wie er wollte. Dennoch schien es, dass er, um in seiner neuen und außergewöhnlichen Position alles zu bekommen, was er wollte, etwas nehmen musste, was er nicht wollte. Er wollte zu Mittag essen, aber er wollte nicht zur Carlton House Terrace zurückkehren , zumindest nicht im Moment. Diese Lakaien – der bloße Gedanke an sie verursachte ihm Magenbeschwerden –, mehr noch, er hatte Angst vor ihnen. Eine Angst, die weder physischer noch moralischer Natur war, sondern eher der Angst von Frauen vor Mäusen oder der angeblichen Angst des verstorbenen Lord Roberts vor Katzen ähnelte.

Die feierliche Kirche, der launische Kammerdiener, die Männer mit den Kälbern gehörten einem Stamm an, der Jones vielleicht in einem früheren Leben zu Tode gebracht hatte: Entweder langweilte er ihn zu Tode oder schlug ihn nieder, das spielte keine Rolle, die Abneigung war da, und sie war mächtig.

An der Ecke Northumberland Avenue kam ihm eine Idee. Dieses Rochester gehörte mehreren Clubs. Warum nicht auf Kredit in einem von ihnen zu Mittag essen? Es würde ihn für einen Moment davor bewahren, zu der Tür zurückzukehren, zu der das Schicksal ihn führte, und er könnte vielleicht ein paar zusätzliche Falten über sich und seine Position aufschnappen. Die Idee war ein Beweis für den Wagemut des Mannes, obwohl darin kaum eine Gefahr bestand. Er war sich sicher, dass er die Prüfung in einem Club bestehen würde, da er dies zu Hause getan hatte. Er trug die Namen von zwei Clubs aus Rochester im Kopf, den Pelican und den Senior Conservative. Letzterer schien der schwerfälligere zu sein, der am wenigsten dazu neigte, Überraschungen in Form von Schulterklatschen zu bieten, verantwortungslose Parteien, die sich vielleicht an einer allgemeinen Konversation beteiligen wollten.

Er wählte es aus, fragte einen Polizisten nach dem Weg und machte sich auf den Weg zur Pall Mall.

Hier zeigte ihm ein anderer Polizist das Gebäude, nach dem er suchte.

Es stand auf der gegenüberliegenden Seite des Weges, ein Gebäude aus grauem Stein, riesig und ernst in der Gestaltung, dennoch opulent und ein Hinweis auf das Beste in allen Dingen, wenn es um Komfort ging.

Es war historisch. Disraeli war diese Stufen heruntergekommen, und der große Lord Salisbury war sie hinaufgestiegen. Um diesen Ort zu betreten, mussten Männer geboren und nicht erschaffen werden, und selbst diese Auserwählten mussten bei der Geburt ihren Namen eintragen, wenn sie eine Chance haben wollten, dort zu Mittag zu essen, bevor sie Zähne und Haare verloren.

Es dauerte einundzwanzig Jahre, bis die Auserwählten diesen Ort erreichten, und auf dem Weg dorthin würden sie wahrscheinlich von schwarzen Kugeln getötet werden.

Victor Jones überquerte gerade die Straße und stieg die Stufen hinauf.

Kapitel VII

MITTAGESSEN

Er hatte im Constitutional mit einem Zufallsbekannten zu Mittag gegessen, den er in seiner ersten Woche in London kennengelernt hatte, und wusste daher etwas über die Sitten englischer Clubs, doch die riesige Halle dieses Ortes schreckte ihn für einen Moment ab.

Da die Clubdiener ihn jedoch zu kennen schienen und erkannten, dass Unentschlossenheit die verhängnisvollste Schwäche des Menschen ist, durchquerte er die Halle und folgte, als er einige Herren die große Treppe hinaufsteigen sah, zu einer Tür im ersten Treppenabsatz.

Durch die gläsernen Schwingtüren sah er, dass dies der große Speisesaal des Clubs war, und nachdem er diese Entdeckung gemacht hatte, ging er wieder die Treppe hinunter, wo das Glück in Form eines kahlköpfigen Mannes ohne Hut und Stock durch einen Durchgang kam. zeigte ihm die Garderobe.

Hier wusch er sich die Hände und bürstete sich die Haare, und als er sich selbst in einem Glas betrachtete, beurteilte er sein Aussehen als konservativ und in Ordnung. Er, ein Demokrat der Demokraten in diesem Schwarm der Aristokratie und des altverkrusteten Konservatismus, hätte möglicherweise Bedenken wegen seines politischen Gewissens gehabt, wenn ihm nicht irdische Politik, soziale Theorien und soziale Instinkte jetzt weniger wichtig gewesen wären als einem Bewohner der USA dunkler Körper, der um Sirius herumstolpert und herumfummelt. Weniger als der Unterschied zwischen der Elritze und der Plötze im Vergleich zur Plötze im Kescher.

Als er den Ort verließ, lief er fast in die Arme eines hereinkommenden Herrn, der ihm ein knappes „H'do" zuwinkte.

Er kannte diesen Mann. Er hatte sein Zeitungsporträt sowohl in Amerika als auch in England gesehen. Es war der Anführer der Opposition Seiner Majestät, die Bienenkönigin dieses Bienenstocks, in dem er sich gerade zum Mittagessen hinsetzen wollte. Die Bienenkönigin schien nicht sehr freundlich zu sein, was ein schlechtes Zeichen für die Haltung der Arbeiter und Drohnen war.

Als er an der bereits erwähnten Glasschwingtür ankam, blickte er hinein.

Der Ort war überfüllt.

Es kam ihm so vor, als ob auf einer Fläche von etwa anderthalb Meilen Tische, Tische, Tische gedeckt wären, alle besetzt mit Zweien, Dreien und

Vieren von Männern. Konservativ aussehende Männer, zweifellos überwiegend Lords.

Es war zu spät, sich zurückzuziehen, ohne seine eigene Selbstachtung und sein Selbstvertrauen zu zerstören. Das kalte Bad lag vor ihm, und es hatte keinen Zweck, einen Zeh hineinzustecken.

Er öffnete die Tür und trat ein, ging zwischen den Tischen hindurch und sah den Mittagsgästen ins Gesicht.

Der sitzende Mann hat in dieser Art von Spiel einen enormen Vorteil gegenüber dem stehenden Mann. Ein oder zwei der Mitglieder begegneten dem Blick des Neuankömmlings und verbeugten sich auf die seltsame Art des sitzenden Briten, während die Augen anderer abwandten, andere nickten kalt, so kam es Jones vor. Dann, wie ein Lotsenfisch, bevor ihn ein Hai zu seinem Essen führt, entwickelte sich ein Clubkellner und steuerte ihn zu einem kleinen, unbesetzten Tisch, wo er Platz nahm und sich eine Speisekarte ansah, die ihm der Pilot reichte.

Er bestellte Seezungenfilet, Brathähnchen, Salat und Erdbeereis. Sie waren am einfachsten zu bestellen. Er hätte gebratenen Elefantenrüssel bestellt, wenn es einfacher gewesen wäre und auf der Speisekarte gestanden hätte.

Ein Mann, der nach dem Sturm auf das Höllentor oder nach dem Angriff der Leichten Brigade gerade vom Pferd gestiegen war, hätte genauso wenig Instinkt für die Menüsuche besessen wie Jones.

Er war in die Reihen der britischen Aristokratie vorgedrungen; das war nichts – er saß an ihrem Lagerfeuer und teilte ihr Essen, und sie waren ihm alle feindselig gegenüber; das war alles.

Er spürte den Luftzug. Er hatte das Gefühl, dass diese Männer ihn im Stich ließen; Ich spürte es mit allen möglichen Sinnen, die neu entwickelt zu sein schienen. Keine Niederlage gegen ihn, Jones, sondern eine Niederlage gegen ihn, Rochester, Arthur Coningsby Delamere, 21. Earl of.

Und das Außergewöhnliche war, dass er es spürte. Was zum Teufel kümmerte es ihn, wenn diese Männer einen anderen Mann kalt ansahen? Das tat es. Es war ziemlich wichtig, mehr als vielleicht jemals für den anderen Mann. Ist die Seele ein so oberflächliches und blindes Ding, dass sie das Wahre vom Falschen, das Materielle vom Immateriellen nicht unterscheiden kann, nicht erkennen kann, dass eine Beleidigung, die einer Ähnlichkeit entgegengebracht wird, keine Beleidigung ist, die ihr entgegengebracht *wird*?

Gewiss nicht, und doch nahm die Seele von Victor Jones die Kühle anderer gegenüber der vermeintlichen Körperschaft von Rochester übel, als wäre es eine persönliche Beleidigung.

Es war für Jones die erste Andeutung, dass der Schauspieler, wenn er seine Rolle spielt, mehr als nur einen Umhang oder eine Hose anzieht, dass die Persönlichkeit, die er angezogen hat, Nerven hatte, die seltsamerweise mit seinen eigenen Nerven verbunden waren, und das, obwohl er das vielleicht sagen würde er selbst hundertmal in Bezug auf die Haltung anderer Menschen: „Pah! „Sie meinen mich nicht", diese Formel war kein Zauber gegen Verachtung.

Der Weinbutler, ein Gentleman, der Mr. Church nicht unähnlich war, stand nun an seiner Seite und betrachtete die Weinkarte des Senior Conservative, ein ernstes Dokument, wenn man den Gesichtern der Männer nach urteilen darf, die es lesen.

Es ist tatsächlich der Almanach de Gotha unter den Weinen. Die alten Weinkönige sind hier, die Prinzessin und die gesamte Aristokratie. Im Gegensatz zum Almanach de Gotha ist jedoch der Preis für jeden einzelnen angegeben. Anders als im Almanach de Gotha sind die Namen einiger weniger Bürger zugelassen.

Macon war hier und sogar Blackways' Cyder, das Lieblingsgetränk des alten Herzogs von Taunton.

Jones ließ seinen Blick ohne Begeisterung über die Liste schweifen. Selbst in seiner mildesten Form hatte er eine Abneigung gegen Alkohol entwickelt.

„Ähm – welche Mineralien hast du?" fragte er.

„Mineralien!"

Der Mann mit der Weinkarte war verblüfft. Jones sah seinen Fehler.

„Sodawasser", sagte er. „Hol mir etwas Sodawasser."

Das Seezungenfilet mit Sauce Tartare war ausgezeichnet. Nichts, nicht einmal die Mineralien, konnten diese Tatsache trüben. Während er aß, sah er sich um, und das umso entspannter, als er nun feststellte, dass ihn niemand ansah; sein Selbstbewusstsein ließ nach und er begann, über die Männer in der Umgebung, ihren wahrscheinlichen Rang, ihr Vermögen und ihre Intelligenz zu spekulieren. Es schien Jones, dass der letztere Faktor leichter zu bestimmen war als die beiden anderen.

Was ihn stärker beeindruckte, war eine seltsame Ähnlichkeit zwischen ihnen allen, ein Phantom, eine Verbindung, die zwar unentdeckbar und doch irgendwie da war. Dieser Stammesausdruck ist eines der seltsamsten Phänomene, das unsere Sinne auf ewig tröstet und belastet.

So wie Männer wie ihre Frauen wachsen, wachsen auch sie wie ihre Handwerkskollegen, Kellner wie Kellner, Pferdepfleger wie Pferdepfleger, Anwälte wie Anwälte, Politiker wie Politiker. Darüber hinaus ist unbestreitbar bewiesen, dass Grundbesitzer wie Grundbesitzer wachsen, ebenso wie Hirten wie Schafe und Aristokraten wie Aristokraten wachsen.

Eine gemeinsame Idee formt Gesichter zu ihrer Form, und ein gemeinsamer Mangel an Ideen lässt äußere Umstände die Form übernehmen.

So haben englische konservative Politiker höheren Ranges, die von äußeren Umständen ähnlicher Art beeinflusst werden, vielleicht einen gewissen ähnlichen Ausdruck. Radikale Politiker hingegen verfolgen eine gemeinsame Idee – das Böse –, aber dennoch eine Idee. Jones dachte das nicht, er erkannte nur, dass alle diese Männer derselben Klasse angehörten, und er spürte in sich, dass er nicht nur nicht zu dieser Klasse gehörte, sondern dass Rochester sich wahrscheinlich auch in derselben Klasse befunden hatte Position.

Das könnte die Wildheit und Exzentrizität von Rochester erklärt haben, wie sich in diesem verrückten Gelage zeigte und von der Frau mit der Federboa angedeutet wurde. Die Wildheit eines Affen, der dazu verdammt ist, unter Ziegen zu leben, sich an deren Hörnern festzuhalten, sich an ihre Hinterbeine zu klammern und alle Streiche zu spielen, die Widersprüchlichkeit einer widerspenstigen Natur nahelegen mag.

Etwas in dieser Art ging Jones durch den Kopf, und als er sein Erdbeereis in Angriff nahm, konzentrierten sich seine geistigen Kräfte zum ersten Mal seit der Lektüre dieser bedeutungsvollen Neuigkeit in der Abendzeitung auf die Frage, die den Kern von allem darstellte dieses Geschäft. Es traf ihn jetzt so sehr, dass er seinen Löffel niederlegte und vor sich hinstarrte, ohne den Ort, an dem er war, und die Menschen um ihn herum zu vergessen.

„Warum hat dieser Typ Selbstmord begangen?"

Das war die Frage.

Er konnte darauf keine Antwort finden.

Ein Mann begeht in der Regel nicht einfach Selbstmord, weil er exzentrisch ist oder weil er sein Vermögen ruiniert hat, oder weil er als praktischer Spaßvogel plötzlich sein Zwillingsbild zum Betrügen findet. Rochester hatte offensichtlich nichts unternommen, um ihn von der Gesellschaft auszuschließen. Obwohl er von seinem Verein vielleicht kalt aufgenommen wurde, wurde er dennoch von ihm aufgenommen. Hatte er etwas getan, von dem die Gesellschaft nichts wusste, etwas, das sich plötzlich aufdrängen könnte?

Jones wurde mit einem Schnappschuss aus seinen Träumereien gerissen. Einer der verwirrten Kellner machte sich mit seinem halb aufgegessenen Eis auf den Weg.

„Hallo", rief er. „Was machst du? Bring das zurück."

Seine Stimme hallte durch den Raum, die Leute drehten sich um. Er verfluchte im Geiste das Eis und die Kreatur, die es ihm weggerissen hatte, aß es auf, verschlang eine Waffel, stand dann auf und verließ den Raum. Es war einfacher zu gehen als hereinzukommen, andere Männer gingen, und in der allgemeinen Trennung fühlte er sich weniger beobachtet.

Unten blickte er durch Glastüren in einen Raum, in dem Männer rauchten, korrekte Männer in riesigen Sesseln, Männer mit ausgestreckten Beinen, Männer, die große Zigarren rauchten und zweifellos über Politik redeten. Er wollte rauchen, aber er wollte an diesem Ort nicht rauchen.

Er ging zur Garderobe, holte Hut, Stock und Handschuhe und verließ den Club.

Draußen in der Pall Mall fiel ihm ein, dass er dem Kellner nicht gesagt hatte, er solle ihm das Mittagessen gutschreiben, aber so eine Kleinigkeit störte ihn jetzt nicht mehr. Sie würden es sicher ablegen.

Was ihn beunruhigte, war die immer noch unbeantwortete Frage: „Warum hat dieser Kerl Selbstmord begangen?"

Angenommen, Rochester hätte einen Mann ermordet und Selbstmord begangen, um den Konsequenzen zu entgehen? Dieser Gedanke löste in ihm einen kalten Graus aus, wie er ihn noch nie zuvor erlebt hatte. Für einen Moment sah er, wie er vor einen britischen Gerichtshof gezerrt wurde; Einen Moment lang fragte er sich zum ersten Mal in seinem Leben, wie ein Henker wohl sein könnte.

Aber Victor Jones war im Geschäftsleben zwar manchmal ein Visionär, aber im Grunde ein Geschäftsmann. Mittlerweile war er an seine Position gewöhnt, und als er ihr ehrlich ins Gesicht sah, stellte er fest, dass er kaum etwas zu befürchten hatte, selbst wenn Rochester einen Mord begangen hätte. Er könnte, wenn er unbedingt dazu gezwungen würde, seine Identität beweisen. Davon getrieben konnte er sein Leben in Philadelphia beweisen, Zeugen vorbringen und Umstände schildern. Seine Geschichte würde zusammenpassen, einfach weil sie die Wahrheit war. Diese angeborene Gewissheit ermutigte ihn sehr, und mit zunehmender Fröhlichkeit begann er, mehr von der Wahrheit zu erkennen. Seine Position war sehr solide. Jeder hatte ihn akzeptiert. Sofern er nicht wegen eines Verbrechens des verstorbenen Verstorbenen einen schrecklichen Schock erleidet, könnte er für immer als Earl of Rochester weitermachen. Er wollte nicht ewig als Earl of Rochester bleiben; Er wollte in die Staaten zurückkehren und einfach er selbst sein, und das hatte er vor, nachdem er ein wenig Geld zusammengekratzt hatte. Aber die Idee reizte ihn genauso wie im Bahnhof Charing Cross, und sie hatte ihre monströse Erscheinung verloren und war humorvoll geworden, eine höchst gefährliche Erscheinung für eine gefährliche Idee.

Jones war ein großartiger Wanderer, Bewegung machte seinen Kopf immer klarer und stärkte sein Urteilsvermögen. Er machte sich nun auf den Weg zu einem langen Spaziergang, vorbei an der National Gallery zum Regent Circus, dann die Regent Street und die Oxford Street hinauf und entlang der Oxford Street Richtung Westen. Er befand sich in der High Street Kensington, in Hammersmith und dann in jenen trostlosen Gegenden, in denen das Land mit der Stadt kämpft.

Oh, diese Vororte von London! In der Nähe der Stadt! Diese Bataillone aus Backsteinhäusern, Überreste von Leichen, von dem, was einst Felder waren; diese Villen, Wäschereien –

Der Kontrast zwischen diesem Ort und Pall Mall war für Jones eine plötzliche Offenbarung, der Kontrast zwischen der Macht, Bequemlichkeit, dem Wohlstand und der Pracht der Umgebung des Earl of Rochester und der Umgebung der Bankangestellten und kleinen Leute, die hier lebten.

Der Standpunkt ist alles. Von hier aus wirkte die Carlton House Terrace fast erfreulich.

Jones hatte, wie ein guter Demokrat, sein ganzes Leben lang erklärt, dass er den Rang verachtete. Titel waren ihm so absurd vorgekommen wie Federn in einer Affenmütze. Hier in Ultra-Hammersmith begann er, diese Frage aus einem eher britischen Blickwinkel zu betrachten.

Erzähl es nicht in Gath, er begann eine leichte Abneigung gegen kleine Häuser und Ultra-Menschen zu verspüren.

Er drehte sich um und begann, seine Schritte zurückzuverfolgen. Es war sieben Uhr, als er die Tür von 10A, Carlton House Terrace, erreichte.

KAPITEL VIII

HERR. WÄHLE

Der Lakai, der ihn einließ, nahm Hut, Stock und Handschuhe ab und überreichte ihm einen Brief, der mit der Mittagspost eingetroffen war und ebenfalls eine Information enthielt.

"Herr. Kurz nach zwölf kamen Wühlmäuse zu Euch, mein Herr. Er gab an, dass er einen Termin bei Ihnen hatte. Er soll um Viertel nach sieben noch einmal anrufen."

Jones nahm den Brief und ging damit in das Zimmer, in dem er am Morgen gesessen hatte. Auf dem Tisch lagen alle Briefe, die er an diesem Morgen nicht geöffnet hatte. Er hatte diese vergessen. Hier war ein Fehler. Wenn er seine Position auch nur für ein paar Tage halten wollte, musste er sich vor solchen Fehlern hüten.

Er öffnete sie hastig und warf nur einen Blick auf den Inhalt, der für ihn größtenteils unverständlich war.

Es gab eine Einladung zum Abendessen von Lady Snorries – wer auch immer sie sein mochte – und einen Brief, der mit „Lieber alter Junge" begann, von einer Frau, die sich selbst mit „Julie" unterschrieben hatte, einen Appell einer Bettelbriefschreiberin und einen Brief, der mit „Lieber Rochester" begann ein Gentleman, der sich einfach mit „Childersley" signierte.

Der letzte Brief, den er öffnete, war der, den er gerade vom Diener erhalten hatte.

Es war auf schlechtem Papier geschrieben und lautete:

„Bleib dabei – wenn du kannst. Du wirst sehen, warum ich es nicht konnte. Unter den Papieren in der oberen rechten Schublade der Kommode im Raucherzimmer liegt ein Fünfer.

„ ROCHESTER. „

Jones wusste, dass dieser Brief, obwohl er an den Earl of Rochester adressiert war, für ihn bestimmt war und von Rochester geschrieben wurde, wahrscheinlich auf einer Bartheke geschrieben und kurz bevor er die Tat begangen hatte, am nächsten Briefkasten aufgehängt wurde.

Er ging zu der Schublade der angegebenen Kommode, hob die darin befindlichen Papiere hervor und fand einen Fünf-Pfund-Schein.

Nachdem er einen Blick darauf geworfen hatte, schloss er die Schublade, steckte den Zettel in seine Westentasche und setzte sich wieder an den Tisch.

„Bleib dabei – wenn du kannst." Die Worte hallten in seinen Ohren wider, als ob er sie gesprochen hätte.

Diese Worte, untermauert durch die Fünf-Pfund-Note, bewirkten bei Jones eine große Veränderung. Er hatte die Erlaubnis von Rochester, so zu handeln, wie er handelte, und ein wenig Geld, um ihn bei seinen Handlungen zu unterstützen.

Die Tatsache seiner Not lag den ganzen Tag über wie eine nasse Decke auf ihm. Er hatte das Gefühl, dass ihm die Macht mit Erlaubnis zuteil geworden war. Er konnte jetzt klar denken. Er stand auf und ging auf und ab.

„Bleib dabei – wenn du kannst."

Warum nicht – warum nicht – warum nicht? Er ertappte sich dabei, wie er laut lachte, ein großer Energieschwall hatte ihn überströmt. Jones war ein Mann dieser Art, eine neue und großartige Idee kam ihm immer auf dem Höhepunkt einer Energiewelle; So war ihm die Idee zum britischen Regierungsvertrag gekommen, und die Welle hatte ihn nach England getragen.

Warum nicht der Earl of Rochester sein, seine Position endlich gut machen, auf der Spitze stehen, wo das Schicksal ihn platziert hatte, und diese Sache bis zu ihrem endgültigen Ausgang vorantreiben?

Es wäre nicht alles Marmelade. Rochester muss durch die Umstände sehr unter Druck geraten sein; Das machte Jones keine Angst, für ihn war das Spiel und der Kampf alles.

Er würde wiedergutmachen, wo Rochester versagt hatte, sich den Schwierigkeiten stellen, die den anderen zerstört hatten, sich ihnen stellen und sie überwinden.

Seine Position war unangreifbar.

Als er aus New York kam, hatte er Nelsons Schilling-Ausgabe des Lebens von Sir Henry Hawkins gelesen. Mit Erstaunen hatte er die Geschichte der britischen Leichtgläubigkeit gelesen, die im Tichborne-Fall zum Ausdruck kam. Wie Arthur Orton, ein Metzger, der kaum schreiben konnte, sich der Öffentlichkeit als Roger Tichborne, ein junger Aristokrat mit guter Bildung, aufgedrängt hatte.

Er stellte seine eigene Position der von Orton gegenüber.

Er war absolut unangreifbar.

Er ging zur Zigarrenkiste, suchte sich eine Zigarre aus und zündete sie an.

Da war die Frage der Handschrift! Das fiel ihm plötzlich ein, als er mit seinen neu formulierten Plänen konfrontiert wurde. Er musste Schecks unterschreiben und Briefe schreiben. Eine Schreibmaschine könnte die letztgenannte Frage klären, und was die Unterschrift betraf, besaß er ein Muster von Rochester und musste es nachahmen. Im schlimmsten Fall könnte er so tun, als hätte er sich am Daumen verletzt – diese Ausrede würde noch einige Zeit Bestand haben. „Es gibt eine große Sache an der ganzen Sache", sagte er sich, „und das ist die Exzentrizität dieses Kerls. Wenn ich zu sehr unter Druck gesetzt werde, kann ich so tun, als hätte ich mein Gedächtnis oder meinen Verstand verloren – es gibt keine gesegnete Karte, die ich nicht in der Hand oder im Ärmel habe, und im schlimmsten Fall kann ich es immer tun Beweise meine Identität und erzähle meine Geschichte." Er war mit Gedanken wie diesen beschäftigt, als sich die Tür öffnete und der Diener mit einer Karte auf einem Tablett verkündete, dass Mr. Voles, der Herr, der früher am Tag angerufen hatte, angekommen sei.

„Bringen Sie ihn herein", sagte Victor. Der Diener zog sich zurück, kehrte sofort zurück und führte Wühlmäuse herein, die mit seinem Hut vor sich eintraten. Der Fremde war ein Mann von fünfzig Jahren, ein rundlicher Mann, gekleidet in einen schwarzen Gehrock und trotz des Sommerwetters von einem dünnen schwarzen Mantel mit Seidenbesatz bedeckt. Sein Gesicht war böse, dickhäutig, gelb, mit schwerer Nase, das Haar des Tieres war pechschwarz, dünn und präsentierte den Augen des Betrachters eine kleine Disraeli-Locke auf der Stirn des Besitzers.

Die Karte kündigte an:

HERR AS WÜHLMÄUSE

12B. Jermyn Street

Wühlmäuse selbst kündigten, ohne dass er es wusste, noch viele andere Dinge an.

Victor Jones hatte ein ausgeprägtes, durch Erfahrung geschärftes Gespür für Männer.

Er nickte dem Neuankömmling kurz und ohne von seinem Stuhl aufzustehen; Der Diener schloss die Tür und die beiden Männer waren allein.

So wie das ganze Wesen eines Hundes durch den Geruch einer Pole-Katze belebt wird, so belebte sich auch das Wesen von Jones beim Anblick von Wühlmäusen. Er empfand diesen Mann als Feind.

Wühlmäuse kamen an den Tisch und legten seinen Hut darauf. Dann drehte er sich um, ging zur Tür und öffnete sie, um zu sehen, ob der Diener zuhörte.

Er schloss die Tür.

„Nun", sagte er, „hast du das Geld für mich?"

Ein anderer Mann in Jones' Position hätte vielleicht gefragt, und das mit gutem Grund. "Welches Geld?"

Jones sagte einfach „Nein."

Diese einfache Antwort hatte eine wunderbare Wirkung. Wühlmäuse, die gerade Platz nehmen wollten, blieben stehen und umklammerten die Rückenlehne des Stuhls, den er gewählt hatte. Dann platzte er heraus.

„Du hast mich gestern getäuscht und mir einen Termin für heute gegeben. Ich habe angerufen, du warst draußen."

"War ich?"

"Warst du? Sie sagten, das Geld würde hier auf mich warten – nun, hier bin ich jetzt, ich habe draußen ein Taxi, das bereit ist, es zu nehmen."

„Und angenommen, ich gebe es dir nicht?" fragte Jones.

„Solchen Unsinn wollen wir nicht vermuten!" antwortete Voles, als er Platz nahm, „nicht solange es Polizisten gibt, die kurzfristig gerufen werden müssen."

„Das stimmt", sagte der andere, „wir wollen die Polizei nicht."

„Das tust du nicht", antwortete Voles. Er starrte Jones an. Die Stimme des Earl of Rochester wirkte auf ihn nicht ganz so wie sonst, eher federnd und vitaler – tatsächlich verändert. Aber er ahnte nichts von der Wahrheit. Von Wühlmäusen als eine gute Münze angesehen, hatte Jones von keinem Mann und keiner Frau in London etwas zu befürchten, denn das Auge von Wühlmäusen war unfehlbar, das Ohr von Wühlmäusen ebenso, der Geist von Wühlmäusen war ausgeglichen wie die Waage eines Juweliers.

„Stimmt", sagte Jones. „Ich weiß nicht – nun, lass uns über dieses Geld reden. Könnten Sie nicht heute Abend die Hälfte und in einer Woche die andere Hälfte einnehmen?"

„Ich nicht", antwortete der andere. „Ich muss heute Abend die zweitausend haben, wie immer."

Jones hatte nun den ganzen Fall in seinen Händen und begann, den Toast zuzubereiten, auf den er diesen offensichtlichsten Erpresser legen sollte, wenn er fertig war.

Sein schneller Verstand hatte alles geklärt. Hier war das erste Hindernis auf seinem Weg, es musste zerstört und nicht überwunden werden. Er beschloss, es zu zerstören. Im schlimmsten Fall würde Wühlmäuse ihm klarmachen, welches Verbrechen Rochester begangen hatte, er würde alles verraten, seine

Identität beweisen, indem er Zeugen aus den Staaten herbeirufen ließ, und Rochesters Brief vorlegen. Die Erpressung würde Rochesters Selbstmord erklären.

Aber Jones kannte Erpresser und wusste, dass Voles niemals eine Strafverfolgung einleiten würde. Rochester muss in der Tat ein schwacher Narr gewesen sein, wenn er diese Brennnessel nicht gepackt und mit den Wurzeln herausgerissen hat. Er vergaß, dass Rochester wahrscheinlich schuldig war – das macht den Unterschied in der Welt aus.

„Du sollst das Geld haben", sagte er, „aber siehe, lass uns damit Schluss machen. Nun mal sehen. Wie viel hast du schon gegessen?"

„Nur acht", sagte Voles. „Du weißt das gut genug, warum fragst du?"

„Achttausend", murmelte der andere, „Sie haben achttausend Pfund von mir bekommen, und die zwei heute Abend machen zehn." Scheint ein guter Preis für ein paar Papiere zu sein." Er hat den Schuss nach Vorgabe gemacht. Es war ein Volltreffer.

„Oh, diese Papiere sind viel mehr wert", sagte Voles, „viel mehr als das."

Es waren also nicht die Taten, die der Erpresser über den Kopf von Rochester in Atem hielt. Für Jones spielte es wirklich keine Rolle, er war bereit, sich dem Mord selbst zu stellen, bewaffnet mit Rochesters Brief in der Tasche und der Gewissheit, sich ausweisen zu können.

„Nun", sagte er, „lasst uns diese Angelegenheit zu Ende bringen." Hast du ein Scheckbuch bei dir?"

„Ich habe ja ein Scheckbuch – was spielst du jetzt?"

„Nur eine Idee von mir, bevor ich dich bezahle – hol dein Scheckbuch raus, du wirst gleich verstehen, was ich meine."

Voles zögerte, dann nahm er lachend das Scheckbuch aus der Brusttasche seines Mantels.

„Jetzt reiß einen Scheck raus."

„Zerreiße einen Scheck", rief der andere. „Was um alles in der Welt willst du erreichen – einen meiner Schecks – das ist gut."

„Zerreißen Sie einen Scheck", beharrte der andere, „es kostet Sie nur einen Penny, und Sie werden gleich verstehen, was ich meine."

Das Tier zögerte angesichts der beharrlichen Weisung des anderen, dann riss es lachend einen Scheck heraus.

„Jetzt legen Sie es auf den Tisch."

Wühlmäuse legten es auf den Tisch.

Jones ging zur Kommode und holte einen Stift und Tinte. Er schob einen Stuhl an den Tisch und ließ den anderen Platz nehmen.

„Jetzt", sagte Jones, „stellen Sie mir einen Scheck über achttausend Pfund aus."

Voles warf lachend den Stift hin – es war sein letzter Aufenthalt in diesem Raum.

„Das wirst du nicht?" sagte Jones.

„Oh, hör auf mit diesem Blödsinn", antwortete der andere. „Ich habe keine Zeit für so etwas – was machst du jetzt?"

„Es klingelt", sagte Jones.

Wühlmäuse, die gerade dabei waren, den Scheck abzuholen, hielten inne. Für einen Moment schien er sich selbst schuldig zu fühlen. Das Dschungeltier, das den Zweig unter dem Fuß des Mannes mit dem Expressgewehr knacken hört, hält so inne, während er sein blutiges Mahl auf dem Kadaver der Lockziege genießt.

Die Tür öffnete sich und ein Diener erschien, es war das Wunder mit den Kälbern.

„Schicken Sie sofort los und holen Sie einen Beamten – einen Polizisten", sagte Jones.

"Ja, mein Gebieter."

Die Tür schloss sich.

Wühlmäuse sprangen auf und packten seinen Hut. Jones ging zur Tür, schloss sie ab und steckte den Schlüssel in die Tasche.

„Ich habe dich", sagte er, „und ich werde dich drücken und dich zum Quietschen bringen."

„Du wirst – du wirst – du wirst –", sagte Voles. Er hatte die Farbe von altem Elfenbein.

„Ich werde dich das durchmachen lassen –"

„Hier, verdammt noch mal, hör auf damit, du Narr, ich werde dich zerschmettern", sagte Wühlmäuse. „Hier, öffnen Sie die Tür und stoppen Sie dieses Geschäft."

„Ich habe dir gesagt, dass ich dich zum Schreien bringen würde", sagte Jones, „aber das hat nichts mit dem zu tun, was jetzt kommt."

Wühlmäuse kamen an den Tisch und legten seinen Hut ab. Dann klopfte er Jones gegenüber und klopfte mit den Knöcheln seiner rechten Hand auf den Tisch.

„Sie haben es jetzt getan", sagte er, „Sie haben sich einer schönen Anklage ausgesetzt, einer falschen Inhaftierung, das haben Sie getan." Eine nette Sache, die morgen früh in der Zeitung steht, und obendrein noch eine Einschüchterung. Darüber hinaus gibt es noch die Papiere. *Ich werde* keine Gnade kennen – diese Papiere gehen morgen früh an Lord Plinlimon, Sie werden diesen Tag im Monat vor dem Scheidungsgericht stehen, und sie auch. Ruf! Sie wird keinen Lappen haben, mit dem sie sich bedecken kann."

„Oh, nicht wahr?" sagte Jones. „Das ist höchst interessant." Er verspürte eine große Hebung des Herzens. Bei dieser Erpressungsaffäre ging es also um eine Frau. Der Gedanke, dass Rochester eine schreckliche Form von Verbrecher war, hatte ihn belastet. Ihm war es so vorgekommen, als würde kein Mann eine so große Summe wie achttausend Pfund als Erpressung zahlen, wenn sein Verbrechen nicht angemessen wäre. Offensichtlich hatte Rochester das Geld bezahlt, um nicht nur seinen eigenen Namen, sondern auch den Namen einer Frau zu schützen.

„Sehr interessant", sagte Voles. „Ich bin froh, dass du so denkst –" Dann kam es plötzlich: „Komm, mach die Tür auf und hör auf mit diesem Unsinn – nimm den Schlüssel aus deiner Tasche und öffne die Tür." Du warst immer ein Narr, aber das ist mehr als dumm – ihr beide liegt in meiner hohlen Hand, ihr wisst es – ich kann euch so – so – so zermalmen!"

Er öffnete und schloss seine rechte Hand. Es war eine grausame Hand, behaart am Rücken und riesig am Daumen.

Jones sah ihn an.

„Sie verschwenden viel Muskelenergie", sagte er. „Mein Entschluss steht fest und er bleibt bestehen. Sie kommen ins Gefängnis, Mr. Filthy Beast, Voles. Ich bin gegen dich, das ist die klare Wahrheit. Ich werde dich aufschneiden und der britischen Öffentlichkeit dein Inneres zeigen. Sie werden bei dem Anblick so in Bewunderung versunken sein, dass sie sich weder um die Frau noch um mich kümmern. Ich schätze, sie werden uns öffentliche Wohltäter nennen. Du kennst Männer und weißt, wann ein Mann entschlossen ist. Schau mich an, sieh mir ins Gesicht, du Sumpf …"

Es klopfte an der Tür.

Jones nahm den Schlüssel aus seiner Tasche und öffnete die Tür.

„Der Polizist ist hier, Mylord", sagte der Diener.

„Sagen Sie ihm, er soll hereinkommen", sagte Jones.

Wühlmäuse hatten seinen Hut wieder aufgenommen, und er stand jetzt mit dem Hut in der Hand am Tisch und sah genau aus, was er war: ein Verbrecher, der sich verteidigen musste.

Der Polizist war ein frisch aussehender und aufrechter junger Mann; er hatte seinen Helm abgenommen und trug ihn am Kinnriemen. Er hatte weder einen Knüppel noch einen Revolver, dennoch beeindruckte er Jones fast genauso sehr wie den anderen.

„Offizier", sagte Jones. „Ich habe Sie herbeigerufen, um diesem Mann die Verantwortung für den Versuch zu übertragen –"

„Stopp", schrie Wühlmäuse.

Dann übernahm etwas Orientalisches in seiner Natur die Kontrolle über ihn. Er stürzte mit ausgestreckten Armen auf ihn zu, als wollte er den Polizisten umarmen.

„Es ist alles ein Fehler", rief er, „Konstabler, einen Moment, gehen Sie einen Moment raus, lassen Sie mich bei Seiner Lordschaft. Ich werde erklären. Es ist nichts falsch, es ist alles ein großer Fehler."

Der Polizist hielt ihn zurück und blickte Jones fragend an.

Jones verspürte jetzt keine Rachsucht gegenüber Wühlmäusen; Ekel, wie er vielleicht gegenüber einem Geier oder einem Kormoran empfunden hätte, aber keine Rachsucht.

Er wollte diese achttausend Pfund.

Er hatte beschlossen, sich in seiner neuen Position zu behaupten, gegen die Welt zu kämpfen, gegen die Rochester versagt hatte, und die Schwierigkeiten zu überwinden, die mit Sicherheit vor ihm lagen. Wühlmäuse waren die erste große Schwierigkeit, und siehe da, es schien, als würde er sie nicht nur zerstören, sondern auch zu einem Gewinn machen. Er wollte die achttausend nicht für sich selbst, er wollte sie für das Spiel; und die Faszination dieses großartigen Spiels begann er gerade erst zu verstehen.

„Gehen Sie raus, Officer", sagte er zum Polizisten.

Er schloss die Tür. „Setzen Sie sich und schreiben Sie", sagte er. Wühlmäuse sagten kein Wort.

Er ging zum Tisch, setzte sich und nahm den Stift. Der Scheck lag noch da. Er zog es zu sich. Dann warf er den Stift weg. Dann nahm er es auf, schrieb aber nicht. Er bewegte es zwischen Finger und Daumen, als würde er den Takt für ein Miniaturorchester schlagen, das vor ihm auf dem Tisch stand. Dann begann er zu schreiben.

Er stellte dem Earl of Rochester einen Scheck über die Summe von achttausend Pfund aus, keine Schilling, kein Pence.

Er hat es als „Wühlmäuse" signiert.

Er wollte es gerade überqueren, aber Jones hielt ihn auf. „Lassen Sie es offen", sagte er, „und jetzt noch etwas: Ich muss diese Papiere unbedingt morgen früh haben. Und um sicher zu sein, müssen Sie dies tun."

Er ging zur Kommode und nahm ein Blatt Notizpapier, das er vor das andere legte.

„Schreiben", sagte er. „Ich werde diktieren. Beginnen Sie am 2. Juni."

Wühlmäuse haben das Datum angegeben.

„ *Mein Herr* "', fuhr der Diktator fort. „ *Hiermit verspreche ich Ihnen, dass ich morgen früh dem Boten, den Sie mir schicken, alle Ihre in meinem Besitz befindlichen Papiere übergeben werde. Ich gestehe, dass ich Ihnen diese Papiere zum Zwecke der Erpressung vorenthalten und von Ihnen die Summe von achttausend Pfund erhalten habe, und ich verspreche, mein Verhalten zu ändern und mich um ein ehrliches Leben zu bemühen.*

Unterzeichnet. AS
WÜHLMÄUSE .'"
Zu DER GRAF
VON ROCHESTER

.

Das war der Brief.

Dreimal weigerte sich der Schurke am Tisch, weiter zu schreiben, und dreimal ging sein Herr zur Tür, wobei das Klappern der Türklinke den Schreiber immer wieder zu neuer Energie anspornte.

Als die Sache fertig war, las Jones sie noch einmal durch, wischte sie ab und steckte sie zusammen mit dem Scheck in die Tasche.

„Jetzt kannst du gehen", sagte er. „Ich werde morgen früh um acht Uhr einen Mann zu Ihnen nach Hause schicken, um die Papiere zu holen. Ich werde diesen Brief nicht gegen Sie verwenden, es sei denn, Sie machen mir Ärger. Nun, was wollen Sie?"

„Brandy", keuchte Voles. „Um Himmels Willen, etwas Brandy."

KAPITEL IX

MEHR EINDRINGLINGE

Das kleine Glas mit dem *Champagner* stand auf dem Tisch, die Tür war geschlossen, die Wühlmäuse waren verschwunden und der Vorfall war beendet.

Jones spürte zum ersten Mal in seinem Leben die Ohnmacht, die nach größter Anstrengung auftritt. Er hätte sich nie vorstellen können, dass ihn so etwas so verärgert hätte. Er war sich während der ganzen Angelegenheit nicht bewusst, dass er mehr Energie als gewöhnlich aufwendete. Er wusste es jetzt, als er über die Größe seines Sieges nachdachte, während er erschöpft in dem großen Satteltaschenstuhl links vom Kamin saß und ihm zugewandt war die Tür.

Er hatte den größten Schurken Londons vernichtet, ihm achttausend Pfund unrechtmäßig erworbenes Geld abgenommen und sich von einem Incubus befreit, der seine Position unhaltbar gemacht hätte.

Rochester hätte genau das Gleiche tun können, wenn er genug Wagemut, Energie und Mut besessen hätte. Er hatte es nicht getan, und damit war Schluss.

In diesem Moment klopfte es an der Tür und ein Lakai – ein neuer – erschien.

„Das Abendessen ist serviert, mein Herr."

Jones setzte sich in seinem Stuhl auf.

„Abendessen", sagte er. „Ich bin noch nicht bereit dafür. Hol mir einen Whiskey und eine Limonade – schau her, sag Mr. Church, dass ich ihn sehen möchte."

"Ja, mein Gebieter."

Jones besaß, wie bereits erwähnt, diese sehr seltene Einstellung – ein Auge für Männer. Es war ihm völlig unbekannt; Bis dahin war er dazu verdammt gewesen, die Menschen so zu nehmen, wie er sie vorfand; Allein der Druck der Umstände hatte ihn zu einem Geschäftspartner von Aaron Stringer gemacht. Er hatte Stringer nie vertraut. Da er nun eine Führungsposition innehatte, begann er, diese kostbare Gabe zu nutzen und wählte Church als Ersten Offizier. Er wollte einen Handlanger.

Der Whisky und die Limonade kamen und fast unmittelbar darauf auch Church.

Jones stellte das halb leere Glas auf den Tisch und nickte ihm zu.

„Kommen Sie herein", sagte er, „und schließen Sie die Tür."

Church schloss die Tür und stand stramm. Das Gesicht dieses bewundernswerten Mannes wurde nicht im Hinblick auf die einfache Interpretation von Gefühlen konstruiert. Ich bezweifle, dass ein Erdbeben in der Carlton House Terrace und der Umgebung den Ausdruck hätte verändern können.

Er stand da, als würde er zuhören.

Jones begann: „Ich möchte, dass Sie morgen um acht Uhr zur Jermyn Street Nr. 12B gehen, um ein paar Dokumente für mich zu besorgen. Sie werden Ihnen von AS Voles ausgehändigt."

"Ja, mein Gebieter."

„Du wirst sie mir hierher zurückbringen."

"Ja, mein Gebieter."

„Ich habe den Herrn gerade gesehen und mich gerade mit ihm befasst. Er ist ein sehr großer Schurke und ich musste einen Beamten – einen Polizisten – rufen. Ich habe ihn erledigt."

Mr. Church öffnete den Mund, als wollte er etwas sagen. Dann schloss er es wieder.

„Mach weiter", sagte Jones. "Was wolltest du sagen?"

„Nun, Euer Lordschaft, ich wollte sagen, dass es mich sehr freut, das zu hören. Als Sie mir vor vier Monaten vertraulich erzählten, was Voles von Ihnen erwartete, werden Sie sich an den Rat erinnern, den ich Euer Lordschaft gegeben habe. „Lass dich nicht unter Druck setzen", sagte ich. „Drück ihn." Ich glaube, der Anwalt Ihrer Lordschaft, Mr. Mortimer Collins, hat Ihnen dasselbe gesagt."

„Ich habe Ihren Rat befolgt. Ich finde es so gut, dass ich Sie noch oft um Rat fragen werde: Sehen Sie einen Unterschied in mir, Mr. Church?"

„Ja, mein Herr, du hast dich verändert. Wenn Ihre Lordschaft mich dafür entschuldigen würde."

"Wie?"

„Du bist jünger geworden, mein Herr, und mehr du selbst, und du sprichst anders – schärfer sozusagen."

Diese Worte waren für Jones wie Balsam von Gilead. Bisher hatte er von anderen keine Meinung über sich selbst erhalten; Er hatte ein gewisses Misstrauen gegenüber seiner Stimme gehabt und war nicht in der Lage abzuschätzen, inwieweit sie sich von der von Rochester unterschied. Die

vollkommen offene Erklärung von Church beruhigte ihn. Er sprach schärfer
– das war alles.

„Nun", sagte er. „Die Dinge werden überall anders sein; auch besser."

Er wandte sich zur Kommode ab und Church öffnete die Tür.

„Sie wollen mich nicht länger, mein Herr?"

"Nicht nur jetzt."

Er öffnete Kellys Verzeichnis und suchte nach den Anwälten, bis er den
Namen fand, den er wollte.

Mortimer Collins, 10, Sergeant's Inn, Fleet Street.

„Das ist mein Mann", sagte er sich, „und morgen werde ich ihn sehen." Er
klappte das Buch zu und verließ den Raum.

Er kannte die Position des Esszimmers nicht und wollte es auch nicht wissen.
Als ein Diener ihn sah und davon ausging, dass er sich zu dieser späten
Stunde noch nicht anziehen wollte, öffnete er eine Tür.

Im nächsten Moment saß er allein an einem großen Tisch, starrte von
verstorbenen Rochesters und ihren Frauen an und breitete seine Serviette auf
seinen Knien aus.

Das Abendessen war ausgezeichnet, wenn auch einfach genug. Die englische
Gesellschaft hat sich seit den Tagen, als Lord Palmerston sich hinsetzte, um
zwei Portionen Schildkrötensuppe, eine Portion Kabeljau und Austernsoße,
einen großen Teller Yorker Schinken, ein Stück vom Braten und eine
großzügige Portion Braten zu verschlingen, stark verändert Fasan, ganz zu
schweigen von Kickshaws und Süßigkeiten; Die Tage, als das Innere eines
Adligen nach dem Abendessen ein Lebensmittelladen war, in dem Sherry,
Haferflocken, Champagner, alter Portwein und Punsch schwammen.

Nichts wirkt schneller auf das Nervensystem als Nahrung; Bevor das
Brathähnchen und der Salat serviert wurden, genoss Jones sein Abendessen
und genoss darüber hinaus seine Position.

Die schreckliche Lage des Morgens hatte ihre Schrecken verloren, der Nebel,
der ihn umgeben hatte, brach auf. An dieser seltsamen, üppigen und doch
feindseligen Küste gestrandet, hatte er die Eingeborenen getroffen, sich von
ihnen ernährt, gegen sie gekämpft und ihre Stärke und List gemessen.

Er hatte jetzt keine Angst mehr vor ihnen. Die Mitglieder des Senior
Conservative Club Camp hatten ihn unbeeindruckt gelassen, und das wilde
Tier Wühlmäuse hatte ihm eine lebhafte Verachtung für die geistigen Kräfte
des Mannes hinterlassen, dessen Nachfolger er geworden war.

Zu Recht oder zu Unrecht erhaschten alle Lords einen Schimmer des grellen Lichts, das Rochesters Mangel an Elan und geistiger Schlagkraft zeigte.

Aber er empfand keine Verachtung für Lords als solche. Er sehnte sich danach, die Tatsache zu würdigen, dass es eine sehr große Sache war, ein Herr zu sein. Sogar ein Lord, der seine Ländereien verfallen ließ – wie er selbst.

Ein einziges Glas eiskalten Champagners – er gönnte sich nur eins – festigte diese Überzeugung in seinem Kopf, aber auch die Erkenntnis, dass die Lakaien ihn nicht mehr unterdrückten, sondern ihm vielmehr Freude bereiteten. Sie kannten ihre Arbeit und führten sie perfekt aus, sie hingen an jedem seiner Worte und jeder seiner Bewegungen.

Als er gestern dort gesessen hätte, hätte er sich fehl am Platz, gereizt und unbehaglich gefühlt. Noch vor ein paar Stunden hätte er sich deprimiert gefühlt und den Wunsch geäußert, allein irgendwohin zu fliehen. Was verlieh ihm diesen neuen Zauber der Sicherheit und das Gefühl, seine Position zu beherrschen? Zweifellos war es sein Kampf gegen Wühlmäuse.

Im Raucherzimmer wurde ihm Kaffee serviert, und dort, allein mit einer Zigarre sitzend, begann er zum ersten Mal klar und deutlich über seine Pläne für die Zukunft nachzudenken.

Er konnte alles fallen lassen und wegrennen. Buchen Sie eine Überfahrt in die Vereinigten Staaten, betreten Sie New York als Lord Rochester, so wie ein Taucher das Meer betritt, und tauchen Sie als Jones wieder auf. Er konnte die achttausend Pfund guten Gewissens behalten – oder doch nicht?

Dieser Punkt schien etwas unklar.

Er machte sich darüber keine großen Sorgen. Die Hauptfrage hatte nichts mit Geld zu tun. Die Hauptfrage war einfach: Soll ich in Zukunft Victor Jones sein oder soll ich Earl of Rochester sein? Der einundzwanzigste Earl of Rochester?

Soll ich verschwinden oder bei meinen Waffen bleiben? Bleiben Sie der Chef dieser Show und versuchen Sie, etwas aus den Trümmern zu machen, oder schleichen Sie sich davon, ohne etwas vorzuweisen, und machen Sie das erstaunlichste Erlebnis, das ein Mensch je erlebt hat?

Rochester hatte sich davongeschlichen. Er war ein Drückeberger. Jones hatte einmal im Popular Magazine eine Geschichte gelesen, in der ein Eisenbahnmanager einen Nichtsnutz verachtet hatte. „Gott hasst sicherlich einen, der aufgibt", sagte der Manager.

Diese Worte blieben ihm immer erhalten. Sie hatten seine Gefühle in dieser Hinsicht klar herauskristallisiert: Der Aufgebende rangierte in seiner Vorstellung fast auf der gleichen Stufe wie der Schärfere.

Dennoch war die Versuchung, aufzuhören, groß, auch wenn die Versuchung, zu bleiben, zunahm.

Ihm blieb ein Schlupfloch offen. Es war nicht notwendig, sofort eine Entscheidung zu treffen; Er konnte jederzeit seine Karten wegwerfen und vom Tisch aufstehen, wenn ihm das Spiel zu viel wurde oder er es satt hatte.

In dem Schlamassel, in dem Rochester seine Angelegenheiten zurückgelassen hatte, sah er schwierige Zeiten vor sich – das war vielleicht sein stärkster Anreiz zu bleiben.

Er wurde durch Stimmen im Saal aus seinen Träumereien gerissen. Laute, fröhliche Stimmen.

Es klopfte an der Tür und ein Diener verkündete: „Sir Hugh Spicer und Kapitän Stark, um Sie zu sprechen, mein Lord." Jones setzte sich in seinem Stuhl auf. „Führen Sie sie herein", sagte er.

Der Diener ging hinaus und kam zurück, indem er einen kleinen, trinkfreudigen jungen Mann im Abendkleid hereinführte, der mit einem langen rehbraunen Mantel bedeckt war; Diesem Herrn folgte ein halbkahlköpfiger, böse aussehender Mann von etwa fünfzig Jahren, ebenfalls in Abendgarderobe.

Letzterer trug ein Monokel in dem, was Jones später im Geiste „sein verzerrtes Gesicht" nannte.

"Schaue ihn an!" rief der junge Mann, „in seinem gesegneten Sessel sitzend und unbekleidet." Schaue ihn an!"

Während er sprach, schwankte er leicht und kam an den Tisch, wo er mit dem Stock, den er trug, auf das Tintenfass schlug, wodurch Tintenfass und Stifte durch die Luft flogen. Jones sah ihn an.

Das war Hughie. Säule der Criterion Bar, Präsident des Rag Tag Clubs, Baronet und schädlich – und das alles mit dreiundzwanzig.

„Lass es, Hughie", sagte Stark, ging zur silbernen Zigarrenschachtel und nahm sich selbst. „Weniger von diesem gesegneten Stock, Hughie – warum, Jollops, was fehlt dir?"

Er starrte Jones an, während er sich eine Zigarre anzündete. Jones sah ihn an.

Das war Spencer Stark, verstorbener Kapitän der Black Hussars Seiner Majestät, Spieler, mittellos, immer gut gekleidet und immer gut ernährt –

schrecklich. So wie Käfer Käfer sind, ob in tropischer Pracht oder im düsteren Schwarz des englischen Typs gekleidet, so sind auch Schädlinge Schädlinge. Jones kannte seine Männer.

„Ich bitte um Verzeihung", sagte er, „wollten Sie diesen Namen für mich meinen?"

Während er sprach, stand er auf und ging zur Glocke, um sie zu läuten. Sie dachten, er rede nur im Scherz und klingele nach Getränken; Sie lachten, und Hughie begann zu schreien, zu schreien und im Takt seiner Schreie mit seinem Stock auf den Tisch einzuschlagen.

Dieses Biest, das nie glücklich war, es sei denn, dass es Gläser zerschmetterte, Lärm machte oder seine Nachbarn quälte, das seit etwa fünf Jahren nie mehr wirklich nüchtern gewesen war, das ein schönes Anwesen zerstört und das Herz seiner Mutter gebrochen hatte, schien nun danach zu streben Zerbrich seinen Wanghee-Stock auf dem Tisch.

Der Lärm war großartig.

Die Tür öffnete sich und Kälber erschienen.

„Wirf diesen Kerl raus", sagte Jones.

„Raus mit ihm", rief Hughie und warf bei diesem Scherz seinen Stock weg. „Komm schon, Stark, schubsen wir den alten Jollops aus der Tür."

Er ging zum fröhlichen Angriff über, und Stark, angefeuert durch den anderen, kam näher und erhielt einen Schlag in die Taille, der ihn in den Kotflügel drückte.

Im nächsten Moment wurde Hughie von einer festen Hand erfasst, die es irgendwie geschafft hatte, sich zwischen die Rückseite seines Kragens und seinen Nacken zu klemmen und den Kragen zu ergreifen.

Er würgte und krähte, als er aus dem Zimmer und durch den Flur zur Haustür gejagt wurde. Ein Diener lief ihm voraus. Die Tür wurde geöffnet und er wurde auf die Straße geschleudert.

Der Rauswurf von Stark war eine einfachere Sache. Die Hüte und Mäntel wurden herausgeschleudert und die Tür schließlich geschlossen.

„Wenn einer dieser Typen noch einmal hierherkommt", sagte Jones zu dem Ministranten, „rufen Sie einen Beamten – ich meine einen Polizisten."

"Ja, mein Gebieter."

„Ich frage mich, wie viele Menschen ich noch aus diesem Haus werfen muss", sagte er sich, als er in das Raucherzimmer zurückkehrte. „Mein Gott, was für ein Chaos dieser Kerl Rochester überall angerichtet haben muss. Solche Kneipenfreaks! He!"

Er befahl, die Tinte zu beseitigen, und schickte dann nach Mr. Church. Er war aufgeregt.

„Kirche", sagte er. „Ich habe noch zwei weitere von diesem Aas erschossen. Du kennst alle Männer, von denen ich dumm genug war, sie zu kennen. Wenn sie wieder hierher kommen, sagen Sie den Dienern, sie sollen sie nicht hereinlassen."

Aber er hatte noch einen anderen Zweck, als er nach Church schickte. „Wo ist mein Scheckbuch?" er hat gefragt.

Church ging zur Kommode und öffnete eine untere Schublade.

„Ich glaube, Sie haben es hier platziert, mein Herr." Er hat es produziert.

Als er weg war, schlug Jones das Buch auf; es war eines von Coutt.

Er kannte seinen Bankier inzwischen ebenso gut wie seinen Anwalt. Dann setzte er sich, nahm Rochesters Notiz aus der Tasche und begann, die Handschrift und Unterschrift zu studieren.

Er machte hundert Nachahmungen der Unterschrift und stellte zum ersten Mal in seinem Leben fest, dass er in dieser Art von Arbeit nicht schlecht war.

Dann verbrannte er die Blätter, die er benutzt hatte, steckte das Scheckbuch weg und schaute auf die Uhr; es zeigte auf elf.

Er schaltete das Licht aus, verließ den Raum und ging die Treppe hinauf.

Er war sich sicher, dass er das Schlafzimmer finden würde, das er am Morgen verlassen hatte, und als er den sanft beleuchteten Korridor entlangging, hatte er keine Schwierigkeiten, es zu finden. Er hatte halb befürchtet, dass der flinke Diener in der Jacke mit den Ärmeln da sein könnte und darauf wartete, ihn unterzubringen, aber zu seiner Erleichterung war das Zimmer leer.

Er schloss die Tür, ging zum nächsten Fenster und zog die Jalousie für einen Moment hoch.

Der Mond ging über London auf und warf sein Licht auf den Green Park. Ein riesiger Sommermond. Die Art Mond, der Ideen zu Gitarren und Balkonen hervorruft.

Jones zog sich aus, zog den Seidenpyjama an, der für ihn ausgelegt war, und legte sich ins Bett, sodass nur noch das Licht neben dem Bett brannte.

Er versuchte, sich an die Einzelheiten dieses wunderbaren Tages zu erinnern, scheiterte jedoch völlig, schaltete das Licht aus und schlief ein.

KAPITEL X

LADY PLINLIMON

Das Merkwürdigste an Jones' außergewöhnlichen Erlebnissen war die Art und Weise, wie Dinge, die Rochester betrafen, ihn beeinflussten. Die Kälte der Clubmitglieder war ein Beispiel dafür. Er wusste, dass ihre Kälte nichts mit ihm zu tun hatte, und doch ärgerte er sich darüber praktisch genauso sehr, als ob sie es getan hätte.

Andererseits der Fall der Wühlmäuse. Was hatte ihn dazu gebracht, Wühlmäuse so energisch zu bekämpfen? Es spielte für ihn überhaupt keine Rolle, ob Voles Rochester verriet oder nicht, dennoch hatte er Voles mit dem ganzen Gefühl des Mannes bekämpft, der angegriffen wird, nicht des Mannes, der einen anderen Mann vor Angriffen verteidigt.

Die Haltung von Spicer und dem anderen Schurken hatte seinen Zorn geweckt, weil sie ihm, dem vermeintlichen Earl of Rochester, keinen Respekt entgegenbrachte. Rochesters Torheit hatte diesen Mangel an Respekt hervorgerufen, warum sollte er, Jones, sich darum kümmern? Er hat. Es traf ihn genauso hart, als ob es sich gegen ihn selbst richtete. Er hatte herausgefunden, bis jetzt in begrenztem Maße, aber dennoch hatte er herausgefunden, dass alles, was Rochester verletzen würde, ihm auch schaden würde, dass seine Sensibilität unter seinem neuen Gewand genauso ausgeprägt war und, Wunder über Wunder, seine Würde als Lord gerecht so sensibel wie seine Würde als Mann.

Wenn Sie Jones in Philadelphia gesagt hätten, dass er eines Tages wütend sein würde, wenn ein Diener ihn nicht mit „mein Herr" anreden würde, hätte er Sie für verrückt gehalten. Doch dieser Tag war gekommen oder kam, und diese Veränderung in ihm war nicht im Geringsten das Ergebnis von Snobismus, sondern das Ergebnis des Wissens darüber, was Rochester, Arthur Coningsby Delamere, 21. Earl of, schuldete, von dem er abstammte konnte sich beim Spielen seiner Rolle nicht aus der Fassung bringen.

Er wurde geweckt, als Mr. Church seine Jalousien hochzog.

Er hatte von der Pension in Philadelphia geträumt, in der er gewohnt hatte, von Miss Wybrow, der Besitzerin, und den anderen Gästen, Miss Sparrow, Mr. Moese – geborener Moses – Mr. Hoffman, der Teilhaber von Sharpes' Drug Store, Mrs. Bertine und die anderen.

Er sah zu, wie Mr. Church zur Tür ging, vom Diener draußen das Tablett mit dem Morgentee entgegennahm, es neben dem Bett abstellte und sich zurückzog. Dies war der einzige niedere Dienst, den Mr. Church jemals zu leisten schien, mit Ausnahme des würdevollen Hineintragens von Papieren und Briefen zur Frühstückszeit.

Jones trank seinen Tee. Dann stand er auf, ging zum Fenster, blickte auf den sonnenbeschienenen Green Park hinaus und klingelte. Er war heute Morgen weder deprimiert noch nervös. Er fühlte sich außerordentlich fit. Die mächtigen, guten Geister, die ihm innewohnten, ein Erbe, das besser war als ein Vermögen, waren wieder bei ihm. Das Leben schien wunderbar lebenswert, und das Spiel vor ihm war das einzige Spiel, das es wert war, gespielt zu werden.

Dann kam der Mechanismus in den Raum und begann zu wirken. James war der Name dieser Person. Stumm und ernst und aktiv wie ein Insekt erfüllte dieser Mann Jones' Geist immer mit Staunen; er schien weniger ein Mann als eine Maschine zu sein. Aber zumindest war er eine perfekte Maschine.

Er war nun vollständig angezogen und wollte gerade nach unten gehen, als es an der Tür klopfte und Mr. Church mit einem großen Umschlag auf einem Tablett hereinkam.

„Sie haben mich gebeten, dies aus der Jermyn Street zu holen, Mylord.“

„Oh, du warst in der Jermyn Street?“

„Ja, mein Herr, als ich um Viertel vor acht Ihren Tee serviert hatte, nahm ich ein Taxi.“

"Gut!" sagte Jones.

Er nahm den Umschlag, und nachdem sich Church und der Mechanismus zurückgezogen hatten, setzte er sich ans Fenster, um einen Blick auf den Inhalt zu werfen.

Der Umschlag enthielt Briefe.

Briefe von einem Mann an eine Frau. Briefe des Earl of Rochester an Sapphira Plinlimon. Die abscheulichste und furchtbar dümmste Sammlung von Liebesbriefen, die jemals von einem Narren geschrieben wurde, um von einem Anwalt mit Perücke vor einem Scheidungsgericht gelesen zu werden.

Sie umfassten drei Monate und wurden vor zwei Jahren geschrieben.

Sie waren leidenschaftlich, teilweise idealistisch und schwatzten. Er nannte sie seinen „kleinen kleinen Schatz“. Babysprache – Jones wurde beim Lesen fast rot.

„Er hat sich wirklich gemausert“, sagte er, während er einen Brief nach dem anderen auf den Boden fallen ließ. „Und er hat achttausend dafür bezahlt, diese Dinge zurückzuhalten – nun, ich weiß nicht, vielleicht hätte ich selbst dasselbe getan. Ich kann mir nicht vorstellen, mich im *Philadelphia Ledger zu sehen*, mit diesem Zeug am Ende meines Namens."

Er sammelte die belastenden Dokumente ein, steckte sie in den Umschlag und kam damit in der Hand die Treppe hinunter.

Das Frühstück war eine fast exakte Nachbildung der Mahlzeit von gestern; Der von Church eingebrachte Briefstapel war allerdings eher kleiner.

Diese Briefe stellten eine neue Schwierigkeit dar, sie mussten alle beantwortet werden, die von gestern und die von heute.

Er musste sich die Dienste einer Stenotypistin und einer Schreibmaschine sichern, das ließe sich später arrangieren. Er legte sie beiseite und schlug eine Zeitung auf. Er hatte sich inzwischen genug an seine Situation gewöhnt, um sich für die Nachrichten des Tages zu interessieren. Jeden Moment könnte sich seine Umgebung spalten und neue Wühlmäuse oder Gewürze aufnehmen, oder vielleicht ein gefährlicheres Gespenst, das aus der zweifelhaften Vergangenheit von Rochester hervorgegangen ist; aber daran dachte er kaum, er hatte die Angst überwunden, er steckte bis zum Hals in der Sache.

Er warf einen Blick auf die Nachrichten des Tages und las, während er aß. Dann schob er das Papier beiseite. Ihm war gerade der Gedanke gekommen, dass Rochester diese achttausend nicht dafür bezahlt hatte, den Namen einer Frau zu schützen, sondern um seinen eigenen zu schützen. Um zu verhindern, dass dieser Unsinn vor Gericht gegen ihn vorgelesen wird.

Dieser Gedanke verdunkelte die scheinbar hellere Seite von Rochester, dieses obskure Ding, das Jones dazu verdammt war, nach und nach und nach und nach zu enthüllen. Er schob seinen Teller weg und in diesem Moment betrat Mr. Church den Frühstücksraum.

Er kam an den Tisch und sagte mit halb gesenkter Stimme:

„Lady Plinlimon möchte Sie sehen, Euer Lordschaft."

„Lady Plinlimon?"

„Ja, Euer Lordschaft. Ich habe ihr das Raucherzimmer gezeigt."

Jones hatte sein Frühstück beendet. Er stand vom Tisch auf, sammelte die Briefe ein und folgte Church mit ihnen in der Hand vom Frühstücksraum zum Raucherzimmer. Eine große Frau mit großem Hut saß im Sessel gegenüber der Tür.

Sie war vierzig oder eine Stunde alt. Sie hatte ein großes, unangenehmes Gesicht. Ein dominantes Gesicht, fette Gesichtszüge, egoistisch und von Kunst geschminkt.

„Oh, hier bist du", sagte sie, als er eintrat und die Tür schloss. „Sie sehen, ich bin früh draußen."

Jones nickte, ging zur Zigarettenschachtel, nahm eine Zigarette und zündete sie an.

Die Frau stand auf und tat es ihr gleich. Sie blies den Zigarettenrauch durch die Nase, und als Jones zusah, wusste er, dass er sie verabscheute. Dann setzte sie sich wieder. Sie schien nervös zu sein.

„Stimmt es, was ich höre, dass deine Schwester dich verlassen hat und zu deiner Mutter gezogen ist?"

„Ja", sagte Jones und erinnerte sich an die Vogelfrau von gestern Morgen.

„Nun, du wirst jetzt etwas Frieden haben, es sei denn, du lässt sie zurück – aber ich bin nicht gekommen, um über sie zu reden. Es ist nur so: Ich bin in einer schwierigen Situation."

"Oh!"

„Ein sehr enger Ort. Ich muss etwas Geld haben – ich muss es heute haben."

"Oh!"

"Ja. Ich hätte es gestern haben sollen, aber ein Deal, den ich abgeschlossen hatte, scheiterte. Du musst mir helfen, Arthur."

"Wie viel willst du?"

"Fünfzehnhundert. Ich werde es bald zurückzahlen."

„Fünfzehnhundert Pfund?"

"Ja natürlich."

Ein großes weißes Licht, kalt und klar wie die Morgenröte der Wahrheit, begann sich über Jones' Geist zu bahnen. Warum war diese Frau heute Morgen so schnell zu ihm gekommen, nachdem Wühlmäuse besiegt worden waren, die ihre Briefe in der Hand hielten? Wie war Voles an diese Briefe gekommen? Diese Frage war ihm schon früher in den Sinn gekommen, und diese Frage schien seinem praktischen Verstand nun voller Möglichkeiten zu sein.

„Wofür willst du das Geld?" fragte er.

„Mein Gott, was für eine Frage, wofür will eine Frau Geld? Ich will es, das reicht – Was willst du sonst noch fragen?"

„Was war der Deal, von dem Sie gestern Geld erwartet haben?"

„Ein Börsengeschäft."

„Was für ein Geschäft?“

Sie wurde rot vor Wut.

„Ich bin nicht gekommen, um darüber zu reden. Ich bin als Freund gekommen, um dich um Hilfe zu bitten. Wenn Sie sich weigern, ist die Sache damit erledigt.“

„Oh nein, das tut es nicht“, sagte er. "Ich will dich eine Frage fragen."

„Nun, fragen Sie es.“

„Es ist nur eine einfache Frage.“

"Mach weiter."

„Haben Sie erwartet, gestern fünfzehnhundert Pfund zu erhalten?“

"Ich tat."

„Haben Sie erwartet, es von Herrn AS Voles zu erhalten?“

Er erkannte sofort, dass sie schuldig war. Sie erhob sich halb von ihrem Stuhl und setzte sich dann wieder hin.

„Was zum Teufel meinst du?“ Sie weinte.

„Du weißt ganz genau, was ich meine“, antwortete er, „aus diesen Briefen hättest du fünfzehnhundert von Voles‘ Einnahmen erhalten. Sie haben gestern Abend gehört, dass ich mich geweigert hatte, mich zu trennen. Er war nur Ihr Agent. Es hat keinen Sinn, es zu leugnen. Er hat mir alles erzählt.“

Ihr Gesicht war schrecklich geworden, weiß wie der Tod, und das Rouge war auf dem Weiß zu sehen.

„Das ist alles unwahr“, stotterte sie. „Es ist alles unwahr.“ Sie erhob sich atemberaubend. Er wollte dem schmerzhaften Geschäft nicht nachgehen, die Jagd nach einer Frau lag nicht in seinem Bereich. Er ging zur Tür und öffnete sie für sie.

„Es ist alles unwahr. Ich werde dir darüber schreiben – unwahr.“

Sie sprach die Worte aus, als sie ohnmächtig wurde. Er vermutete, dass sie den Weg zur Flurtür kannte, und als er die Zimmertür schloss, wandte er sich dem Kamin zu.

Er war nicht begeistert. Er war geschockt. Es kam ihm so vor, als hätte er noch nie etwas Böses berührt und damit umgegangen, und dies war eine Frau in den höchsten Rängen des Lebens!

Sie hatte Rochester dazu gebracht, mit ihr zu schlafen, und hatte Wühlmäuse benutzt, um wegen seiner Briefe achttausend Pfund von ihm zu erpressen.

Sie hatte Rochester wie ein Vogel hypnotisiert. Sie war so einer. Hat das Scheidungsgericht als Drohung für ihn gehalten – könnte die Menschheit tiefer sinken? Er ging zu „Who's Who" und drehte die Ps auf, bis er den Mann fand, den er wollte.

Plinlimon: 3. Baron, gegründet 1831, Albert James, geb. 10. März 1862. OS des zweiten Barons und Julia d. von JH Thompson, von Clifton, m. Saphira. D. von Marcus Mülhausen, Erzieher privat. Adresse The Roost, Tite Street, Chelsea.

So sprach „Who is Who."

„Ich wette, dass der Kerl genauso gut dabei war wie sie", sagte Jones und bezog sich dabei auf Plinlimon, Albert James. Dann erhellte ein Anflug von Humor die Situation. Wühlmäuse hatten achttausend Pfund zurückgebracht; Als Agent hatte er 25 Prozent erhalten, also musste er mindestens 6000 verlieren. Das freute Jones noch mehr als sein Sieg. Er hatte eine rassistische, radikale und tief in der Seele verwurzelte Abneigung gegen Wühlmäuse. Keine Wut gegen ihn, nur eine Abneigung. „Jetzt", sagte er, während er „Who's Who" wieder auf die Kommode legte, „gehen wir aus und sehen uns Mortimer Collins an."

Er verließ das Haus, rief ein Taxi und befahl dem Fahrer, ihn zum Sergeant's Inn zu bringen. Er hatte keinen Wahlkampfplan bezüglich Collins. Er wollte einfach nur etwas über sich selbst erfahren und herausfinden. Wissen war für ihn in seiner außergewöhnlichen Position eine Rüstung, und er wollte jede Rüstung, die er bekommen konnte, und kämpfte, wie er war, nicht nur gegen die lebendige Gegenwart, sondern auch gegen die Vergangenheit eines anderen Mannes – und den Charakter oder Mangel an Charakter eines anderen Mannes.

KAPITEL XI

DAS KOHLENBERG

Sergeant's Inn liegt an der Fleet Street, einem ruhigen Hof, umgeben von Häusern, die dem Gesetz übergeben wurden. Das Recht hat dort schon immer gelebt, seit Stow es mit den witzigen Worten ausdrückte: „Es gibt in und um die Stadt sozusagen eine ganze Universität, bestehend aus Studenten, Praktikern, Anwälten und Richtern der Gesetze dieses Reiches. Sie leben nicht von gewöhnlichen Stipendien, wie es an anderen Universitäten meistens der Fall ist, sondern von ihrem eigenen privaten Unterhalt, der entweder von ihren Plätzen oder Praktiken oder auf andere Weise von ihren eigenen Einkünften oder der Ausstellung von Eltern oder Freunden ernährt wird ihre Häuser sind heute insgesamt vierzehn; Davon liegen neun innerhalb der Freiheitsrechte dieser Stadt und fünf in ihren Vorstädten."

Sergeant's Inn befand sich innerhalb der Freiheitsbezirke und steht auch heute noch dort, staubig und ruhig, einst die Unterkunft von Richtern und Sergeanten, heute die Heimat von Anwälten. Rechts vom Eingang befanden sich die Büros von Mortimer Collins, einem älteren Mann, ruhig, dunkelhäutig, groß, spärlich bärtig, in seiner Freizeit Sammler alter Drucke und einer der angesehensten Mitglieder seines Berufsstandes.

Seine Praxis erstreckte sich hauptsächlich auf den Adel und den Landadel, eine Tatsache, die vage durch die weißen oder gelben Buchstaben auf den Blechkästen angedeutet wurde, die die Wände seiner Büros säumten und Namen und Aussagen enthielten wie: „The Cave Estate", „ „Sir Jardine Jardine", „The Blundell Estate" und so weiter und so fort. Er kannte jeden und alles über jeden und schreckliche Dinge über manche Leute, und man konnte ihn in den besten Häusern antreffen. Die Leute mochten ihn für sich selbst, und er erweckte das Vertrauen, das durch Sympathie entsteht.

Zu diesem Herrn wurde Jones geführt, und von diesem Herrn wurde er zwar kühl, aber höflich empfangen.

Jones begann mit seiner gewohnten Direktheit das Geschäft.

„Ich bin gekommen, um ein ernstes Gespräch mit Ihnen zu führen", sagte er.

„In der Tat", sagte der Anwalt, „ist etwas Neues aufgetaucht?"

"NEIN. Ich möchte allgemein über meine Position sprechen. Ich sehe, dass ich mich lächerlich gemacht habe."

Der Mann des Gesetzes hob leicht seine Hände mit gespreizten Fingern, die Geste war beredt.

„Aber", fuhr der andere fort, „ich möchte es wiedergutmachen, ich möchte das Chaos beseitigen."

Der Anwalt seufzte. Dann holte er ein kleines Stück Sämischleder aus seiner Westentasche und begann, seine Brille zu polieren.

„Du erinnerst dich, was ich dir vorgestern gesagt habe", sagte er; „Haben Sie sich entschlossen, meinen Rat zu befolgen? Dann hatten Sie mir nichts weiter zu bieten als ein wildes Gerede über Selbstmord."

"Welcher Ratschlag?"

Collins machte eine ungeduldige Geste.

„Ratschlag – warum Sie auswandern und Ihr Glück in den Kolonien versuchen sollten."

„Hm, hm", sagte Jones. „Ja, ich erinnere mich, aber seitdem habe ich darüber nachgedacht. Ich werde hier bleiben und es wieder gutmachen."

Wieder machte der Anwalt eine Geste der Ungeduld.

„Sie kennen Ihre finanzielle Situation genauso gut wie ich", sagte er. „Wie können Sie, wie Sie es ausdrücken, gegen diese Position vorgehen? Das geht nicht, man ist hoffnungslos involviert, wird an jedem Punkt festgehalten. Vor einem Monat habe ich Ihnen gesagt, Sie sollen Ihre Einrichtung verkleinern und Carlton House Terrace vermieten; Du hast gesagt, dass du es tun würdest, und du hast es nicht getan. Das hat mir Weh getan. Ich wünschte, Sie hätten den Vorschlag lieber abgelehnt. Nun ja, der Absturz wird morgen kommen, wenn er nicht heute kommt. Sie sind bei Coutts überzogen, Sie können für nichts Geld aufbringen, Ihre dringenden Schulden bei Handwerkern usw. belaufen sich, wie Sie mir vorgestern erzählt haben, auf über zweitausendfünfhundert Pfund. Überzeugen Sie sich selbst, wo Sie stehen."

„Ich sage es noch einmal", sagte Jones, „dass ich es wieder gut machen werde." All diese Angelegenheiten scheinen in die Brüche gegangen zu sein, denn – ich war ein Narr."

„Ich freue mich, dass du das erkennst."

„Aber ich bin kein Narr mehr. Kennst du die Sache mit den Wühlmäusen?"

Der Mann der Geschäfte nickte.

„Na, was haltet Ihr davon?" Er nahm den Scheck von Voles aus der Tasche und legte ihn dem Anwalt vor.

„Warum, was ist das?" sagte der andere. „Achttausend Pfund."

„Er forderte mich auf, noch mehr zu erpressen", antwortete Jones, „und ich drückte ihn, rief einen – Polizisten, ließ ihn ausspucken, und da war sein Scheck." Glaubst du, er hat genug Geld, um es zu finanzieren?"

„Oh ja, er ist sehr reich, aber du hast mir *deutlich gesagt* , dass er nur tausend von dir bekommen hat."

Jones fluchte im Geiste. Das Leben und die Vergangenheit eines Schurken auf sich zu nehmen ist schlecht, das Leben und die Vergangenheit eines zwielichtigen und zwielichtigen Mannes zu übernehmen ist fast noch schlimmer.

„Ich habe dir etwas Falsches gesagt", sagte er.

Collins unterdrückte eine gereizte und angewiderte Bewegung. Er war es gewohnt, mit der Menschheit umzugehen.

„Was kann ein Arzt für einen Patienten tun, der wesentliche Fakten zurückhält?" fragte er. "Nichts. Wie kann ich glauben, was Sie sagen?"

„Ich weiß es nicht", antwortete der andere. „Aber ich bitte dich einfach darum. Ich bitte Sie, zu glauben, dass ich verändert bin. Ich hatte einen Schock, der mein ganzes Wesen verändert hat. Ich bin nicht derselbe Mann, der vorgestern mit Ihnen gesprochen hat."

Collins sah ihn neugierig an.

„Du hast dich verändert", sagte er, „deine Stimme ist irgendwie auch anders. Ich werde Sie nicht fragen, *was* zu dieser Änderung Ihrer Ansichten geführt hat. Ich vertraue nur darauf, dass es so sein wird – und für immer."

„Grundgestein", sagte Jones. „Ich fange gleich an. Ich werde diesen Wohnwagen lassen –"

"Wohnwagen!"

„Das Carlton House, Ihre Idee ist gut, können Sie mir dabei helfen? Ich weiß nicht, wie ich mit der Vermietung beginnen soll."

„Ich werde Ihnen auf jeden Fall helfen. Tatsächlich glaube ich, dass ich Ihnen sofort einen Mieter besorgen kann. Die Bracebridges wollen genau so ein Haus, möbliert. Ich werde meinen Sachbearbeiter bitten, ihnen zu schreiben – wenn Sie es wirklich ernst meinen."

"Ich meine es."

„Nun, das ist etwas. Ich habe darauf hingewiesen, dass Sie es wirklich so meinen, weil Sie, als ich zuvor davon gesprochen habe, so vehement gegen einen solchen Kurs waren. Tatsächlich waren Sie fast persönlich, als hätte ich etwas Schändliches vorgeschlagen – obwohl es wahr war, dass Sie mir schließlich zustimmten."

„Ich denke, die einzige Schande besteht darin, Geld zu schulden und nicht zahlen zu können", sagte der anwesende Lord Rochester. „Ich bin jetzt gekommen, um das zu sehen."

"Gott sei Dank!" sagte Collins.

„Ich nehme ein Zimmer in einem ruhigen Hotel", fuhr der andere fort, „mit diesen achttausend und der Miete von diesem Gazabo sollte ich über die Felsen hinwegkommen."

„Ich verstehe nicht, warum nicht, ich verstehe nicht wirklich, warum nicht", antwortete Collins fröhlich, „wenn Sie standhaft an Ihrem Ziel festhalten. Zum Glück ist das Eigentum Ihrer Frau unberührt, und wie steht es mit ihr?"

„Ja", sagte Jones mit einem kalten Schauer.

„Die Liebe einer guten Frau", fuhr der andere fort, „ist etwas, das man nicht kaufen kann, und ich kann sagen, ich habe sehr guten Grund zu der Annahme, dass Sie trotz allem, was passiert ist, immer noch die Zuneigung Ihrer Frau haben." Abgesehen von allem anderen denke ich, dass Ihr größter Fehler darin bestand, dass Ihre Schwester bei Ihnen lebte. Das ist nicht der Fall, und wenn man Miss Birdbrooks eigenartiges Temperament bedenkt, war das in Ihrem Fall ganz besonders nicht der Fall. Jetzt, wo die Dinge anders sind, würde es Ihnen gefallen, Ihre Frau zu sehen und in aller Ruhe darüber zu reden?"

„Nein", sagte Jones hastig. „Ich will sie nicht sehen – zumindest noch nicht."

„Nun, erfreuen Sie sich selbst", antwortete der andere. „Vielleicht werden Sie die Dinge später anders sehen."

Das Gespräch endete dann, als der Anwalt versprach, ihn zu informieren, falls er ein Angebot für das Haus erhalten sollte.

Jones, der von diesem Gespräch über seine Frau so verstört war, dass er in Gedanken über Pläne nachdachte, das ganze Geschäft zu kündigen, verabschiedete sich und verabschiedete sich. Aber es war noch nicht für ihn bestimmt, das Gebäude zu verlassen.

Er stieg gerade die schmale alte Treppe hinunter, als er einige Leute heraufkommen sah, und zog sich zurück, um sie passieren zu lassen.

Eine stämmige Dame ging voran, gefolgt von einem älteren Herrn und einer jüngeren Dame mit großem Hut.

„Warum es Arthur ist", rief die beleibte Frau. "Welch ein Glück. Arthur, wir sind gekommen, um Mr. Collins zu sehen, so etwas Schreckliches ist passiert."

Der unglückliche Jones erkannte nun, dass die Dame mit dem riesigen Hut die Vogelfrau war, der ältere Herr, den er noch nie zuvor gesehen hatte, aber der ältere Herr hatte ihn offensichtlich oft gesehen, war höchstwahrscheinlich ein naher Verwandter, der Frigidität und Unverschämtheit nach zu urteilen von seinem Nicken und seinem allgemeinen Verhalten. Dieser alte Mensch hatte den Stempel der Armee an sich und ein sehr ausgeprägtes Kinn mit einer Spalte darin.

„Es ist besser, nicht hier draußen zu reden", sagte er, „komm rein, komm rein und sieh dir Collins an."

Jones wollte nicht im Geringsten hineingehen und Collins sehen, aber er brannte darauf, zu erfahren, was für ein Schreckliches passiert war. Halb fürchtete er, dass es etwas mit Rochesters Selbstmord zu tun haben könnte. Er folgte der Party und befand sich im nächsten Moment wieder in Collins' Zimmer, wo der Anwalt den Damen Stühle zeigte , die Tür schloss und zu seinem Schreibtisch zurückkehrte, an dem er sich niederließ.

„Oh, Herr Collins", sagte die ältere Dame, „so etwas Schreckliches ist passiert – Kohle – sie haben Kohle gefunden." Sie brach zusammen.

Der alte Herr mit dem gespaltenen Kinn nahm die Sache auf.

„Dieser Idiot", sagte er und zeigte auf Jones, „hat eine Kohlenmine im Wert von vielleicht einer Million für fünftausend verkauft." Auf dem Glanafwyn-Grundstück wurde Kohle gefördert. Ich habe erst gestern Abend davon gehört, und zwar durch Zufall. Struthers sagte direkt im Club zu mir: „Kennen Sie das Stück Land in Glamorgan, Rochester, das an Marcus Mulhausen verkauft wurde?" Ja, sagte ich. „Nun", sagte er, „es ist kein Land, es ist die Spitze des größten Kohlebergwerks in Wales, Kraftwerkskohle, und Mulhausen wird es selbst abbauen." Ihm wurden letzte Woche zweihundertfünfzigtausend für das Land angeboten, sie haben sich dort seit einem halben Jahr langweilen", sagte er mir, und ich habe es heute Morgen überprüft. Natürlich erkannte Mulhausen das Land, was es wert war, und stellte diesem Narren eine Falle."

Jones unterdrückte mühsam seine Gefühle, da er nicht im Geringsten wusste, in welcher Beziehung er zu dem Gewalttätigen stand. Herr Collins hat es klar gemacht.

„Ihr Neffe ist offensichtlich in eine Falle getappt, Euer Gnaden", sagte er. Dann wendet er sich an Jones:

„Ich habe Sie davor gewarnt, dieses Land zu verkaufen – der Himmel weiß, dass ich wenig genug über den Bezirk und noch weniger über seinen Mineralienwert wusste; Dennoch war ich abgeneigt, mich von Land zu trennen – was ich immer tue – und insbesondere von einem so klugen Kunden wie Mülhausen. Ich habe Ihnen gesagt, dass Sie eine Expertenmeinung einholen sollen. Ich hatte keine Mineralien im Kopf. Ich dachte, es könnte möglicherweise eine geplante Eisenbahnerweiterung sein – und es war Ihr letztes Grundstück ohne Hypothek. Ja, ich habe dir gesagt, dass du es nicht tun sollst, und es ist erledigt.“

„Oh, Arthur“, seufzte die ältere Frau. „Dein letztes Stück Land – und wenn man bedenkt, dass es so weitergehen sollte. Ich hätte nie gedacht, dass ich diese Worte zu meinem Sohn sagen müsste.“ Dann versteifte er sich und wandte sich an Collins. „Aber ich bin nicht gekommen, um mich zu beschweren, sondern um zu sehen, ob Gerechtigkeit nicht möglich ist. Das ist Raub. Dieser schreckliche Mann mit dem deutschen Namen hat Arthur ausgeraubt. Es ist ganz einfach. Was kann getan werden?“

„Absolut nichts“, antwortete Collins.

"Nichts?"

„Eure Ladyschaft müssen mir glauben, wenn ich sage, dass nichts getan werden kann. Welchen Grund können wir für einen Umzug haben? Der Verkauf verlief vollkommen offen und einwandfrei. Mülhausen hat keine falsche Aussage gemacht – ich habe recht, wenn ich das sage, nicht wahr?“ wendet sich an Jones.

Jones musste nicken.

„Und wenn das so ist, sind wir hilflos.“

„Aber wenn bewiesen werden kann, dass er wusste, dass es Kohle im Land gibt, und wenn er sie kaufte, indem er dieses Wissen verheimlichte, dann kann das Gesetz ihn sicherlich zwingen, sie zurückzugeben“, sagte die einfache alte Dame, die anscheinend stand anstelle von Rochesters unglücklicher Mutter.

Mr. Collins hätte fast gelächelt.

„Euer gnädige Frau, das würde dem Gesetz keinen Halt geben. Wenn ich zum Beispiel wüsste, dass die Canadian Pacific Railway, sagen wir, große kohlehaltige Gebiete entdeckt hat, und wenn ich dieses private Wissen nutzen würde, um Ihre Canadian Pacific-Aktien zum Beispiel für einhundert zu kaufen, und wenn diese Aktien steigen würden bis dreihundert, könnten Sie mich dazu bringen, Ihnen Ihre Aktien zurückzugeben? Sicherlich nicht. Der Gewinn wäre ein völlig legitimes Produkt meiner eigenen Schärfe.“

„Schärfe", sagte die Vogelfrau, „das ist es. Wenn Arthur überhaupt Verstand gehabt hätte, ganz zu schweigen von der Schärfe, wären die Dinge rundherum ganz anders gelaufen – rundherum."

Sie streckte ihren Kopf aus ihrer Boa heraus und zog ihn zurück. Jones, wütend, stumm, die Hände in den Taschen und mit dem Rücken zum Fenster gelehnt, sagte nichts.

Er hätte sich nie vorstellen können, dass eine Hetze wie diese wegen einer Angelegenheit, mit der er nichts zu tun hatte, ihn zu einem solchen Idioten und einem solchen Arsch hätte machen können.

Er erkannte sofort, wie es Rochester ergangen war, und empfand entgegen aller Vernunft die Scham, die Rochester vielleicht empfunden hätte – aber wahrscheinlich nicht empfinden würde. Sein Onkel, der Herzog von Melford, denn so hieß der Choleriker, seine Mutter, die Gräfinwitwe von Rochester, und seine Schwester, der Hon. Venetia Birdbrook, jetzt standen alle auf und schlossen sich in einem Bündnis zusammen, bevor sie sich auf den Weg machten und diese schlimme Angelegenheit und den Narren, der sie herbeigeführt hatte, zurückließen.

Sie können sich ihre Gefühle vorstellen. Ein Mann in Rochesters Position kann fast alles sein, solange er reich ist, aber wenn er zu seinen anderen Sünden noch das Verbrechen der Armut hinzufügt, ist er in der Tat verloren. Und Rochester hatte nicht nur sein Geld weggeworfen, er hatte auch eine Kohlenmine hinter sich her geworfen.

Kein Wunder, dass sein Onkel ihn nicht einmal mehr ansah, als er den Raum verließ und die beiden Frauen vor sich herführte.

„Es ist bedauerlich", sagte Collins, als sie alleine waren. Es war das Mildeste, was er sagen konnte, und er sagte es.

KAPITEL XII

DAS MÄDCHEN IN DER VICTORIA

Als Jones sich endlich außerhalb des Büros und im Trubel der Fleet Street befand, wandte er seine Schritte nach Westen.

Er hatte fast die halbherzige Entschlossenheit vergessen, seine Karten wegzuwerfen und aus diesem seltsamen Spiel aufzustehen, das er entwickelt hatte, als Collins ihn gefragt hatte, ob er nicht ein Interview mit seiner Frau haben würde. Dieses Kohlebergwerksgeschäft verdrängte für den Moment alles andere; Der Gedanke an diesen Deal brachte die gesamte geschäftliche Seite seines Wesens in Schwung, so dass, wie er selbst gesagt hätte, ihm die Haare zu Berge standen. Eine Mine im Wert von einer Million Pfund, eingetauscht für 25.000 Dollar!

Er nahm sich die Sache zu Herzen, als wäre er selbst von Mülhausen ausgetrickst worden, und als er nun ging, riss ihn eine Stau im Verkehr aus seinen Gedanken, und plötzlich überkam ihn ein schreckliches Gefühl. Für einen Moment hatte er seine Identität verloren. Für einen Moment war er weder Rochester noch Jones, sondern nur eine Lücke zwischen diesen beiden. Einen Moment lang konnte er nicht sagen, wer er war. Für einen Moment war er weder das eine noch das andere. Das war das Schreckliche an dem Gefühl. Das lag an der Überbeanspruchung des Gehirns in seiner außergewöhnlichen Position und an der intensiven Art und Weise, in der er die Rolle des Rochester gespielt hatte. Es dauerte vielleicht nur ein paar Sekunden, da es schwierig ist, die Dauer geistiger Prozesse zu messen, und es verging so schnell, wie es gekommen war.

Als er eine Bar sah, betrat er sie, und ein kleines Glas Brandy beendete den Vorfall und ließ ihn ihn vergessen. Er erkundigte sich nach dem Weg zur Coutts' Bank, die sich 1692 im „Three Crowns" am Strand neben der Globe Tavern befand und in der Welt des Handels immer noch dieselbe und in der Welt fast dieselbe Stellung einnimmt Welt der Ziegel und Mörtel.

Er erreichte die Tür der Bank und wollte gerade eintreten, als ihn etwas aufhielt. Es war der Gedanke, dass er den Scheck mit Rochesters Unterschrift versehen müsste.

Er hatte es so oft kopiert, dass er sich in der Lage fühlte, eine faire Nachahmung anzufertigen, aber er hatte angefangen, in einer Bank zu arbeiten, und er wusste, welch ein schreckliches Auge eine Bank auf die Unterschrift eines Kunden hat. Seine Unterschrift – zumindest die von Rochester – muss bei Coutts wohlbekannt sein. Es würde nie genügen, sich selbst so unter die Lupe zu nehmen, und außerdem, und dieser Gedanke kam ihm erst jetzt, könnte es genauso gut sein, sein Geld an einem Ort zu haben, den andere nicht kennen. Da Collins und die ganze schreckliche Familie wussten, dass er bei Coutts Bankgeschäfte tätigte, könnten Ereignisse eintreten, bei denen es auch für ihn sehr notwendig wäre, in die Hände eines geheimen Geldvorrats zu gelangen.

Er war an der National Provincial Bank in Strand vorbeigekommen, der Name klang sicher und er beschloss, dorthin zu gehen.

Er erreichte die Bank, teilte dem Bankdirektor seinen Namen mit und wurde sofort eingelassen. Der Manager war ein solider Mann, halb kahlköpfig, mit Backenbart und einer Aura alter englischer Geschäftsehrbarkeit, die in diesen neuen und hektischen Tagen erfreulich war. Er empfing das Phantom des Earl of Rochester mit dem Respekt, der ihrer gegenseitigen Position gebührte.

Jones hatte zwischen Coutts und dem National Provincial viel nachgedacht. Er sah voraus, dass, selbst wenn er Rochesters Unterschrift einigermaßen nachahmen würde, alle in Zukunft unterzeichneten Schecks mit dieser Unterschrift übereinstimmen müssten. Nun hat die Handschrift eines Mannes, auch wenn sie unterschiedlich ist, eine eigene Persönlichkeit, und er bezweifelte sehr, ob er diese Persönlichkeit unter dem mikroskopischen Blick der Bankleute aufrechterhalten könnte. Er entschied sich für einen mutigen Kurs. Er würde seine eigene Handschrift behalten. Es war unwahrscheinlich, dass der Nationale Provinzial jemals Rochesters Autogramm gesehen hatte; selbst wenn ja, wäre es für einen Mann kein Verbrechen, seinen Schreibstil zu ändern. Er bestätigte den Scheck in Rochester, gab eine Probe seiner Unterschrift, gab Anweisungen für die Zusendung eines Scheckbuchs an Carlton House Terrace und verabschiedete sich.

Er hatte die Fünf-Pfund-Note von Rochester gewechselt, bevor er zu Collins ging, und er hatte das Wechselgeld in seiner Tasche: vier Pfund, sechzehn und Sixpence. Fünf Pfund, abzüglich des Preises für eine Zigarre beim Tabakladen, bei dem er seinen Schein gewechselt hatte, des Taxis zum Sergeants' Inn und des Glases Likörschnaps. Er erinnerte sich daran, dass er gestern noch Schulden für sein Mittagessen im Senior Conservative hatte, und beschloss, es zu bezahlen und dann in einem Restaurant zu Mittag zu essen. Nie wieder würde er in dieser konservativen Karawanserei zu Mittag essen, sagte er sich.

Mit diesem Ziel vor Augen stand er in der Nähe der Southampton Street und wartete darauf, die Straße zu überqueren, als eine Stimme in seinem Ohr ertönte und ein Arm ihn ergriff.

„Hallo, Rochy", sagte die Stimme.

Jones drehte sich um und sah sich Arm in Arm mit einem Achtzehnjährigen – so schien es, einem vergoldeten Jugendlichen, wenn es jemals einen vergoldeten Jugendlichen gab, makellos gekleidet, fröhlich und mit einem offenen Gesicht, das völlig gefällig war.

„Hallo", sagte Jones.

„Was ist in dieser Nacht aus dir geworden?" fragte der Fröhliche, als sie immer noch Arm in Arm die Straße überquerten.

„Welche Nacht?"

„Welche Nacht? Warum in der Nacht, in der sie uns aus dem Rag Tag Club erschossen haben? Schläfst du, Rawjester – oder was fehlt dir?"

„Oh, ich erinnere mich", sagte Jones.

Sie hatten sich inzwischen getrennt und gingen gemeinsam die Southampton Street hinauf und durch die Henrietta Street in Richtung Leicester Square. Der Unbekannte übernahm das Reden, eine Aufgabe, für die er bestens qualifiziert zu sein schien.

Er sprach von Dingen, Ereignissen und Menschen, die seinem Zuhörer völlig unbekannt waren, von Pferden, Männern und Frauen. Er überredete Jones, in die Bond Street zu kommen, und Jones ging mit ihm einkaufen und half ihm bei der Auswahl von zwei Dutzend farbigen Socken bei Beale und Inmans. Draußen beim Strumpfhändler schlug der Unbekannte gerade ein Mittagessen vor, als eine Kutsche, ein offener Victoria, der wegen des Verkehrs langsam fuhr, Jones' Aufmerksamkeit erregte.

Es war ein sehr elegantes Ergebnis, ein Pferd, aber zwei livrierte Diener auf der Bockbank. Ein Kutscher und ein Lakai mit gepudertem Haar.

Im Victoria saß eines der hübschesten Mädchen, die Jones je gesehen hatte. Ein hübsches Geschöpf, dunkel, mit tiefen, verträumten, vagen blaugrauen Augen – und einem Gesicht! Ach, welche Feder könnte dieses Gesicht beschreiben, so bewegt, pikant und erfüllt von Licht und unaussprechlichem Charme.

Sie war Jones' Blick aufgefallen, sie blickte ihn neugierig an, halb vergnügt, halb zornig, wie es ihm vorkam, und jetzt machte sie zu seinem Erstaunen eine kleine Kopfbewegung, als wollte sie sagen: „Komm her." Im selben Moment sprach sie mit dem Kutscher.

„Portman, hör bitte auf."

Jones trat vor und lüftete seinen Hut.

„Ich möchte dir nur sagen", sagte die Schöne und beugte sich ein wenig nach vorne, „dass du ein dummer alter Arsch bist. Venetia hat mir alles erzählt – Es ist nichts für mich, aber tu es nicht – Portman, fahr weiter."

„Guter Gott!" sagte Jones, als das Fahrzeug auf seinem Weg vorbeifuhr und seinen schönen Insassen davontrug, von dem jetzt nichts mehr zu sehen war als die mit Spitze bedeckte Rückseite eines Sonnenschirms.

Er schloss sich wieder dem Unbekannten an.

„Nun", sagte dieser, „was hat Ihre Frau zu Ihnen gesagt?"

"Meine *Frau* !" sagte Jones.

„Nun, Ihre verstorbene Frau, obwohl Sie noch nicht geschieden sind, oder?"

„Nein", sagte Jones.

Er sprach das Wort mechanisch aus und wusste kaum, was er sagte.

Dieses schöne Geschöpf, seine Frau! Rochesters Frau!

„Steigen Sie ein", sagte der Unbekannte. Er hatte ein Taxi gerufen.

Jones stieg ein.

Rochesters Frau! Der Kontrast zwischen ihr und Lady Plinlimon tauchte plötzlich vor ihm auf, zusammen mit der Torheit von Rochester, gigantisch und in einem neuen Licht gesehen.

Das Taxi hielt in einer Straße am Piccadilly. sie stiegen aus; Der Unbekannte bezahlte und ging voran in ein Haus, an dessen Vordertür ein bescheidenes Messingschild mit der Aufschrift stand:

"HERR. CARR"

Sie gingen durch einen Gang und dann die Treppe hinunter zu einem großen Raum, in dem kleine Kartentische aufgestellt waren. Ein außergewöhnlicher Raum, denn fast die Hälfte einer Seite nahm ein Küchenherd ein, über dem ein Koch damit beschäftigt war, Koteletts und Nieren sowie alle anderen Elemente eines gemischten Grills zu grillen. An den Wänden hingen altmodische Bilder von Sportlern, und gegenüber dem Schießstand stand eine Kommode, beladen mit unschätzbarem, altmodischem Geschirr. Neben diesem Raum befand sich das Esszimmer, und im ganzen Raum herrschte eine Atmosphäre der Behaglichkeit und der vergangenen Zeiten, als die Tage weniger mühsam waren als unsere Tage und die Behaglichkeit weniger mit Glitzer und Lametta verbunden war.

Das war Carrs Club.

Der Unbekannte setzte sich vor das Gästebuch und begann, seinen eigenen Namen und den Namen seines Gastes zu schreiben.

Als Jones über die Schulter blickte, sah er, dass sein Name Spence war, Patrick Spence. Sir Patrick Spence, denn einer der Anwesenden sprach ihn mit „Sir Patrick“ an. Ein gemischtes Grillgericht, etwas Käse und Fassbier in schweren Zinnkrügen bildeten die Mahlzeit, während der geschwätzige Spence das Gespräch fortsetzte.

„Ich möchte meine Nase nicht in Ihre Angelegenheiten stecken“, sagte er, „aber ich sehe, dass Sie etwas beunruhigt; Du bist nicht derselbe Kerl. Geht es um die Frau?“

„Nein“, sagte Jones, „das ist es nicht.“

„Nun, ich möchte nicht in Ihre Vertraulichkeit eintauchen, und ich möchte Ihnen keinen Rat geben. Wenn ich das täte, würde ich sagen, dass du es mit ihr versöhnst. Du weißt es sehr gut, Rochy, du hast ihr einen tollen Tanz vorgeführt. Deine Schwester hat mich neulich Abend bei den Vernons darauf angesprochen . Wir haben lange über dich gesprochen, Rochy, und waren uns einig, dass du der beste Kerl bist, aber zu sehr auf Fröhlichkeit und promiskuitive Lerchen ausgerichtet bist. Du hättest hören sollen, wie ich es ausspreche. Aber Spaß beiseite, es ist an der Zeit, dass du und ich uns beruhigen, alter Junge. Man kann keine alten Köpfe auf junge Schultern setzen, aber unsere Schultern sind nicht mehr so jung wie früher, Rochy. Und ich möchte Ihnen Folgendes sagen: Wenn Sie sich nicht noch einmal im Gurtzeug ankuppeln, wird die andere Partei einen Bolzen machen. Ich mein es todernst. Es ist nicht das Richtige, es einem anderen Mann zu sagen, aber Sie und ich haben keine Geheimnisse zwischen uns, und wir waren immer ziemlich offen miteinander – nun, das ist es, was ich sagen möchte, und nehmen Sie es einfach so auf es ist gemeint. Maniloff ist hinter ihr her. Sie kennen diesen Kerl, den *Attaché* der russischen Botschaft, einen Kerl wie einen Billardtisch, immer am anderen Ende einer Zigarette – ein anderer Name ist Boris. Hat keinen Penny, mit dem er sich vergnügen könnte. Ich weiß, dass das nicht der Fall ist, denn ich habe mich über Lewis freundlich nach ihm erkundigt. Der Grund dafür war, dass er einen meiner Rennwagen für den Export nach Roosia kaufen wollte. Siebenhundert Dollar und der Rest in sechs Monaten. Lewis hat mir seine Vergangenheit auf einem Ladegerät serviert. Der Kerl ist verschuldet, von seiner Frau geschieden und ein Freier in Monte Carlo. Das ist sein eigentlicher Beruf: das Kartenspielen. Er ist ein schläfriger Slawe, und wenn ihm gesagt würde, dass sein Haus brennt, würde er „nichévo“ sagen, was bedeutet, dass es egal ist, es ist gut versichert – wenn er ein Haus zu versichern hätte, was er nicht hat. Aber Frauen wie er, er ist dieser Typ. Aber der Himmel helfe der Frau, die ihn heiratet. Er würde ihr Geld und sich selbst nach Monte mitnehmen, und wenn er ihr das Herz gebrochen und ihr das Leben verdorben und ihr Geld ausgegeben hatte, würde er sie verlassen und fortgehen und russischer *Attaché* in Japan oder anderswo werden. Ich kenne ihn. Lass sie das nicht tun, Rochy.“

„Aber wie kann ich ihm helfen?“ fragte der verwirrte Jones, der die Bedeutung des anderen erkannte. In Wirklichkeit spielte es für ihn keine Rolle, ob eine Frau, die er nur einmal gesehen hatte, mit einem Russen „durchgehen“ und in Monte Carlo ruiniert werden würde, aber diese Welt ist nicht ganz eine Welt der Realität, und er fühlte sich überraschend stark Groll über die Vorstellung, dass das Mädchen im Victoria mit einem Russen „durchgehen“ könnte.

Man wird sich daran erinnern, dass das Gerede des Anwalts über seine „Frau“ in Collins‘ Kanzlei ihn beinahe dazu gebracht hätte, alles aufzugeben und zu kündigen. Diese schattenhafte Frau, die erstmals von der Vogelfrau erwähnt wurde, war in der Tat diejenige gewesen, die vage das Gefühl hatte, ein unüberwindbares Hindernis auf dem Weg zu seinem großen Entschluss zu sein, das wiedergutzumachen, wo Rochester gescheitert war, Rochesters Schlachten zu schlagen und dauerhaft der Earl of Rochester zu sein vielleicht, oder, falls das nicht gelingt, sich zurückzuziehen und mit ehrenhafter Beute in die Staaten zurückzukehren.

Der Anblick des echten Dings hatte jedoch die ganze Situation verändert. Romantik hatte Victor Jones plötzlich berührt; Die wunderschönen, aber schmutzigen Schleier, durch die er sich hindurchgezwängt hatte, hatten sich in einen mystischen Zauberstab gespalten und waren zum Blattwerk eines Feenlandes geworden.

„Ich möchte dir sagen – du bist ein alter Arsch.“

Diese Worte reichten sicherlich aus, um jeden Traum zu zerstören und jede Situation in Pathos zu verwandeln. Im Fall von Jones hatten sie als höchst wirksamer Zauber gewirkt. Er konnte die Stimme immer noch hören, zornig, aber mit einem Anflug von Fröhlichkeit, golden, individuell, bezaubernd.

„Wie können Sie ihm helfen?“ sagte Spence. „Na, geh und versöhne dich wieder mit ihr, tritt den alten Nichévo. Frauen mögen Kerle, die andere Kerle treten; Sie tun so, als ob sie es nicht täten, aber sie tun es. Entweder tun Sie das oder nehmen Sie eine Waffe und erschießen Sie sie. Sie wäre besser zu erschießen als mit diesem Kerl.“

Er zündete sich eine Zigarette an und sie gingen in den Kartenraum, wo Spence mit einem Blick auf die Uhr erklärte, dass er wegen einer Verabredung weg sei. Sie verabschiedeten sich auf der Straße und Jones kehrte zur Carlton House Terrace zurück.

Er hatte viel zu bedenken.

Der Stapel Briefe, die auf dem Tisch im Raucherzimmer darauf warteten, beantwortet zu werden, erinnerte ihn daran, dass er ein äußerst dringendes Bedürfnis vergessen hatte – eine Stenotypistin. Er konnte zwar Briefe unterschreiben, mit einer sehr guten Nachahmung von Rochesters Unterschrift, aber ein holographischer Brief in derselben Hand war für ihn unerreichbar. Dann kam ihm eine brillante Idee: Warum beantwortete er diese Briefe nicht mit Sechs-Penny-Telegrammen, die er selbst abgeben konnte?

Er fand einen Stapel Telegraphenformulare im Büro und setzte sich vor die Briefe, um sie einzeln und so relevant wie möglich zu bearbeiten. Es war ein ziemlich interessantes und amüsantes Spiel, und als er fertig war, war er ziemlich zufrieden. „Tut mir leid, dass ich nicht kommen kann", lautete die Antwort auf die Einladungen zum Abendessen. Der mit „Childersley" unterzeichnete Brief machte ihm Sorgen, bis er den Namen in „Who is Who" nachschlug und einen Lord fand, der an derselben Adresse wie auf dem Briefpapier darauf antwortete.

Er war zufällig auf eine der Linderungen eines großen Elends des zivilisierten Lebens gestoßen, als er auf Briefe antwortete, und er hatte Lust, es patentieren zu lassen.

Er verließ das Haus mit dem Bündel Telegramme, suchte das nächste Postamt auf, das direkt gegenüber dem Bahnhof Charing Cross liegt, und kehrte zurück. Dann zündete er sich eine Zigarre an, nahm das freundliche und unermüdliche „Who is Who" auf sein Knie und begann träge die Seiten umzublättern. Es ist ein höchst interessanter Band für einen müßigen Moment, voller verstreuter Romantik, Geschichten über Kampf und Abenteuer, komprimiert in wenigen Zeilen, Einblicken in die Geschichte und den Grabinschriften noch lebender Männer.

„Ich möchte dir sagen – du bist ein alter Arsch."

Die Worte, die immer noch in seinen Ohren klangen, ließen ihn wieder auf den Namen Plinlimon zurückgreifen. Der Kontrast zwischen Lady Plinlimon und dem Mädchen, dessen Vision ihn beherrschte, wurde beim Anblick des gedruckten Namens erneut deutlich.

Arsch! Dieser Name galt nicht für Rochester. Ihm ein passendes Pseudonym zuzuordnen, wäre unmöglich. Dummkopf, Idiot, Trottel – Jones probierte sie alle nach dem Bild des Verstorbenen aus, aber sie waren zu klein.

„Plinlimon: 3. Baron", lautete Jones, „gegründet 1831, Albert James, geb. 10. März 1862. OS des zweiten Barons und Julia d. von JH Thompson aus

Clifton, m. Saphira, gest. von Marcus Mülhausen, Erzieher privat. Adresse The Roost, Tite Street, Chelsea."

Mülhausen! Er hätte das Buch fast fallen lassen. Mülhausen! Collins, sein Büro und diese schreckliche Familienfeier tauchten alle vor ihm auf. Hier war der Schlingel, der Rochester aus der Kohlenmine herausgeholt hatte, der Vater der Frau, die ihn aus Tausenden herausgeholt hatte. Der Absatz in „Who is Who" verwandelte sich von einer Drucksache in ein Nest zappelnder Vipern. Er warf das Buch auf den Tisch, stand auf und begann auf und ab zu gehen.

Die Frau im Victoria, seine eigene Position – alles war vergessen, bevor die monströse Tatsache halb erraten, halb gesehen wurde.

Rochester war von diesen Harpyien rechts und links gerupft worden. Er hatte vom Vater fünftausend Pfund für Land im Wert von einer Million erhalten, achttausend, also einen guten Teil von achttausend, hatte er an die Tochter gezahlt. Gute Sache!

Als er gegen Wühlmäuse kämpfte, verglich ich Jones mit einem Terrier. Er hatte viel vom Terriercharakter in seiner Komposition, die Ehrlichkeit, den Ausrottungsinstinkt und die Wut vor Ungeziefer. Menschen laufen in Tiergruppen, und wenn Sie Tiere studieren, werden Sie von nichts so sehr überrascht sein wie von der alten Rassenwut, die im zivilisiertesten Tier vor der Beute oder dem Feind der alten Rasse ausbricht.

Während er auf dem Boden auf und ab ging, befand sich Jones einige Sekunden lang in der geistigen Verfassung eines Hundes in der Nähe eines Dachses im Käfig. Dann begann er klar zu denken. Die offensichtliche Tatsache vor ihm war, dass Voles, die Plinlimons und Mulhausen eine Bande waren; Die mutmaßliche Tatsache war, dass das erpresste Geld, zumindest ein großer Teil davon, nach Mülhausen zurückgekehrt war.

War Mülhausen die Spinne des Netzes? Waren alle anderen seine Werkzeuge und Geräte?

Jones verfügte über ein gutes instinktives Wissen über Frauen. Er glaubte nicht tief in seinem Herzen, dass eine Frau so abscheulich sein könnte, an sie gerichtete Liebesbriefe zu benutzen, um Geld von dem Mann zu erpressen, der sie geschrieben hatte. Oder besser gesagt, dass es unwahrscheinlich sei, dass sie die Methode erfinden würde, obwohl sie sie nutzen würde. Die ganze Angelegenheit trug den Stempel eines männlichen und völlig skrupellosen Geistes. Schon zu Beginn hatte er dies vage geahnt, als er es für wahrscheinlich hielt, dass Lord Plinlimon an der Angelegenheit beteiligt war.

„Nun", dachte Jones, „wenn ich das nach Mülhausen bringen könnte, könnte ich ihm die Kohlenmine entreißen." Ich könnte sicher sein."

Er setzte sich und zündete sich eine weitere Zigarre an, um ihm bei der Bewältigung dieses Problems zu helfen.

Es war sehr einfach zu sagen „Drück Mulhausen", es war etwas anderes, es zu tun. Zu diesem Schluss kam er, nachdem er sich ein paar Minuten ernsthaft auf diese problematische Person konzentriert hatte. Bisher hatte er es mit kleinen Männern und Verschwendern zu tun. Voles war ein einfacher Schurke, der mit direkten Methoden recht leicht zu stürzen war. Aber Marcus Mulhausen schätzte er als großen Mann ein. Als erstes galt es, diese Vermutung zu überprüfen. Er klingelte und ließ Mr. Church rufen.

„Kommen Sie herein", sagte er, als dieser erschien, „und schließen Sie die Tür. Ich möchte Sie etwas fragen."

"Ja, mein Gebieter."

„Es ist einfach so. Ich möchte, dass Sie mir sagen, was Sie von Lord Plinlimon halten und was Sie über ihn gehört haben. Ich habe meine eigene Meinung – ich möchte deine."

„Nun, mein Herr", begann Church. „Es steht mir nicht zu, etwas gegen seine Lordschaft zu sagen, aber da Sie mich fragen, möchte ich sagen, dass man allgemein der Meinung ist, dass seine Lordschaft ein bisschen – weich ist."

„Glaubst du, er ist hetero?"

„Ja, mein Herr – das heißt –"

„Spuck es aus", sagte Jones.

„Nun, mein Herr, er schuldet Geld, das ist wohlbekannt; und ich habe gehört, dass bei ihm zu Hause viel Geld beim Kartenspielen verloren gegangen ist, aber nicht durch seine Schuld. Tatsächlich haben Sie selbst etwas in dieser Richtung zu mir gesagt, mein Herr."

„Ja, das habe ich – aber was ich erreichen möchte, ist Folgendes. Glaubst du, dass er ein Mann ist, der etwas Schurken tun würde – das ist klar?"

„Oh nein, mein Herr, er ist heterosexuell genug. Es ist die andere Partei."

„Meinst du seine Frau?"

„Nein, mein Lord – ihr Bruder, Mr. Julian."

"Ah!"

In der Kirche wurde es etwas wärmer. „Er ist immer da und lebt meistens bei ihnen. Sehen Sie, mein Herr, er hat keinen eigenen Status, aber er schafft es, durch Ihre Ladyschaft bei den Menschen bekannt zu werden."

„Irgendwie ein Idiot", sagte Jones.

Herr Church stimmte zu. Der Ausdruck war neu für ihn, aber er schien zuzutreffen.

Dann entließ Jones ihn.

Das Licht wurde immer klarer. Hier war ein weiteres Mitglied der Bande, ein weiteres Instrument von Marcus Mulhausen.

„Morgen", sagte sich Jones, „werde ich diese Kerle holen. Wühlmäuse sind der Schlüssel zu vielen von ihnen, und ich habe Wühlmäuse vollständig im Griff."

Dann verdrängte er die Angelegenheit für eine Weile und dachte stattdessen an das Mädchen – seine Frau – Rochesters Frau.

Ihm kam der seltsame Gedanke, dass sie eine Witwe war und es nicht wusste.

An diesem Abend ging er auswärts essen, ging in ein kleines Restaurant in Soho, und ging früh zu Bett, um für die Geschäfte des morgigen Tages frisch zu sein.

Er hatte noch einmal im „Who is Who" nachgeschlagen und herausgefunden, dass der Name seiner Frau Teresa war. Teresa. Der Name gefiel ihm vage, und nachdem er ihn nun verstanden hatte, blieb er ihm wie eine Klette im Gedächtnis haften. Wenn er nur den Mülhausen-Vorschlag in die Tat umsetzen, das Bergwerk zurückerobern und sich beweisen könnte – würde sie, wenn er ihr alles erzählte – würde sie –?

Er schlief ein und murmelte das Wort Teresa.

KAPITEL XIII

TERESA

Am nächsten Morgen wachte er auf und sah die Vision von Teresa, Gräfin von Rochester – wie er sie nannte – an seinem Bett stehen.

Haben Sie schon einmal über den Einfluss von Frauen nachgedacht? Gehen Sie zu einer öffentlichen Versammlung, die ausschließlich aus Männern besteht, und sehen Sie, was für eine schwierige Angelegenheit das sein kann, besonders wenn Sie Redner sind. Streuen Sie ein paar Frauen durch das Publikum und erleben Sie die belebende Wirkung. Auf einer Party oder einer öffentlichen Versammlung in der Weizengrube oder auf dem Schlachtfeld bilden Frauen oder die Erinnerung an eine Frau einen der größten Anreger von Gesprächen, Reden oder Handlungen. Die meisten Männer kämpfen den Kampf ums Leben für eine Frau. Während Jones sich aufsetzte, seinen Morgentee trank und dabei auf die Vision von Teresa, der Gräfin von Rochester, blickte, hatte er, fast ohne es selbst zu bemerken, einen neuen Anreiz zum Handeln gefunden.

Gestern hatte die Position begonnen zu sinken, sehr wenig hätte ihn dazu gebracht, „aufzugeben", hundert Pfund von den achttausend und eine Überfahrt mit dem nächsten Boot in die Staaten zu nehmen; Aber dieses Mädchen im Victoria, diese Augen, diese Stimme, diese Worte – sie hatten alles verändert.

War er verliebt? Vielleicht nicht, aber er war fasziniert, fasziniert, geblendet.

Darüber hinaus schien die Welt seltsam – heller; er fühlte sich jünger, erfüllt von der Energie einer neuen Marke. Er pfiff, während er über den Boden ging, um aus dem Fenster zu schauen, und während er in die Wanne schüttete, spritzte er das Wasser herum wie ein Junge.

Es war leicht zu erkennen, dass der unglückliche Mann in eine phantastischere und unendlich gefährlichere Position geraten war als jede Position, die er bisher eingenommen hatte, seit er das Haus Rochester betreten hatte.

Dieser verschwundene und fantastische Humorist hätte reichlich Stoff gefunden, um seine Gedanken zu nähren, wenn er zurückgekehrt wäre.

Das Scheckbuch der National Provincial Bank kam mit der ersten Post an, und nach dem Frühstück legte er es in einer Schublade der Kommode im Raucherzimmer beiseite. Er überflog den üblichen Stapel Briefe von Unbekannten, von Handwerkern, deren Rechnungen mit „Rechnung vorgelegt" gekennzeichnet waren, und von Herren, die mit den Namen der Landkreise unterschrieben hatten. Einer von ihnen schien empört zu sein.

„ Ich finde das verdammt übel von dir, Rochester ", sagte er. „ Ich habe es endlich herausgefunden, Sie sind der Mann, der für dieses Telegramm verantwortlich ist. Ich habe drei Tage und eine Nacht Schlaf verloren, als ich auf einer wilden Gänsejagd nach Cumberland gefahren bin, und ich erzähle den Leuten alles darüber. Eines Tages wirst du in ein Chaos geraten. Witze, die unter Internatsschülern lustig sein könnten, sind unter Männern fehl am Platz.

„ LANGWATHBY ."

Jones beschloss, Langwathby ein Entschuldigungstelegramm zu schicken, als er Zeit hatte, seinen Namen im „Who's Who" nachzuschlagen; dann legte er die Briefe beiseite, forderte seinen Hut und seinen Stock und verließ das Haus.

Er wollte zuerst zu Wühlmäusen gehen.

Wühlmäuse waren seine große Artillerie. Er vermutete, dass der Kampf mit Marcus Mulhausen ein Kampf auf Leben und Tod sein würde. Er rechnete viel mit Wühlmäusen. Am Trafalgar Square rief er ein Taxi und forderte den Fahrer auf, ihn zur Jermyn Street zu bringen.

TEIL III

KAPITEL XIV

DER ANGRIFF

AS Voles, Geldverleiher und Wechseldiscounter, lebte von seinem Geschäft. Das heißt, sein Büro war sein Esszimmer. Ihm gehörte das Haus in der Jermyn Street. Jones entließ das Taxi, klingelte und wurde von einem Diener eingelassen, der, nicht sicher, ob Mr. Voles da war oder nicht, den Besucher in einen kleinen Raum auf der rechten Seite der Eingangshalle einlud und die Tür hinter ihm schloss .

Der Raum enthielt einen Schreibtisch, drei Stühle, eine großformatige Karte von London, einen Phoenix-Versicherungsalmanach und eine Fotogravurreproduktion von Mona Lisa. Der Boden war mit Linoleum ausgelegt und das Fenster ging auf eine leere Wand hinaus.

Dies war der Raum, in dem Gläubiger und verirrte Besucher warten mussten. Jones nahm einen Stuhl und sah sich um.

Die Menschheit kann in drei Klassen eingeteilt werden: diejenigen, die Mona Lisa gesehen haben und sie verehren, diejenigen, die sie tolerieren, und diejenigen, die Mona Lisa verabscheuen. Jones verabscheute sie. Dieses misstrauische, schlüpfrige, schlüpfrige, giftige Gesicht war ihm so verhasst wie die Maske einer Schlange.

Er sah die Dame gerade an, als sich die Tür öffnete und Wühlmäuse hereinkamen.

Wühlmäuse sahen heute Morgen gelber und älter aus, aber sein Gesicht zeigte keinen Groll. Dass sich der Earl of Rochester gegen ihn wandte, war die einzige große Überraschung seines Lebens gewesen. Er hatte immer geglaubt, er kenne den Charakter, und diese Vorstellung war nicht unbegründet. Sein Selbstvertrauen war erschüttert.

„Guten Morgen", sagte Jones. „Ich bin gekommen, um ein kleines Gespräch mit dir zu führen."

„Setz dich", sagte Wühlmäuse.

Sie setzten sich wie Wühlmäuse vor den Schreibtisch.

„Ich bin nicht gekommen, um zu kämpfen", sagte Jones, „nur um zu reden. Du wusstest, dass Marcus Mulhausen das walisische Land für fünftausend von mir bekommen hat und dass es jetzt vielleicht eine Million wert ist."

Wühlmäuse nickten.

„Nun, Mulhausen muss dieses Eigentum zurückgeben."

Wühlmäuse lachten.

„Du brauchst nicht zu lachen. Du hast meine raue Seite gesehen. Ich halte dir jetzt die Glatte hin – aber zum Lachen gibt es keinen Anlass. Ich werde Mülhausen häuten.“

„Nun“, sagte Wühlmäuse. „Was habe ich damit zu tun?“

„Du bist das Messer.“

"Oh!"

„Ja, tatsächlich. Lass uns reden. Als Sie die achttausend von mir bekamen, waren Sie nur die Agentin der Plinlimon-Frau, und sie war nur die Agentin von Marcus. Sie hat etwas, du hast etwas, aber Marcus hat das Beste. Julian bekam auch etwas, aber Marcus bekam die Joints. Er gab euch dreien den Kopf, die Hufe, die Eingeweide und den Schwanz. Ich habe es mit der Plinlimon-Frau ausgestanden und ich weiß es. Ihr wart eine Bande.“

Wühlmäuse richteten sich in seinem Stuhl auf.

„Was hast du noch zu sagen?“ fragte er schwerfällig.

"Eine Menge. Nichts ist schwieriger zu fassen als eine Bande, denn sie verwischen sich gegenseitig. Ich zahle Ihnen einen bestimmten Betrag in bar, Sie ziehen Ihre Provision ab und übergeben den Rest an die Plinlimon-Frau, sie bezahlt ihren Vater und bekommt ein paar Hundert, um ihre Hutmacherin zu bezahlen. Wer soll etwas beweisen? Es wurden keine Schecks bestanden.“

„Einfach so“, sagte Voles.

„Ich freue mich, dass Sie meinen Standpunkt verstehen“, antwortete Jones. „Wenn du einen Knoten nicht lösen kannst, kannst du ihn doch immer durchtrennen, wenn du ein Messer hast – oder?“

Wühlmäuse zuckten mit den Schultern.

„Nun, ich sagte, du wärst ein Messer, nicht wahr, und ich werde diesen Knoten mit dir durchtrennen, verstehst du, was ich meine?“

"Nicht im geringsten."

„Es tut mir leid, denn das bringt mich dazu, Klartext zu sprechen, und das ist unangenehm. Das ist meine Meinung. Ich muss das Eigentum zurückbekommen, sonst gehe ich zur Polizei und fessele die ganze Bande. Erzählen Sie die ganze Geschichte. Ich werde Marcus beschuldigen. Verstehst du das? Marcus und Marcus‘ Tochter und Marcus‘ Sohn und du. Und das werde ich nicht morgen tun, sondern heute. Heute Nacht wird Ihr ganzer Haufen im Gefängnis sein.“

„Du hast gesagt, du wärst nicht gekommen, um zu kämpfen", rief Voles. "Was willst du? Hast du nicht genug von mir bekommen? Dennoch treibst du mich so an. Es ist gefährlich."

„Ich bin nicht gekommen, um zu kämpfen. Zumindest nicht du. Im Gegenteil, wenn ich diese Immobilie zurückbekomme und sich herausstellt, dass sie eine Million wert ist, werde ich Ihnen vielleicht Ihre Verluste ersetzen. Mir kommt es so vor, als hättest du den Dudelsackspieler für Marcus bezahlt."

„Das habe ich", stöhnte Voles.

Diese beiden Worte bewiesen Jones, dass er im Großen und Ganzen recht hatte.

„Nun, es ist Marcus, gegen den ich antrete, und du musst mir helfen."

Dann begannen Wühlmäuse zu sprechen. Das etwas Orientalische in seiner Natur, das ihn an jenem Abend dazu getrieben hatte, mit ausgebreiteten Armen auf den Polizisten zu stürzen, begann jetzt zu sprechen.

Hilfe gegen Marcus! Was konnte er gegen Marcus tun? Warum Marcus Mulhausen ihn in der Hand hielt. Marcus hielt alle fest: seine Tochter, ihren Ehemann, seinen eigenen Sohn Julian, ganz zu schweigen von AS Voles und anderen.

Jones hörte all dem mit geduldiger Aufmerksamkeit zu, und als der andere fertig war und sich die Handflächen an seinem Taschentuch abwischte, sagte er:

„Trotzdem hält es Marcus davon ab, dass er einer Bande angehört."

Wühlmäuse machten eine Bewegung mit der Hand.

„Unterbrich mich nicht. Der Kopf eines Hais ist der klügste Teil davon, aber er muss mit dem Körper leiden, wenn der ganze Hai gefangen wird; Das ist die Lösung, in der Marcus steckt. Wenn ich mit euch fertig bin, wird Marcus der Erste sein, der in den Krug geht. Sehen Sie, Sie müssen meine Befehle befolgen. sie werden nicht schwer sein."

"Was sind Sie?"

„Du musst mir eine Notiz schreiben, die ich zu Marcus bringen werde, in der ich ihm mitteile, dass das Spiel aus ist, die Bande ausgebrochen ist und dass ich liefern soll."

„Warum zum Teufel, was fehlt dir?" sagte Wühlmäuse.

„Was fehlt mir?"

„Du redest nicht wie du selbst – du warst nie mehr wie du selbst, seit du diesen Standpunkt vertreten hast."

Jones spürte, wie sich seine Farbe änderte. In seiner Aufregung hatte er seiner Stimme freien Lauf gelassen.

„Es spielt keine Rolle, ob ich so bin wie ich oder nicht", sagte er, „Sie müssen diese Notiz schreiben und es jetzt tun, während ich diktiere."

Wühlmäuse trommelten mit den Fingern auf dem Schreibtisch, dann holte er ein Blatt Papier und einen Umschlag aus einer Schublade.

„Nun", sagte er, „was soll das sein?"

„Nichts Besorgniserregendes", sagte der andere. „Nur drei Worte. „Es ist alles erledigt" – wie spricht man ihn an?"

Ohne Antwort schrieb Voles.

" *Lieber M.*

„ *Es ist alles erledigt.* „

„Das reicht", sagte Jones, „jetzt unterschreiben Sie mit Ihrem Namen und adressieren Sie den Umschlag."

Wühlmäuse taten es.

Jones steckte den Brief in seine Tasche.

„Nun", sagte er, „damit ist die Sache erledigt. Ich hoffe, dass Marcus sich damit und dem, was ich ihm zu sagen habe, trennen wird, und wie gesagt, wenn sich die Dinge so entwickeln, wie ich es mir erhoffe, werde ich vielleicht deine Verluste wiedergutmachen – ich habe keinen Streit mit dir – nur mit Marcus. "

Plötzlich sprach Wühlmäuse.

„Um Gottes willen", sagte er, „passen Sie auf, wie Sie mit diesem Kerl umgehen; Er wurde nie besiegt, verfluche ihn. Gehen Sie vorsichtig vor."

„Man hat nie Angst", sagte Jones.

Kapitel XV

DER ANGRIFF (*Fortsetzung*)

Jones hatte die Adresse von Marcus Mulhausen bereits von der unschätzbar wertvollen Kelly erhalten.

Mülhausen war ein Finanzier. Ein Finanzier ist ein Mann, der ohne Handel oder Beruf Geld verdient, und Mulhausen hatte trotz dieser Einschränkung in den zwanzig Jahren seines Geschäftslebens, das ganz bescheiden hinter dem Tresen eines Pfandleihers in den Minories begann, viel Geld verdient .

Seine Büros befanden sich in der Chancery Lane. Sie bestanden aus drei Räumen: einem äußeren Wartezimmer, einem Raum, in dem drei Angestellte wohnten, nämlich einem leitenden Angestellten, Mr. Aaronson, und zwei Untergebenen, und einem inneren Raum, in dem Mulhausen wohnte.

Als Jones seinen Namen nannte, wurde er sofort in den Innenraum geführt, wo Mulhausen an seinem Schreibtisch saß.

Mülhausen war ein Mann von etwa sechzig Jahren, klein, zerbrechlich, mit grauem Backenbart und schläfrigen Augen mit schweren Lidern.

Er nickte Jones zu und deutete auf einen Stuhl. Dann beendete er seine Arbeit, das Lesen eines Briefes, legte ihn unter einen Briefbeschwerer aus Achat und wandte sich an den Neuankömmling.

„Was kann ich heute Morgen für Sie tun?" fragte Mülhausen.

„Sie können diesen Brief einfach lesen", sagte Jones.

Er übergab Voles' Brief.

Mulhausen setzte seine Brille auf, öffnete den Brief und las ihn. Dann legte er den offenen Brief auf den unter dem Briefbeschwerer aus Achat, riss den Umschlag auf und warf die beiden Bruchstücke in den Papierkorb hinter sich.

„Noch etwas?" fragte er.

„Ja", antwortete der andere, „viel mehr." Beginnen wir am Anfang. Sie haben von mir ein Grundstück im Wert von bis zu einer Million Pfund erworben; Du hast fünftausend dafür bezahlt."

"Ja!"

„Sie müssen mir dieses Eigentum zurückgeben."

„Ich bitte um Verzeihung", sagte Mulhausen. „Beziehen Sie sich auf die Glanafwyn-Länder?"

"Ja."

"Ich verstehe. Und ich muss sie dir zurückgeben – noch etwas?"

"Nein, das ist alles. Gestern habe ich die Briefe Ihrer Tochter von Voles zurückerhalten. Seien wir ehrlich miteinander. Wühlmäuse haben alles gestanden. Ich habe sein Geständnis in seiner eigenen Handschrift, Sie sind alle in einem Netz, die ganze Bande – Sie, Ihre Tochter, Ihr Sohn und Wühlmäuse. Du hast mich wie einen Truthahn gerupft. Sie kennen die ganze Angelegenheit so gut wie ich, und wenn ich das Eigentum nicht vor fünf Uhr heute zurückerhalte, werde ich zur nächsten Polizeidienststelle gehen und eine Anzeige gegen Sie schwören."

„Ich verstehe", sagte Mulhausen ohne mit der Wimper zu zucken, „Sie werden uns alle ins Gefängnis stecken, nicht wahr?" Das wäre sehr unangenehm. Wirklich sehr unangenehm."

Er stand auf, ging zu einigen Blechdosen, die auf einem Sims hinter ihm standen, holte seine Schlüssel heraus und öffnete eine.

Jones, der glaubte, er würde die Eigentumsurkunden vorlegen, verspürte ein leichtes Zucken in seinem Schildknorpel. Das war ein Sieg ohne Kampf. Aber Herr Marcus Mulhausen nahm keine Eigentumsurkunden aus der Kiste. Er holte eine Briefhülle hervor, kam damit an den Tisch zurück und setzte sich.

Dann hielt er die Briefhülle vor sich und blickte Jones über seine Brille hinweg an.

„Du Schurke", sagte Mulhausen.

Das war der großartigste Moment in Jones' Leben. Aus einem Kriminellen war Mülhausen plötzlich Richter geworden. Er sprach mit solch absoluter Überzeugung, Leichtigkeit, einem Gefühl von Macht und Verachtung, dass es keinen Zweifel daran geben konnte, dass er die Gewinnerkarten in der Hand hatte. Er öffnete die Briefhülle und holte ein Papier hervor.

„Hier ist der Wechsel über zweihundertfünfzig Pfund, auf den Sie Sir Pleydell Tuffnells Namen gefälscht haben", sagte Marcus Mulhausen und breitete das Papier vor sich aus. „Das war vor zwei Jahren. Wir alle kennen Sir Pleydell und seine lockere Art. Er ist so nachlässig, dass man dachte, er würde es nie erfahren. so gut, dass er niemals strafrechtlich verfolgt werden würde. Aber es kam in meine Hände, es ist mein Eigentum und ich zögere nicht, mit Schurken umzugehen. Glauben Sie nun für einen Moment, dass ich, wenn ich in irgendeiner rechtswidrigen Weise gegen Sie vorgegangen wäre – was ich bestreite –, dies ohne einen Beschützer getan hätte? Könnten Sie einen besseren Schutz als diesen finden? Ich möchte Sie daran erinnern, dass die Strafe für Urkundenfälschung mindestens fünf Jahre Haft beträgt." Mit einem kalten Lächeln blickte er auf das Dokument und blickte dann wieder zu seinem Opfer auf. Jones sah, dass er fertig war; nicht von Marcus Mulhausen, sondern von Rochester. Er war über einen Knick in Rochesters Figur gestolpert, so wie ein Mann über einen Knick in einem Teppich stolpert. Dann überkam ihn die Wut. Der Anblick des schrecklichen Schurken mit dem Schnurrbart, triumphierend und schadenfroh, erweckte den Hund in seinem Wesen und all die List, die in ihm verborgen war.

Er seufzte, erhob sich gebrochen und näherte sich dem Schreibtisch und der Kreatur dahinter.

„Sie sind ein klügerer Mann als ich", sagte er, „geben Sie mir die Hand und hören Sie auf."

Im nächsten Moment hatte er das Papier den Fingern entrissen, es zerknittert und in seinen Mund gestopft. Er eilte zur Tür und schloss sie ab, während Mulhausen, schreiend wie eine Frau, ihn erreichte und ihn an den Schultern packte.

Dann drehte sich Jones schnell um, packte den Finanzier an beiden Armen und hielt ihn fest, kaut, kaut, kaut, verstummte und blickte den schreienden anderen an.

Sie hämmerten draußen an der Tür. Mr. Aaronson und die Angestellten, nutzlose Leute zum Aufbrechen von Türen, unterstützten ihren Arbeitgeber mit ihren Stimmen – vor allem, indem das gesamte Bürogebäude hochgezogen wurde und Jungen und Telefone die Polizei riefen.

Währenddessen kaute Jones und die Rechnung wurde langsam in das umgewandelt, was der Physiologe als Bolus bezeichnet. Es dauerte drei Minuten, bis der Bolus, richtig eingespeichelt und von der Zunge hochgehoben, die vorderen Säulen des Rachens passierte, sich dann die Epiglottis schloss und der Bolus, der darüber glitt und von den Muskeln der Speiseröhre erfasst wurde, an seinen Bestimmungsort gelangte.

Jones hatte Rochesters Vergangenheit geschluckt, oder zumindest einen sehr wichtigen Teil davon. Als die Tat vollbracht war, setzte er sich hin, während eine Boa constrictor zurückschreckt und immer noch schluckt. Marcus Mulhausen eilte zur Tür und öffnete sie. Vor ihm stand ein riesiger Polizist, hinter dem Polizisten drängten sich Mr. Aaronson und die Angestellten, und dahinter ein oder zwei Dutzend Blockbewohner, begierig darauf, aus der Ferne einen blutigen Anblick zu sehen.

Marcus sah sich um.

"Was ist das alles?" sagte er. „Es ist nichts falsch, nur ein kleiner Streit mit einem Herrn. Es ist alles vorbei – Mr. Aaronson, räumen Sie das Büro. Constable, hier sind zwei Schilling für Ihre Mühe. Guten Tag."

Er schloss die Tür vor der enttäuschten Menge und wandte sich an Jones.

Der Kampf war vorbei.

Kapitel XVI

EINE WILDE ÜBERRASCHUNG

Um fünf Uhr an diesem Tag wurde die Übertragung des Eigentums von Marcus Mulhausen im Büro von Mortimer Collins ausgefertigt und unterzeichnet, und die Glanafwyn-Ländereien gingen wieder in den Besitz des Earl of Rochester über – „für die erhaltene Summe von fünftausend Pfund." hiermit anerkannt", heißt es in dem Dokument.

Es erübrigt sich zu erwähnen, dass keine fünftausend Pfund an die Hände gingen. Collins war verwirrt und stellte in Anwesenheit von Mulhausen keine Fragen. Als dieser jedoch gegangen war, wandte er sich an Jones.

„Hast du ihm fünftausend bezahlt?" fragte der Anwalt.

„Keinen Cent", antwortete der andere.

„Nun, wie hast du dann das Wunder gewirkt?"

Jones erzählte.

„Sie sehen, wie ich sie kooperieren ließ", schloss er. „Nun, gerade als ich mir die Katze schnappen wollte, spielte er das Pik-Ass und holte ein altes Dokument hervor, das er mir vorgehalten hatte."

"Ja?"

„Ich habe einen Moment nachgedacht – dann bin ich zu einem schnellen Schluss gekommen – habe ihm den Doc abgenommen und ihn gegessen."

„Du hast das Dokument gegessen?"

"Sicher."

Jones rieb sich den Bauch und lachte.

„Na ja", sagte der Anwalt mit neugieriger Nachgiebigkeit und mangelnder Verwunderung nach dem ersten kurzen Schrecken, der durch diese überraschende Aussage ausgelöst wurde, „wir haben das Eigentum zurück, das ist die Hauptsache."

„Sie erinnern sich", sagte Jones, „ich habe mit Ihnen darüber gesprochen, diesen Ort zu vermieten."

„Carlton House Terrace?"

„Ja – nun, das ist aus. Ich habe es gut gemacht. Siehst du?"

„M – ja", antwortete Collins.

„Ich werde jetzt genug Geld haben, um die Hypotheken und so abzubezahlen.“

„Zweifellos“, sagte Collins, „aber denken Sie nicht, dass es eine gute Sache wäre, wenn Sie dieses Grundstück festbinden würden, damit ein Zufall es nicht angreifen kann? Sie haben zwar keine Kinder, aber man weiß nie. Ehrlich gesagt denke ich, dass Sie gut beraten wären, wenn Sie Vorkehrungen treffen würden.“

„Mach dir keine Sorgen“, sagte Jones fröhlich. „Ich werde meiner Frau alles geben, wenn ich mich mit ihr arrangieren kann.“

„Das ist gut zu hören“, antwortete der andere. Dann verabschiedete sich Jones und überließ die wertvollen Dokumente dem Anwalt.

Er war begeistert. Er hatte die Tatsachen bewiesen, die er bisher nur instinktiv erraten hatte, nämlich dass ein Schurke vor einem einfachen Dealer der schwächste Mensch auf der Welt ist, wenn der einfache Dealer eine Waffe in der Hand hat. Der fast augenblickliche Zusammenbruch von Voles und Mulhausen war darauf zurückzuführen, dass sie auf morschen Fundamenten standen. Als er jetzt nach Hause ging, sagte er sich, dass er dieses Dokument nicht hätte essen müssen. Mulhausen hätte es nie genutzt. Wenn er einfach rausgegangen wäre und einen Polizisten gerufen hätte, wäre Mulhausen, als er ihn ernst sah, zusammengebrochen.

Die Sache war jedoch aufgegessen und erledigt, und es hatte keinen Sinn, sich noch mehr um die Sache zu kümmern. Er musste an andere Dinge denken. Er hatte es gut gemacht. Er hatte den Namen und die Ländereien von Rochester gerettet, er hatte eine Million, achttausend Pfund zurückerobert, wobei er schätzte, dass die kohleführenden Ländereien eine Million wert waren, und noch mehr; Er war ein vernünftiger Mann, der sich um das kümmern konnte, was er zurückerobert hatte.

Wenn die Familie Rochester das wüsste, hätte sie keinen Grund, sich über den Eindringling und die Ersetzung durch neue Gehirne zu beschweren und sie durch Dekadenz, Verrücktheit und Trägheit zu ersetzen. Der Tag, an dem er mit Rochester den Platz getauscht hatte, war für sie der beste Tag, der je angebrochen war.

Er dachte gerade darüber nach, als ihn plötzlich wieder dieses schreckliche, unwirkliche Gefühl überkam, unter dem er schon einmal gelitten hatte. Diesmal ging es nicht darum, seine Identität zu verlieren, sondern darum, sein eigenes, beanspruchtes Gehirn zwischen zwei Identitäten hin- und herzubewegen. Rochester – Jones – Jones – Rochester. Für ein paar Sekunden kam es ihm so vor, als könne er nicht erkennen, wer von diesen beiden Personen er war, dann verschwand das Gefühl und er setzte seinen Weg fort und erreichte kurz nach sechs die Carlton House Terrace.

Er gab seinen Hut, seinen Stock und seine Handschuhe dem Lakaien, der ihm die Tür öffnete – er hatte am Morgen von Church einen Hausschlüssel bekommen, vergaß aber, ihn zu benutzen – und durchquerte gerade den Flur, als ihn eine Musik zum Stehen brachte . Aus einer Tür auf der rechten Seite drangen die Klänge eines Klaviers. Jemand spielte *Valse Tendre von Chaminade* und spielte es perfekt.

Jones wandte sich an den Diener.

"Wer ist das?" er hat gefragt.

„Es ist Ihre Ladyschaft, mein Lord, sie ist vor einer halben Stunde angekommen. Ihr Gepäck ist nach oben gegangen.“

Ihre Ladyschaft!

Jones war aus dem Gleichgewicht geraten und zögerte einen Moment. *Was für* eine gnädige Frau könnte das sein? Sicherlich nicht diese schreckliche Mutter!

Er ging zur Tür, öffnete sie, fand ein Musikzimmer und dort saß an einem Klavier das Mädchen aus der Victoria.

Sie trug Outdoor-Kleidung und hatte ihren Hut nicht abgenommen.

Als er hereinkam, schaute sie über die Schulter zu ihm, ihr Gesicht lächelte halb, aber sie hörte nicht auf zu spielen. Etwas Faszinierenderes, Schöneres, Ablenkenderes als dieses Bild kann man sich kaum vorstellen.

Als er das Zimmer durchquerte, hörte sie plötzlich auf zu spielen und wirbelte auf dem Notenhocker herum.

„Ich bin zurückgekommen“, sagte sie. „Ju-ju, ich konnte es nicht ertragen. Du bist schlecht, aber du bist viel, viel besser als deine Mutter – und Venetia. Ich werde versuchen, dich noch ein bisschen zu ertragen – *Ju-Ju* , was lässt dich so steif und komisch aussehen?“

„Ich weiß es nicht“, sagte Jones und fuhr sich mit der Hand über die Stirn. „Ich hatte einen harten Tag.“ Sie sah ihn einen Moment lang neugierig an, dann mitleidig, dann freundlich.

Dann sprang sie auf, ließ ihn sich auf ein großes Sofa an der Wand setzen und setzte sich neben ihn.

Dann nahm sie seine Hand.

„Ju-Ju – warum bist du so ein Idiot?“

„Ich weiß es nicht“, sagte Jones.

Die Liebkosung der kleinen juwelenbesetzten Hand zerstörte seine geistigen Kräfte. Er wagte es nicht, sie anzusehen, sondern saß einfach da und starrte vor sich.

„Sie haben mir alles über die Kohlenmine erzählt", fuhr sie fort, „zumindest Venetia und wie sie dich alle schikaniert haben – darin war Venetia großartig." Venetia wackelte mit ihrem schrecklichen, frechen Idiotenkopf, während sie mir erzählte – sie sind *sauer* über den Verlust dieses Kohledings – oh, Ju-Ju, ich bin so froh, dass du es verloren hast. Es ist böse, denke ich, aber ich bin froh. Das hat mich dazu gebracht, zurückzukommen, die Art und Weise, wie sie über dich geredet haben. Ich habe zugehört und zugehört und dann bin ich ausgebrochen. Ich habe Venetia alles gesagt, was ich in den letzten sechs Monaten sagen wollte. Du weißt, sie hat mir erzählt, wie du neulich Nacht nach Hause gekommen bist. Ich habe damals nichts gesagt, nur zugehört und es gespeichert. Als sie sich dann gestern Abend alle wegen der Kohlenmine trafen, hörte ich weiter zu und speicherte es. Blunders war ebenso da wie deine Mutter und Venetia. Blunders sagte, er hätte Sie einen Arsch genannt, und das seien Sie auch. Dann brach ich aus. Ich habe eine ganze Menge Dinge gesagt – nun, da ist es. Also kam ich zurück – es gab auch andere Gründe. Ich möchte nicht allein sein. Ich möchte umsorgt werden – ich möchte umsorgt werden – als ich dich gestern in der Bond Street sah – ich – ich – ich – Ju-Ju, kümmerst du dich um mich?"

„Ja", sagte Jones.

„Ich möchte gestehen – ich möchte dir etwas sagen."

"Ja."

„Wenn du dich nicht um mich kümmern würdest – wenn ich das Gefühl hätte, dass es dir nicht wichtig wäre, würde ich –"

"Ja."

„Kick direkt über die Spuren. Ich würde. Ich konnte nicht so weitermachen wie bisher, einsam, wie ein verlorener Hund."

Sie hob seine Finger und rieb sie über ihre Lippen.

„Du wirst nicht einsam sein", sagte der unglückliche Mann mit gedämpfter Stimme. „Davor brauchen Sie keine Angst zu haben." Die völlige Unzulänglichkeit dieser Bemerkung kam ihm vor wie eine dieser alptraumhaften Erkenntnisse, die man normalerweise nur im Traumland findet. Dennoch schien sie es ausreichend zu finden, da ihre Gedanken vielleicht woanders beschäftigt waren.

„Was hättest du gesagt, wenn ich für immer vor dir weggelaufen wäre?" fragte sie. „Hätte es dir leidgetan?"

„Ja – schrecklich."

„Bist du froh, dass ich zurückgekommen bin?"

"Ich bin."

„Ehrlich gesagt froh?"

"Ja."

"Wirklich froh?"

"Ja."

„Ehrlich gesagt, wirklich, ehrlich froh?"

"Ja."

„Nun, das bin ich auch", sagte sie. Sie ließ seine Hand los.

„Jetzt geh und spiel mir etwas vor. Ich möchte nach Venetia etwas Beruhigendes – spielen Sie mir Chopins Spianato vor – das gefiel uns früher."

Nun war das Einzige, was Jones jemals in seinem Leben gespielt hatte, das Star Spangled Banner und das mit einem Finger – Chopins Spianato!

„Nein", sagte er. „Ich würde lieber reden."

„Na dann rede – Gnade! Da ertönt der erste Gong."

Ein schwacher und weit entfernter Ton drang in den Raum, pochte und verstummte. Sie stand auf, nahm ihre Handschuhe, die sie auf einen Stuhl geworfen hatte, und betrachtete sich dann im Spiegel neben dem Klavier.

„Du hast mich noch nie geküsst", sagte sie und sprach sozusagen halb zu sich selbst, halb zu ihm und schien mehr mit einer augenblicklichen scharfen Kritik an dem Hut beschäftigt zu sein, den sie trug, als mit dem Gedanken an Küsse. Er kam wie ein Schuljunge auf sie zu, und als sie ihr Gesicht hob, drückte er ihr einen keuschen Kuss auf den rechten Wangenknochen.

Dann passierte ihm das Schönste, was einem sterblichen Menschen je widerfahren ist. Plötzlich nahmen zwei warme Handflächen sein Gesicht zwischen sich und zwei feuchte Lippen trafen auf seine.

Dann war sie weg.

Benommen, geblendet, erfreut, schockiert, verängstigt, triumphierend nahm er auf dem Musikhocker Platz.

Die Position war großartig.

Jones war kein Lothario. Er war ein geradliniger, schlichter Mann mit gesundem Menschenverstand und großem Respekt vor Frauen, und die Rolle der Hauptfigur in einer schlechten französischen Komödie war nichts für ihn. Jones hätte genauso gerne daran gedacht, die Frau eines anderen Mannes zu küssen, als mitten auf dem Broadway auf dem Kopf zu stehen.

Sich in die Rolle eines anderen Mannes zu schlüpfen und unter dieser Verkleidung die Frau des anderen Mannes zu küssen, wäre für ihn die gemeinste Tat gewesen, die ein zweibeiniges Wesen vollbringen konnte.

Und er hatte es gerade getan. Und die Frau des anderen Mannes hatte – heu! sein Gesicht brannte immer noch.

Sie hatte es wegen seiner Täuschung getan.

Plötzlich stand er vor der Barriere, die das Schicksal mit List errichtet und nun direkt vor ihm errichtet hatte.

Es gab weder darüber noch darunter zu kommen, er musste *sofort seine Position kundtun* – und was für eine Position kundtun!

Sie liebte Rochester.

Plötzlich erschien ihm diese schreckliche Tatsache in ihrem wahren Ausmaß und ihrer wahren Bedeutung.

Sie liebte Rochester.

Er musste ihr die Wahrheit sagen. Doch um ihr die Wahrheit zu sagen, musste er ihr sagen, dass der Mann, den sie liebte, tot war.

Dann würde sie Beweise wollen.

Er würde die Leute vom Savoy Hotel heranziehen, Leute aus Amerika holen und Rochester zerstören müssen. Grusel! Daran hatte er noch nie gedacht. Was war aus Rochester geworden? Bis dahin hatte er noch nie darüber nachgedacht, was aus den sterblichen Überresten des verstorbenen Narren geworden war, und es war ihm auch egal – warum sollte er das auch tun?

Aber die Frau, die Rochester liebte, würde sich darum kümmern. Und er, Jones, würde in ihren Augen zu einem Ghul, einer Monstrosität, einem Schrecken werden.

Er spürte jetzt einen Anflug dieses Gefühls gegenüber sich selbst. Bis dahin war Rochester für ihn eine mechanische Figur, eine Abstraktion gewesen, aber die Tatsache der Liebe dieser Frau hatte die Abstraktion plötzlich in ein menschliches Wesen verwandelt.

Er konnte ihr unmöglich sagen, dass er die Überreste dieses Menschen, dieses Mannes, den sie liebte, gefühllos in den Händen unbekannter Fremder zurückgelassen hatte, als wären es die Überreste eines Tieres.

Er konnte ihr nichts sagen.

Das Spiel war aus, er musste aufgeben. Entweder das, oder die Maskerade fortzusetzen, was unmöglich war; oder ihr alles zu erzählen, was ebenso unmöglich war.

Doch aufzuhören wäre eine grausame Behandlung für sie. Sie liebte Rochester.

Trotz all seiner Bosheit, Frivolität, Unentschlossenheit und allgemeinen Unwürdigkeit – oder vielleicht gerade wegen dieser Dinge – war es Rochester gelungen, diese Frau dazu zu bringen, ihn zu lieben, sich gegen seine Familie zu stellen und zu ihm zurückzukehren.

Jetzt wegzugehen und sie zu verlassen, wäre die grausamste Tat. Grausam zu ihr und genauso grausam zu sich selbst, fasziniert und gehalten von ihr wie er. Doch es stand ihm kein anderer Weg offen. Das sagte er sich – so versuchte er es sich selbst zu sagen, wohlwissend, dass der einzige Weg, der ihm als Ehrenmann offenstand, ein vollständiges Geständnis des Sachverhalts war.

Sich davonzuschleichen wäre die Tat eines Feiglings; sich ihr als Rochester aufzudrängen, die Tat eines Bösewichts; um ihr die Wahrheit zu sagen, die Tat eines Mannes.

Das Ergebnis wäre großartig, aber nur wenn er sich diesem Ergebnis stellen würde, könnte er aus diesem Geschäft herauskommen. Eine halbe Stunde lang saß er da und bewegte sich kaum. Er stand vor dem unüberwindlichsten Hindernis: seinem eigenen Charakter. Wäre er ein Gauner gewesen, wäre alles leicht gewesen; Da er ein ziemlich heterosexueller Mann war, war alles unmöglich.

Als sich die Tür öffnete und ein Diener erschien, hatte er diese grundlegende Tatsache erreicht.

„Das Abendessen ist serviert, mein Herr.“

Abendessen!

Er stand auf und kam in die Halle. Als er einen Moment unentschlossen dastand, hörte er ein Lachen und blickte auf. Sie stand im Abendkleid und blickte über die Balustrade des ersten Treppenabsatzes.

„Warum, du bist nicht angezogen!“ Sie sagte.

„Ich – ich habe es vergessen“, antwortete er.

Etwas fiel ihm zu Füßen, es war eine Rose. Sie hatte es ihm zugeworfen und kam nun die Treppe hinunter auf ihn zu, wo er stand, die Rose in der Hand und Ablenkung in seinem Herzen.

„Das ist eine absolute Schande von dir", sagte sie, musterte ihn von oben bis unten und nahm ihm die Rose ab, „und jetzt ist keine Zeit, sich anzuziehen; So nachlässig bist du nicht", sie steckte ihm die Rose in den Mantel. „Ich nehme an, das liegt daran, dass ich vierzehn Tage lang allein mit Venetia gelebt habe – was hätte ein Monat getan!" Sie drückte die Rose mit ihrer kleinen Handfläche flach.

Dann schob sie ihre Finger durch seine Ellenbogenbeuge und führte ihn zur Tür des Frühstücksraums.

Sie trat ein und er folgte ihr.

Der Frühstückstisch war verkleinert worden und sie aßen einander gegenüber an einer Schüssel mit errötenden Rosen.

Dieses Abendessen war für Jones kein Gesprächserfolg, eine Tatsache, die sie kaum bemerkte, da sie in bester Stimmung war und voller Informationen, die sie unbedingt weitergeben wollte.

Es schien ihr völlig egal zu sein, ob die Lakaien beim Warten zuhörten oder nicht, sie redete von der Familie, von „deiner Mater" und „Blunders" und „V" und anderen Menschen, rührend, wie es schien Er sprach über die intimsten Angelegenheiten und alles mit einer Leichtigkeit im Ton und Geist, die zweifellos entzückend gewesen wäre, wenn er die besprochenen Themen besser gekannt hätte und sein Geist offen gewesen wäre, angenehme Eindrücke aufzunehmen.

Er würde ihr direkt nach dem Abendessen seine ganze schreckliche Geschichte erzählen müssen. Es war, als würde ihm das Schicksal sagen: „Du musst sie direkt nach dem Abendessen töten."

All das unbeschwerte Geschwätz und die neu gewonnene Zufriedenheit, all diese Helligkeit würde sterben. Trauer um den Mann, den sie liebte, Hass auf den Mann, der ihn verdrängt hatte, Angst, Ratlosigkeit und Schrecken traten an ihre Stelle.

Als das schreckliche Essen vorüber war, bestellte sie Kaffee im Musikzimmer. Er blieb noch einen Moment zurück und fummelte an einer Zigarette herum. Als er dann mit Schweißperlen auf der Stirn in die Halle kam, hörte er die Töne des Klaviers.

Es war eine Mazurka von Chopin, die mit Fröhlichkeit und Brillanz gespielt wurde, doch kein Trauermarsch klang jemals schicksalhafter in den Ohren der Sterblichen.

Er konnte es nicht tun. Dann drehte er die Klinke der Tür zum Musikzimmer und trat ein.

Kapitel XVII

DIE ZWEITE FLITTERWOCHE

Im Musikzimmer brannten nur drei elektrische Lichter. Im rosigen Licht und Halbschatten wirkte der Raum größer als bei Tageslicht und anders.

Sie war von der Mazurka zu Paderewskis Mélodie Op. gewandert. 8. Nr. 3, ein einsames Lied, wie es ihm vorkam, als er sich auf einen Stuhl fallen ließ, die Beine übereinander schlug und zuhörte.

Während er dann zuhörte, begann er nachzudenken. Bis dahin waren seine Gedanken verwirrt gewesen, hatten einander gejagt oder wurden von der Ungeheuerlichkeit der Situation verfolgt. Jetzt dachte er klar.

Sie gehörte ihm, das Mädchen, das dort am Klavier saß, mit dem Licht auf ihren Haaren, dem Licht auf ihren nackten Schultern und dem glänzenden Stoff ihres Kleides. Er brauchte nur seine Hand auszustrecken und sie zu nehmen. Absolut seins, und er hatte sie erst zweimal getroffen. Sie war die schönste Frau in London, sie hatte einen Verstand, der eine unscheinbare Frau attraktiv gemacht hätte, und ein bezauberndes Auftreten voller Überraschungen, Gegensätze und Zärtlichkeiten – und sie liebte ihn.

In Tausendundeiner Nacht gab es nichts Vergleichbares, und auch das Gehirn, das Tantalus gezeugt hatte, war nicht zu den durch Zufall und Zufall erreichten Höhen aufgestiegen.

Sie beendete das Stück, stand auf, drehte ein paar Notenblätter um und kam dann durch den Raum – schwebte durch den Raum und setzte sich auf die Armlehne des großen Stuhls, in dem er saß. Dann spürte er ihre Finger auf seinem Haar.

„Ich möchte deine Beulen spüren, um zu sehen, ob du dich verbessert hast – Ju-ju, dein Kopf ist nicht mehr so flach wie früher oben. Es scheint irgendwie eine andere Form zu haben, schöner. Blunders liegt flach wie ein Pfannkuchen auf seinem Kopf. Ich nehme an, dass Flachheit in der Familie liegt. Schauen Sie sich Venetias Füße an! Ju-ju, hast du sie jemals in Badepantoffeln aus Filz gesehen?“

"NEIN."

„Ich habe – und einen langen gelben Morgenmantel und ihr Haar auf ihren Schultern, ganz nass, in Rattenschwänzen. Ich bin keine Katze, aber sie gibt mir das Gefühl, eine solche zu sein und wie eine solche zu reden. Ich möchte sie vergessen. Erinnern Sie sich an unsere Flitterwochen?“

"Ja."

Sie hatte seine Hand genommen und hielt sie.

„Wir waren damals zufrieden. Fangen wir noch einmal von vorne an und lassen Sie dies unsere zweiten Flitterwochen werden, und wir werden uns kein einziges Mal streiten – oder?"

„Nein, das werden wir nicht", sagte Jones.

Sie ließ sich neben ihm auf den Stuhl fallen, legte seinen Arm um sie und hielt ihre Lippen hoch.

„Jetzt küsst du mich wirklich", murmelte sie; „Du schienst vorher halb verängstigt zu sein – Ju-ju, ich möchte ein Geständnis machen."

"Ja?"

„Nun ja – vor einiger Zeit hat jemand so getan, als würde er sich sehr um mich kümmern."

"Wer war das?"

"Egal. Ich ging gestern Abend zu einem Tanz bei den Crawleys und er war da."

"Ja."

„Ja – ist das alles, was Sie zu sagen haben? Sie scheinen nicht besonders interessiert zu sein."

"Ich bin robust."

„Ich möchte nicht, dass du zu sehr interessiert bist und Szenen machst und so – obwohl du das nicht kannst, weil du seinen Namen nicht kennst. Es genügt, dir zu sagen – wie es in den Büchern heißt –, dass er ein sehr gutaussehender Mann ist, viel, viel schöner als du, Ju – nun, hör mir zu. Er hat mich gebeten, mit ihm durchzubrennen."

„Mit ihm durchbrennen?"

„Ja – nach Spanien. Wir sollten zuerst nach Paris und dann nach Spanien gehen – Spanien, zu dieser Jahreszeit!"

"Was hast du gesagt?"

„Ich sagte: ‚Bitte sei nicht dumm.' Ich hatte einen Roman gelesen, in dem ein Mädchen das zu einem Mann sagte, der mit ihr durchbrennen wollte – sie starb am Ende –, aber das war es, was sie zuerst sagte: Zum Glück konnte ich mich daran erinnern."

"Warum?"

„Weil – weil – für einen Moment fühlte ich mich geneigt, ‚Ja' zu sagen. Ich weiß, es war schrecklich, aber denken Sie an meine Lage, wenn Sie so weitermachen und ich ganz allein bin und niemanden hat, der sich um mich kümmert – das ist wie ein Verlangen nach Alkohol. Ich muss jemanden haben, der sich um mich kümmert, und ich dachte, dass du das nicht tust – also hätte ich fast „Ja" gesagt. Nachdem ich gesagt hatte, was ich getan hatte, fühlte ich mich stärker."

"Was hat er gesagt?"

„Er flehte leidenschaftlich – wie der Mann in dem Buch, und sprach von Rosen und blauen Meeren – er ist kein Engländer – ich saß da und dachte an Venetia in ihren Filzbadeschuhen und dem gelben Umschlag. Sie wissen, dass sie St. Thomas à Kempis liest und Basare eröffnet. Neulich öffnete sie eines und kam mit ganz roter Nase und in einem fürchterlichen Temperament zurück – ich frage mich, was in diesem Basar war? – Nun, ich wusste, dass Venetia frohlocken würde, wenn ich etwas Dummes tun würde, und das hielt mich fest. Sie ist nicht böse. Ich glaube, dass sie, soweit sie weiß, wirklich gut ist, und das ist das Schreckliche an ihr. Sie geht sonntags zweimal in die Kirche, sie bringt Pudding und andere Dinge zu alten Frauen auf dem Land, sie eröffnet Basare und abonniert heruntergekommene Schulen – doch mit einem Wort bringt sie alle auf die Ohren – Nun, als ich von der Tanzparty nach Hause kam, habe ich … begann nachzudenken, und heute, als sie alle draußen waren, hatte ich meine Kisten gepackt und kam direkt hierher zurück. Ich hätte alles gegeben, um ihre Gesichter zu sehen, wenn sie nach Hause kamen und feststellten, dass ich weg war."

Sie sprang plötzlich auf. Es klopfte an der Tür, sie öffnete sich und ein Diener meldete Miss Birdbrook.

Venetia hatte sich an diesem Abend nicht verändert, sie trug immer noch ihren großen Hut. Sie ignorierte Jones und sprach im Stehen knapp mit Teresa.

„Du hast uns also verlassen?"

„Ja", antwortete der andere. „Ich bin hierher zurückgekommen, hast du etwas dagegen?"

"ICH?" sagte Venetia. „Es ist nicht im Geringsten eine Frage meiner Meinung, es kam nur plötzlich, und da Sie kein Wort darüber hinterlassen haben, wohin Sie gehen, hielten wir es für das Beste, sicherzustellen, dass es Ihnen gut geht."

Sie nahm unbehaglich auf einem Stuhl Platz und die Gräfin von Rochester ließ sich wieder neben Jones nieder.

„Ja, mir geht es gut", sagte sie und legte ihre Hand auf seine Schulter.

Venetia schluckte.

„Ich bin froh, das zu wissen“, sagte sie. „Wir haben versucht, es Ihnen bequem zu machen – ich kann nicht leugnen, dass Mutter ein wenig gekränkt ist, weil sie vor der Abreise nichts von Ihnen gehört hat, und man muss zugeben, dass es den Bediensteten nur seltsam vorkommt, dass Sie so vorgehen –, aber das ist natürlich völlig falsch Frage des Geschmacks.“

„Du meinst“, sagte Teresa, „dass es geschmacklos meinerseits war – nun, ich entschuldige mich.“ Es tut mir leid, aber ich konnte dem plötzlichen Verlangen, hierher zurückzukehren, nicht widerstehen. Ich hätte heute Abend geschrieben.

„Oh, das macht nichts“, sagte Venetia, „die Sache ist erledigt.“ Nun, ich muss gehen – aber haben Sie beide über die Zukunft und alles, was sie mit sich bringt, nachgedacht?“

„Haben wir, Ju-ju?“ fragte das Mädchen und streichelte Jones liebkosend über den Kopf.

„Ja“, sagte Jones.

„Ich bin sicher“, fuhr Venetia seufzend fort, „ich habe immer mein Bestes gegeben, um die Dinge zusammenzuhalten.“ Ich bin durchgefallen. War es meine Schuld?“

„Nein“, sagte Teresa und sehnte sich danach, dass sie weg war. „Ich bin mir sicher, dass das nicht der Fall war.“

„Ich freue mich, das von dir zu hören. Ich habe immer versucht, mich nicht in dein Leben einzumischen. Das habe ich nie getan – oder nur dann, wenn die normale Klugheit mich zum Reden brachte, wie zum Beispiel in diesem Baccarat-Geschäft.“

„Harke keine alten Sachen zusammen“, sagte Teresa plötzlich.

„Und die Williamson-Affäre“, hieß es in Venetia. „Oh, ich bin der Allerletzte, der die Dinge zusammenreimt, wie du es nennst. Ich für meinen Teil werde nichts mehr über Dinge sagen, die passiert sind, aber ich *muss* über Dinge sprechen, die mich selbst betreffen.“

„Was betrifft dich?“

"Nur das. Sie kennen die Finanzlage recht gut. Sie wissen, was die Instandhaltung dieses Hauses bedeutet. Du kannst es nicht tun. Du kannst es einfach nicht tun. Ihr Einkommen reicht nicht aus.“

„Aber wie wirkt sich das auf Sie aus?“

„Wenn Handwerker reden, berührt es mich; es betrifft uns alle. Warum nicht dieses Haus vermieten und ruhig irgendwo auf dem Land leben, bis alles vorbei ist?"

„Was meinst du damit, dass Dinge umfallen?" fragte Teresa. „Man könnte meinen, Sie redeten von einer Schande, die passiert ist."

Venetia zog ihren langen linken Handschuh hoch und bewegte sich, als wollte sie gehen. Sie sagte nichts, blickte aber auf ihren Handschuh.

Während dieser ganzen Zeit hatte sie Jones weder angesehen noch mit ihm gesprochen, noch ihn durch Worte in das Gespräch einbezogen. Ihr Einfluss hatte auf ihn gewirkt, seit sie den Raum betreten hatte. Er begann nun besser zu verstehen, welche Rolle sie im Leben von Rochester gespielt hatte. Er hatte das Gefühl, dass er mit Venetia sprechen wollte, da Rochester wahrscheinlich noch nie darüber gesprochen hatte.

„Ein Mann sagte einmal zu mir, dass der größte Fehler, den ein Mann machen kann, darin besteht, nach seiner Heirat eine Schwester zu haben, die bei ihm lebt", sagte Jones.

Venetia zog ihren rechten Handschuh hoch.

„Eine Schwester, die unter Alkoholeinfluss und *Schlimmerem gelitten hat* , kann dieser Meinung zustimmen", sagte sie.

„Was meinst du mit schlimmer?" hat Teresa gefeuert.

„Ich meine genau das, was ich sage", antwortete Venetia.

„Das ist keine Antwort. Meinst du, dass Arthur mir untreu war?"

"Das habe ich nicht gesagt."

„Nun, was kann schlimmer sein als ein Rausch – das ist das einzig Schlimmere, was ich kenne – außer Mord. Meinst du, dass er jemanden ermordet hat?"

„Ich werde nicht zulassen, dass du mich in einen Streit verwickelst", sagte Venetia; „Du steckst mir Dinge in den Mund. Ich denke, verrückte Extravaganz ist schlimmer als Rausch, da sie von vernünftigen Menschen begangen wird, die weder von Drogen noch von Alkohol beeinflusst werden. Ich denke, Beleidigungen harmloser Menschen sind schlimmer als die wildesten Taten, die unter dem Einfluss dieses Dämonenalkohols begangen werden."

„Wer sind die harmlosen Menschen, die beleidigt wurden?"

„Meine Güte – nun, natürlich wissen Sie es nicht – Sie mussten keine Leute interviewen."

"Welche Leute?"

„Sir Pleydell Harcourt zum Beispiel, dem erst letzte Woche sechzehn Klaviere geschickt wurden, ganz zu schweigen von Pantechnicon-Wagen und der Hälfte des Inhalts von Harrods und Whiteleys, so dass die Arlington Street den ganzen letzten Freitag blockiert, einfach blockiert war .“

„Hat er gesagt, Arthur hätte sie geschickt?“

„Er hatte keinen direkten Beweis – aber er wusste es. Kein anderer Mann in London hätte so etwas getan.“

„Hast du sie geschickt, Ju-ju?“

„Nein“, sagte Jones. "Ich tat es nicht."

Venetien erhob sich.

„Das haben Sie mir selbst zugegeben“, sagte sie.

„Das war nur ein Scherz“, antwortete er.

Teresa ging zur Klingel und klingelte.

„Gute Nacht“, sagte Venetia, „danach habe ich nichts mehr zu sagen.“

„Gott sei Dank“, murmelte Teresa, als sie weg war. „Sie ließ mich erschaudern, als sie über Extravaganz sprach. Ich war letzte Woche furchtbar verschwenderisch – wenn eine Frau abgelenkt ist, rennt sie zur Kleidung, um sich Erleichterung zu verschaffen – jedenfalls war ich dabei. Ich habe drei neue Abendkleider und möchte sie euch zeigen. Ich habe deinen Geschmack nie falsch verstanden.“

„Gut“, sagte Jones, „ich würde sie gerne sehen.“

„Raten Sie mal, was sie kosten?“

"Kippen."

„Zweihundertfünfzig – und sie sind ein Schnäppchen. Du bist doch nicht schockiert, oder?“

"Kein Bisschen."

„Nun, kommen Sie und schauen Sie sie sich an – wie spät ist es? Halb elf." Sie ging voran nach oben.

Auf dem ersten Treppenabsatz wandte sie sich nach links, öffnete eine Tür und gab den Blick auf ein Schlafzimmer frei, in dem ein Dienstmädchen damit beschäftigt war, Dinge zu ordnen und Kisten auszupacken.

Auf dem Boden lag ein großer Karton, der mit schneeweißen Dessous gefüllt war. Der Drang zu fliehen überkam Jones so stark, dass er ihm hätte gehorchen können, wenn ihn nicht die Hand auf seinem Arm auf einen Stuhl gedrückt hätte.

„Anne", sagte die Gräfin von Rochester, „bring meine neuen Abendkleider raus, ich möchte sie zeigen."

Dann wandte sie sich dem Karton zu. „Hier ist noch etwas von meiner Extravaganz. Ich konnte ihnen nicht widerstehen, Venetia bekam fast einen Anfall, als sie die Rechnung sah – Schau!"

Sie zeigte gerüschte und schneeweiße Kleidungsstücke, zart und durchscheinend und geeignet, von Engeln getragen zu werden. Dann kamen die Kleider an, wurden auf dem Bett ausgelegt und begutachtet. Es gab ein schwarzes Kleid und ein graues Kleid und ein Konfekt in Hellblau. Wenn Jones nach dem Preis gefragt worden wäre, hätte er hundert Dollar gesagt. Wie die meisten Männer war er sich des Werts der Kleidung einer Frau überhaupt nicht bewusst. Für eine Frau sind ein Purdy und eine Zehn-Guinea-Birmingham-Pistole genau das Gleiche, und für einen Mann unterscheidet sich ein Zehn-Guinea-Bayswater-Kleid, wenn es von einem hübschen Mädchen getragen wird, kaum von einem Siebzig-Guinea-Bond-Street-Gerät – ist es Bond Street? aus. Es sei denn, er ist ein Hutmacher.

Jones sagte „schön", reichte dem Blauen die Handfläche und sah zu, wie sie von der Magd wieder weggetragen wurden.

Er hatte seine Zigaretten unten gelassen; Da waren welche in einer Kiste auf einem Tisch, sie ließ ihn eins nehmen und zündete es für ihn an, dann verschwand sie in einem Nebenzimmer und kehrte nach ein paar Minuten zurück, gekleidet in einen mit goldenen Schwalben bedeckten Kimono, gefolgt von der Magd. Dann nahm sie vor einem großen Spiegel Platz und das Dienstmädchen begann ihr Haar auszuschneiden und zu bürsten.

Während das Bürsten weiterging, unterhielt sie sich mit dem Dienstmädchen und Jones über alle möglichen Themen. An das Dienstmädchen über den Zustand ihrer – Teresas – Haare und eine neue Mode beim Frisieren, an Jones über die Oper, die Statur von Caruso und ähnliche Dinge.

Nachdem die Haare zu einem großen, wunderschönen Zopf geflochten waren, löste sich Jones plötzlich von einer seltsamen Art von Hypnose, die ihn seit dem ersten Betreten des Zimmers festgehalten hatte, und stand auf.

„Ich bin in einer Minute zurück", sagte er.

Er durchquerte den Raum, erreichte die Tür, öffnete sie und wurde ohnmächtig, als er die Tür schloss. Im Korridor stand er einen halben Moment lang mit der Hand am Kopf.

Dann kam er die Treppe hinunter, durchquerte den Flur, schnappte sich Hut und Mantel, zog sie an und öffnete die Flurtür.

Auf dem ganzen Weg die Treppe hinunter und über den Flur hatte er das Gefühl, von einer wirkungslosen Kraft vorangetrieben zu werden, und jetzt, als er an der Tür stand, trieb ihn dieselbe Kraft aus dem Haus und weiter auf die Stufen.

Er schloss die Tür, stieg die Stufen hinunter und wandte sich nach rechts.

Kapitel XVIII

DIE MENTALE FALLE

Es war eine wunderschöne Nacht, warm und sternenklar, der abnehmende Mond hatte gerade begonnen, im Osten aufzugehen, und als er in den grünen Park einbog, wehte ihm ein lauer, nach Gras duftender und milder Wind ins Gesicht.

Er ging in Richtung Buckingham Palace.

Wohin sollte er gehen? Er hatte keine Ideen, keine Pläne.

Er hatte es versäumt, die Pflicht zu erfüllen, die ihm das Schicksal auferlegt hatte. Er hatte versagt, aber nicht aus Feigheit oder zumindest nicht aus Angst vor Konsequenzen für ihn.

Der Mann, der sich weigert, einem Lamm die Kehle durchzuschneiden, obwohl die Pflicht ihn dazu aufruft, hat viel zu sagen.

Sein zerstreuter Geist beschäftigte sich jedoch nicht mit dieser Angelegenheit. Was ihn völlig beschäftigte, war der Gedanke daran, wie sie auf ihn wartete und wie sie sich fühlen würde, wenn sie merkte, dass er sie verlassen hatte. Er hatte sich brutal verhalten und sie würde ihn entsprechend hassen. Nicht er, sondern Rochester.

Es war dasselbe. Die alte Geschichte. Hass, Beschimpfungen und Verachtung gegen Rochester wirkten auf ihn, als richteten sie sich gegen ihn selbst. Er konnte sich nicht auf seine eigene Persönlichkeit verlassen. Schon am ersten Tag seines neuen Lebens hatte er das im Club herausgefunden. Seitdem hatten der Kampf um die Aufrechterhaltung seiner Position und die Schlachten, die er geführt hatte, seine geistige Position als Jones stetig geschwächt und seine Position als Rochester gestärkt.

Die seltsame psychologische Tatsache wurde ihm, wenn auch nicht für ihn, klar, dass die Eifersucht, die er wegen der Liebe dieser Frau zu Rochester hätte empfinden sollen, nicht da war.

Diese Frau hatte ihn fasziniert, wie Frauen vielleicht noch nie zuvor einen Mann fasziniert hatten; Sie hatte ihn geküsst, sie liebte ihn, und obwohl sein Verstand ihm ganz klar sagte, dass er Victor Jones war und dass sie einen anderen Mann liebte und geküsst hatte, ärgerte sich sein Herz nicht über diese Tatsache.

Rochester war tot. Es schien ihm, als hätte Rochester nie gelebt.

Er verließ den Park und kam an Knightsbridge entlang. Er dachte immer noch an sie, wie sie dort saß und auf ihn wartete, und seine Gedanken wanderten von diesem Moment zu dem Kuss, dem Abendessen, der Schale mit Rosen, die zwischen ihnen stand – ihrer Stimme.

Dann verschwanden diese Überlegungen auf einmal, und wie ein Feuerlöscher überkam ihn dieses schreckliche Gefühl der Verneinung.

Sein Geist bewegte sich hin und her zwischen konkurrierenden Kräften und wurde zu einer leeren Stelle, auf der mit Feuerbuchstaben die Frage geschrieben war:

"Wer bin ich?"

Das schlimmste körperliche Leiden hätte nicht schlimmer sein können als die Qual des überbeanspruchten Gehirns, das Gefühl, dass er nichts werden würde, wenn er sich nicht an *sich selbst klammerte.*

Er rannte ein paar Meter – dann ging es vorbei und er fand sich unter einem Laternenpfahl wieder, erholte sich und murmelte schnell seinen eigenen Namen vor sich hin, wie einen Zauber, um das Böse auszutreiben.

„Jones – Jones – Jones.“

Er hat sich umgesehen.

Es waren nicht viele Menschen zu sehen, aber ein paar Meter entfernt standen ein Mann und eine Frau und sahen ihn an. Offensichtlich waren sie stehengeblieben und hatten sich umgedreht, um zu sehen, was er vorhatte, und gingen weiter, als sie sahen, dass er sie beobachtete.

Sie müssen ihn für verrückt gehalten haben.

Die heiße Schande dieser Idee war ein besseres Stimulans als Brandy. Er ging weiter. Er dachte nicht mehr an die Frau, die er gerade verlassen hatte. Er dachte an sich.

Er war sich selbst gegenüber falsch gewesen.

Der größte Besitz, den ein Mensch auf der Welt haben kann, ist er selbst. Manche Männer lassen dieses unschätzbare Eigentum an Wert verlieren, andere verbessern es, und nur wenigen Männern ist es gestattet, nach der Art von Jones daran herumzupfuschen.

Er sah es jetzt, und als ob sich vor ihm eine Grube geöffnet hätte, zog er sich zurück. Er muss dieses Doppelleben sofort beenden und in Wirklichkeit sein eigenes Selbst werden; Wenn er das nicht tat, würde er dem Wahnsinn begegnen. Er hat dies erkannt. Das Gehirn eines Menschen konnte nicht lange ertragen, was er schon durchgemacht hatte; Wäre er sich selbst überlassen geblieben, hätte er seinen Geist vielleicht allmählich an den ständigen Wechsel von Jones nach Rochester und umgekehrt angepasst. Die Frau hatte die Dinge in eine Krise gebracht. Der Schrecken, der ihn jetzt plötzlich überfallen hatte, der Schrecken vor der Rückkehr dieses schrecklichen Gefühls der Verneinung, der Schrecken, sich selbst zu verlieren, verdrängte alle anderen Überlegungen aus seinem Kopf.

Er muss dieses Geschäft sofort stoppen.

Er würde weggehen und direkt nach Amerika zurückkehren.

Das war leicht zu bewerkstelligen – aber würde ihn das retten? Würde ihn das von dieser schrecklichen, anhaftenden Persönlichkeit befreien, die er so leichtfertig um sich geworfen hatte?

Nichts ist seltsamer als der Geist. Aus der Tiefe seines Geistes kam das Flüstern: „Nein." Die Intuition sagte ihm, dass Rochester sich an ihn klammern würde, wenn er nach Timbuctoo gehen würde, dass er aus dem Schlaf aufwachen und sich vorstellen würde, Rochester zu sein, und dann würde dieses Gefühl zurückkehren. Was er brauchte, war die Anerkennung anderer Menschen, dass er er selbst war, Jones, dass die ganze Angelegenheit eine Täuschung war, ein Theaterstück im wirklichen Leben. Ihr Missbrauch, ihre Drohungen würden keine Rolle spielen. Ihre Schläge wären willkommen, dachte er. Alles, was ihn wieder in seine wahre Position zurückversetzen und ihm die Angst ersparen würde, sich eines Tages selbst zu verlieren.

Nach einer Weile beruhigten die Bewegung und die Nachtluft seinen Geist. Er hatte die große Entscheidung getroffen. Eine Entscheidung, die nun unumstößlich war, da sie mit dem innersten Kern seines Wesens zu tun hatte. Er würde ihr alles erzählen. Morgen früh würde er alles gestehen. Ihre Faszination für ihn hatte nachgelassen, der Schrecken hatte dafür gesorgt. Er liebte sie nicht mehr. Hatte er sie jemals geliebt? Das war eine offene Frage, oder mit anderen Worten, eine Frage, die kein Mensch beantworten konnte. Er wusste erst jetzt, dass er sich nicht nach ihrer Achtung sehnte, sondern nur nach ihrer Anerkennung als Jones.

Sie war die Tür aus der mentalen Falle, in die sein Geist getappt war.

Diese Überlegungen hatten ihn weit in eine Gegend mit schlechten Straßen und Vorstadthäusern geführt. Es war lange nach zwölf Uhr und er überlegte, was er den Rest der Nacht mit sich anfangen sollte. Es war unmöglich, bis zum Morgen herumzulaufen, und er beschloss, zur Carlton House Terrace zurückzukehren, sich mit seinem Hausschlüssel hineinzuschließen und nach oben in sein Zimmer zu schlüpfen. Wenn sie sich zufällig nicht für die Nacht zurückgezogen hatte und er sie zufällig auf der Treppe oder im Flur traf, musste das Geständnis unverzüglich abgelegt werden.

Es war nach zwei Uhr, als er das Haus erreichte. Er öffnete die Tür mit seinem Schlüssel und schloss sie sanft, durchquerte den Flur und ging die Treppe hinauf. Offensichtlich für ihn war eine der Flurlampen brennen geblieben: Auch im Flur brannte eine Lampe. Er schaltete das elektrische Licht in seinem Zimmer ein und schloss die Tür.

Dann atmete er erleichtert auf, zog sich aus und legte sich ins Bett.

Überall im Flur, die Treppe hinauf und den Korridor entlang war er von der Angst verfolgt worden, sie zu treffen und sich sofort auf diese schreckliche Erklärung einlassen zu müssen.

Das Verlangen, ihr alles zu erzählen, war für einen Moment durch die Angst vor der Tat verdrängt worden.

Am Morgen würde es anders sein. Er stellte sich vor, er würde ausgeruht sein und mehr Kontrolle über sich selbst haben.

KAPITEL XIX

Fluchtweg geschlossen

Er wurde von Mr. Church geweckt – man muss ihm immer das Präfix geben –, als er die Jalousien hochzog. Sein erster Gedanke galt der Aufgabe, die vor ihm lag.

Wenn die Jalousien heruntergelassen sind und der Körper schläft, verrichtet der Geist viele eigene stille Geschäfte, und während der Nacht hat sein Geist, der in der Dunkelheit arbeitet, die Dinge geklärt, allen möglichen Ängsten und Einwänden entgegengewirkt und sie abgeschnitten einen konkreten Plan erstellt.

Er würde ihr an diesem Morgen alles erzählen. Wenn sie sich nicht auf sein Wort verlassen würde, würde er ein Treffen mit der ganzen Familie einberufen. Er war sich absolut sicher, dass er sie durch die Erklärung der Dinge Stück für Stück und Detail für Detail vom Tod Rochesters und seiner eigenen Existenz als Jones überzeugen konnte; absolut sicher, dass sie die Sache nicht bis zur Öffentlichkeit treiben würden. Er hielt einen Trumpf in dem Besitz, den er von Mülhausen zurückgewonnen hatte. Sollte er öffentlich als Betrüger entlarvt werden, käme alles über die Plinlimon-Briefe, Wühlmäuse und Mülhausen ans Licht. Mulhausen, dieser sehr kluge Praktiker, ließ nicht lange auf sich warten und erklärte, er sei gezwungen worden, die Eigentumsurkunden zurückzugeben, um den Namen seiner Tochter zu schützen. Wühlmäuse würden alles schwören, und ihr Fall würde auf der erwiesenen Tatsache bestehen, dass er, Jones, ein Betrüger war. Nein, sicherlich würde die Familie die Angelegenheit nicht an die Öffentlichkeit bringen.

Nachdem er seinen Tee getrunken hatte, stand er auf, badete und zog sich mit ruhigem Geist an.

Dann kam er die Treppe hinunter.

Sie befand sich nicht im Frühstücksraum, wo nur ein Platz gedeckt war, und da er zu dem Schluss kam, dass sie in ihrem eigenen Zimmer frühstückte, setzte er sich an den Tisch.

Nach dem Essen und mit einem weiteren Bündel der höllischen Briefe der frühen Post in der Hand ging er zum Raucherzimmer, wo er die Tür schloss, die Briefe auf den Tisch legte und sich eine Zigarre anzündete. Dann, nachdem er ein paar Minuten geraucht und seine Gedanken gesammelt hatte, klingelte er und ließ Mr. Church rufen.

„Kirche“, sagte er, als dieser Beamte eintraf, „wollen Sie meiner Frau sagen, dass ich sie sehen möchte?“

„Ihre Ladyschaft ist letzte Nacht abgereist, Euer Lordschaft, sie ist um zehn Uhr oder kurz danach abgereist.“

"Links! Wo ist sie hingegangen?“

„Sie ging zum South Kensington Hotel, Euer Lordschaft.“

"Du lieber Himmel! Was hat sie dazu gebracht – warum ist sie gegangen – ah, lag es daran, dass ich nicht zurückgekommen bin?“

„Das glaube ich, Euer Lordschaft.“

Mr. Church sprach ernst und ein wenig steif. Es war leicht zu erkennen, dass er als alter Diener und treuer Diener im Geschäft auf der Seite der Frau stand.

„Ich musste raus“, sagte der andere. „Ich werde es ihr erklären, wenn ich sie sehe. Es ging um eine wichtige Angelegenheit. Danke, das reicht, Church.“

Wieder allein trank er seine Zigarre aus.

Die schreckliche Angst der Nacht zuvor, die Angst vor der Verneinung und dem Verlust seiner selbst war mit einem vom Schlaf erfrischten Gehirn und angesichts dieser Tatsache verschwunden.

Was für ein Unmensch war er gewesen! Sie war zurückgekommen und hatte ihm wer weiß was verziehen, sie hatte seine Partei gegen seine Betrüger übernommen und ihn geküsst. Sie hatte geglaubt, alles sei in Ordnung und das Glück sei zurückgekehrt – und er hatte sie eiskalt abgewiesen.

Es wäre weniger grausam gewesen, sie zu schlagen. Sie war eine gute, süße Frau. Er wusste diese Tatsache jetzt, sowohl instinktiv als auch durch Wissen. Er hatte es bis zu diesem Moment noch nicht vollständig gewusst.

Wäre es schließlich besser gewesen, sie zu täuschen und die Rolle von Rochester zu spielen? Diese Frage kam ihm einen Moment lang in den Sinn, dann wurde er sofort wieder verworfen. Es war nicht so sehr die persönliche Abneigung gegen ein solches Verhalten oder die Angst vor dem Wahnsinn aufgrund seines Doppellebens, die ihn so gewaltsam vertrieb, sondern die Anerkennung der Güte und Liebenswürdigkeit der Frau. Es war unmöglich, alles andere beiseite zu lassen und eine solche Täuschung mit ihr zu begehen, auch nur daran zu denken.

Mehr denn je war er entschlossen, die Sache aufzuklären und ihr alles zu erzählen, und um es zu sagen, zu seiner Ehre war sein Hauptmotiv nun, sein Bestes für sie zu tun.

Er trank seine Zigarre aus, ging dann in die Halle, holte seinen Hut und verließ das Haus.

Er wusste nicht, wo das South Kensington Hotel sein könnte, aber ein Taxi löste diese Frage und kurz vor zehn Uhr erreichte er sein Ziel.

Ja, Lady Rochester war letzte Nacht angekommen und übernachtete im Hotel, und während das Mädchen im Büro des Managers seinen Namen hochschickte und um ein Interview bat, nahm Jones seinen Platz in der Lounge ein.

Es verging eine lange Zeit – fast zehn Minuten – und dann überbrachte ihm ein Junge ihre Antwort in Form eines Briefes.

Er öffnete es.

" *Nie wieder. Das ist auf Wiedersehen.* "

"T."

Das war die Antwort.

Er saß mit dem Blatt Papier in der Hand da und dachte über die Form und Machart eines ihm gegenüber stehenden Korbsessels nach.

Was sollte er tun?

Er hatte genau die Antwort erhalten, die er erwartet hatte, nicht mehr und nicht weniger. Es war ihm unmöglich, ein Interview mit ihr zu erzwingen. Er hatte Voles besiegt und war über Mülhausen geklettert, aber die Treppe, die ihn jetzt von der Privatsuite der Gräfin von Rochester trennte, war ein Hindernis, das weder mit Mut noch mit direkten Methoden zu überwinden war, und er kannte keine indirekte Methode.

Er faltete das Papier zusammen und steckte es in seine Tasche. Dann verließ er das Hotel und machte sich auf den Weg zurück zur Carlton House Terrace.

Wenn sie ihn nicht sehen würde, könnte sie es nicht ablehnen, einen Brief zu lesen. Er würde ihr schreiben und alles erklären. Er würde ausführlich schreiben und die gesamte Angelegenheit von Fall zu Fall darlegen. Es würde lange dauern; er vermutete das, und normales Notizpapier würde nicht genügen. Er hatte jedoch einen Stapel Manuskriptpapier in einer der Schubladen der Kommode gesehen, und nachdem er die Tür geschlossen und sich eine Zigarette angezündet hatte, nahm er einige der langen Narrenpapierbögen, strich vierunddreißig Zeilen auf die Seite und setzte sich zum Geschäft. Das hat er gesagt:

„ LADY ROCHESTER ,

„ Ich möchte, dass Sie das Folgende sorgfältig lesen und sich keine Meinung zu der Angelegenheit bilden, bis Ihnen alle Einzelheiten vorliegen. Dieses Dokument ist kein Brief im engeren Sinne des Wortes, es hat eher den Charakter einer Rechnung über die Ladung an Dummheit und Pech, mit der ich, der Schriftsteller Victor Jones aus Philadelphia, von einem allmächtigen Menschen beladen wurde. weise Vorsehung für ihre eigenen unverständlichen Ziele. "

Die Vorsehung hielt ihn einen Moment lang aufrecht. War Providence neutral oder maskulin? – er riskierte es, ließ es neutral und fuhr fort.

Als der Diener das Mittagessen ankündigte, hatte er zwanzig Blatt Papier abgedeckt und war gerade erst in der amerikanischen Bar des Savoy angekommen.

Er ging zum Mittagessen, schluckte einen Wittling und ein halbes Schnitzel und kam zurück.

Er setzte sich, las, was er geschrieben hatte, und riss es durch.

Das würde niemals gehen. Es war wie der große Auftakt zu einem Bettelbrief. Sie würde es nie durchlesen.

Er fing erneut an, diesmal in der amerikanischen Bar im Savoy, und schrieb sehr sorgfältig. Zur Teezeit war er bei der Lektüre von Rochesters Tod in der Zeitung angelangt.

Er war mit seinen Fortschritten sehr zufrieden, nahm einen Nachmittagstee und setzte sich dann bequem hin, um zu lesen, was er geschrieben hatte.

Er war entsetzt über das Ergebnis. Die Dinge, die ihm widerfahren waren, waren glaubwürdig, weil sie ihm widerfahren waren, aber in kalter Sprache wirkten sie falsch. Sie würde dieses Garn nie glauben. Er riss die Laken auf. Dann verbrannte er alles, was er geschrieben hatte, im Kamin, setzte sich in den Sessel und begann an den Teufel zu denken.

Sicherlich lag etwas Teuflisches in der ganzen Angelegenheit und der Art und Weise, wie ihn alles und jeder Umstand davon abhielt, zu entkommen. Nach dem Abendessen setzte er sich gerade hin, um eine literarische Hoffnung zu wagen, als ihn eine scharfe Stimme im Saal innehalten ließ.

Die Tür öffnete sich und Venetia Birdbrook trat ein. Sie trug einen neuen Hut, der größer wirkte als der, den er zuletzt gesehen hatte, und ihr Auftreten war wild.

Sie schloss die Tür, ging zum Tisch, stellte ihren Sonnenschirm darauf und begann, einen Handschuh auszuziehen.

„Sie ist weg", sagte Venetia.

Jones war aufgestanden.

„Wer ist weg?“

„Teresa – mit Maniloff verschwunden.“

Er setzte sich hin. Dann flammte sie auf.

„Wirst du nichts tun – wirst du da sitzen und zulassen, dass wir alle in Ungnade fallen? Sie ist gegangen – sie geht – nach Paris. Durch ihre Magd habe ich es erfahren; Sie ist inzwischen aus dem Hotel verschwunden – mit Maniloff verschwunden – bist du taub oder einfach nur dumm? Du *musst* ihr folgen.“

Er stand auf.

„Folge ihr jetzt, folge ihr und hol sie zurück, es gibt nur eine Chance. Sie gehen nach Bristol. Das Dienstmädchen hat alles erzählt – ich werde mit dir gehen. Um neun Uhr fährt ein Zug von Victoria ab, Sie haben gerade noch Zeit, ihn zu erreichen.“

„Ich habe kein Geld“, sagte Jones und tastete zerstreut in seinen Taschen, „nur etwa vier Pfund.“

„Das habe ich“, antwortete sie, „und unser Auto steht vor der Tür – hast du Angst, oder stört es dich nicht?“

„Komm schon“, sagte Jones.

Er stürmte in die Halle, schnappte sich einen Hut und einen Mantel und wurde im nächsten Moment in einer stickigen Limousine begraben, wobei ihm Venetias scharfer Ellbogen in die Seite stieß.

Er war wütend.

Es gibt Menschen, die mit der ausdrücklichen Absicht geboren zu sein scheinen, anderen Menschen Aufmerksamkeit zu schenken. Venetia war einer von ihnen. Trotz Wühlmäusen, Mulhausen, Schulden und mangelndem Gleichgewicht könnte man die Meinung wagen, dass es Venetia war, die den unglücklichen Rochester zu dieser verrückten Tat getrieben hatte.

Die Aussicht, mit dieser Frau nach Paris zu reisen, um die Frau eines anderen Mannes zu verfolgen, war schon schlimm genug, aber es war nicht diese Aussicht, die Jones wütend machte, obwohl sie ihm half. Zweifellos war es Venetia selbst.

Sie erweckte den Teufel in ihm, und auf der Fahrt zum Bahnhof schaffte sie es, obwohl sie kein Wort sagte, seine Verärgerung über die Welt, sich selbst, sich selbst und seine abscheuliche Stellung bis zur Grenze zu steigern, knapp unter dem Letzten. – Das Letzte sollte kommen.

Am Bahnhof gingen sie durch die Menschenmenge zum Schalter, wo Venetia die Fahrkarten kaufte. Erinnerungen daran, wie seine Mutter als kleiner Junge auf Reisen mitgenommen wurde, schossen Jones durch den Kopf und verbesserten seine Stimmung nicht.

Er schaute auf die Uhr. Es fehlten zwanzig Minuten der Startzeit, und er war gerade dabei, einem Gepäckkarren auszuweichen, als Venetia mit den Tickets ankam.

Jones war in den Sinn gekommen, dass er nicht nur mit dem Hon. nach Paris reiste. Venetia Birdbrook war auf der Suche nach der Frau eines anderen Mannes, sie reisten jedoch ohne Gepäck. Hätte er in Philadelphia davon geträumt, dass er sich in einer solchen Lage befunden hätte, wäre er über seinen Gesundheitszustand und den Zustand seiner Leber beunruhigt gewesen, doch nun kam ihm die Sache in Wirklichkeit nicht abwegig vor, wie er befürchtete auf den Mangel an Gepäck.

„Sehen Sie", sagte er, „was sollen wir tun? Ich habe nicht einmal einen Schlafanzug. Ich habe nicht einmal eine Zahnbürste. Kein Hotel wird uns aufnehmen."

„Wir wollen kein Hotel", sagte Venetia, „wir kommen sofort zurück, wenn wir Teresa retten können." Wenn nicht, wenn sie darauf besteht, ihren verrückten Kurs fortzusetzen, sollten Sie besser gar nicht erst zurückkommen. Kommen Sie und lassen Sie uns unsere Plätze im Zug einnehmen."

Sie gingen weg und sie fuhr fort.

„Denn wenn sie es tut, wirst du nie wieder in der Lage sein, deinen Kopf hochzuhalten, jeder weiß, wie du dich ihr gegenüber verhalten hast."

„Oh, hör auf", sagte er gereizt. „Ich habe genug zum Nachdenken."

"Sie sollten."

Nur diese drei Worte, und doch brachten sie ihn aus der Fassung.

„Sollte ich? Nun, was ist mit dir selbst? Sie hat mir letzte Nacht Dinge über *dich erzählt* ."

"Über mich. Welche Sachen?"

"Egal."

„Aber das tue ich", hielt sie inne und er blieb stehen.

„Es stört mich sehr. Was hat sie dir erzählt?"

„Nicht viel, nur dass du ihr das Leben gefürchtet hast, und dass du noch schlimmer warst, obwohl ich schlecht war."

Venetia schniefte. Sie wollte sich gerade umdrehen, um den Weg zum Zug fortzusetzen, als sie wie ein Zeiger stehen blieb.

„Das sind sie", sagte sie mit einem harten, angespannten Flüstern.

Jones schaute.

Eine verschleierte Dame, begleitet von einem bärtigen Mann, der einen gefalteten Regenschirm unter dem Arm hatte und einem mit Tüchern und kleinem Gepäck beladenen Gepäckträger folgte, bahnte sich ihren Weg durch die Menge zum Zug.

Der Schleier verbarg sie nicht vor ihm. Er wusste sofort, dass sie es war.

Damals wirkte Venetias Wirkung auf ihn wie der Inhalt des weißen Papiers, wenn es in den Becher geleert wird, der die blaue Papierhälfte des Seidlitz-Pulvers enthält.

Venetia sah sein Gesicht.

„Machen Sie keine Szene", schrie sie.

Das war das Rühren des Löffels.

Er stürzte auf den bärtigen Mann zu und packte ihn am Arm. Der Bärtige drehte sich scharf um und stieß ihn weg. Er war ein großer Mann; er sah aus wie ein mächtiger Mann. Als erobernder Held verkleidet hätte er die Rolle perfekt gespielt, die Art von Mann, die Frauen wegen ihrer „Macht" und Männlichkeit verehren. Er hatte eine Zigarette zwischen seinen dicken, roten, bärtigen Lippen.

Jones war nicht gerade ein ansehnlicher Anblick, aber er hatte ab und zu bei Joe Hennessy's, auch bekannt als Ike Snidebaum, in Spring Garden Street, Philadelphia, geübt, und er hatte den Kampfmut eines Dachses.

Er schlug zu, verfehlte, traf einen Trommelschall in die linken Rippen, direkt unter dem emporgehobenen Schirmarm und dem hochgezogenen Schirm – und dann drang – schnell wie das Licht – in einen oberen Schnitt in die Schnurrhaare unter der linken Seite des Kiefers ein.

Der Schirmmann setzte sich, wie Männer sitzen, wenn ihnen Stühle weggezogen werden, dann rappelte er sich, um Hilfe rufend – das war das Komische und Bedauernswerte daran – sofort wieder auf, um wieder zu Boden geworfen zu werden.

Dann lag er mit ausgestreckten Armen auf dem Rücken und tat so, als wäre er tödlich verletzt.

Die ganze Angelegenheit dauerte nur fünfzehn Sekunden.

Die Szene kann man sich vorstellen.

Jones sah sich um. Nachdem Venetia und der Kriminelle die Zurschaustellung gesehen hatten – und im National Sporting Club zahlt man oft fünf Pfund, um Schlimmeres zu sehen –, zogen sie sich gemeinsam durch die Menge davon, während der am Boden liegende Mann mit immer noch ausgestreckten Armen murmelte: „Brandee – Brandee." ins Ohr eines knienden Gepäckträgers, und ein Polizeibeamter war an Jones' Seite.

Jones nahm ihn ein paar Schritte auseinander.

„Ich bin der Earl of Rochester", sagte er halb flüsternd. „Dieser Typ hat bekommen, was er wollte – egal, was er tat – das Biest wach zu treten und ihn zu fragen, ob er Anklage erheben will."

Der Polizist kam und stellte sich über das Kopfende des Leidenden, der nun auf einen Arm gestützt war.

„Wollen Sie diesen Herrn strafrechtlich verfolgen?" fragte der Polizist.

„Nichévo", murmelte der andere. "NEIN. Brandee."

„Das habe ich mir gedacht", sagte Jones. Dann ging er mit dem Polizisten zum Eingang.

„Meine Adresse ist Carlton House Terrace", sagte er. „Wenn du den Kerl auf Trab hältst, kannst du ihm sagen, er soll vorbeikommen, und ich gebe ihm eine weitere Dosis. Hier ist ein Souverän für Sie."

„Danke, Euer Lordschaft", sagte der Hüter des Friedens, „Sie haben ihn gut erwischt, das muss ich sagen. Ich habe den Beginn des Kampfes nicht gesehen, aber ich habe den Knockout gesehen – du wirst dich nicht mehr um ihn kümmern müssen."

„Das glaube ich nicht", sagte Jones.

Er war hocherfreut, jubelte, eine Last schien von seinem Geist gefallen zu sein, all sein böser Humor war verschwunden. Das Gefühl dieser Schnurrhaare und des widerstrebenden Kiefers war noch immer in ihm, er hatte den Umständen und der Welt einen ordentlichen Schlag versetzt. Er hätte singen können. Er kam gerade aus dem Bahnhof, als jemand von hinten angerannt kam.

Es war Venetien. Venetia, wahnsinnig und plappernd.

„Teresa ist im Auto – Du hast es jetzt geschafft – du hast es jetzt geschafft. Was hat dich *dazu bewogen*, diese schreckliche Sache zu tun? Bist du verrückt? Hier im offenen Bahnhof haben Sie – vor allen anderen – diese letzte Schande auf uns – auf *mich* – abgeladen .

„Oh, halt die Klappe", sagte Jones.

Er sah das Auto, rannte darauf zu und öffnete die Tür. Ein wimmerndes Bündel in der Ecke streckte die Hände aus, als wollte es ihn abwehren.

"Oh! Oh! Oh!" seufzte und murmelte das Bündel.

Jones ergriff eine der Hände, beugte sich vor und küsste sie. Dann wandte er sich an Venetia, die ihm gefolgt war.

„Steigen Sie ein", sagte er.

Sie stieg ein. Er stieg hinter ihr ein und schloss die Tür. Venetia steckte ihren Kopf aus dem Fenster:

„Nach Hause", rief sie dem Chauffeur zu.

Jones sagte nichts, bis sie das Bahnhofsgelände geräumt hatten. Dann begann er in der Dunkelheit zu reden und richtete seine Bemerkungen in einer seltsamen Art Monolog an beide Frauen.

„Das ist alles nichts", sagte er, „Ihr müsst es beide vergessen." Wenn Sie hören, was ich Ihnen morgen zu sagen habe, werden Sie sich nicht die Mühe machen, sich an all das zu erinnern. Niemand, der zählt, hat das gesehen, sie waren alle Fremde und machten sich auf den Weg zu den Autos – ich gab dem Beamten einen Sovereign. Was ich zu sagen habe, ist Folgendes: Ich muss morgen, morgen früh, ein Treffen mit der ganzen Familie abhalten. Nicht um diese Affäre, sondern um etwas anderes, etwas, das ausschließlich mit mir zu tun hat. Ich habe den ganzen Tag versucht, es zu erklären – ich habe versucht, es aufzuschreiben, aber es gelang mir nicht. Ich muss Ihnen etwas sagen, das Sie alle einfach aus der Zeit hauen wird."

Plötzlich wurde das schnüffelnde Bündel in der Ecke artikuliert.

„Ich wollte es nicht tun, ich wollte es nicht tun – ich hasse ihn – oh, Ju-Ju, wenn du mich letzte Nacht nicht so behandelt hättest, hätte ich es nie getan, niemals, niemals, niemals."

„Ich weiß", antwortete er, „aber es war nicht meine Schuld, dich so zurückzulassen." Ich musste gehen. Du wirst morgen alles wissen – wenn du alles hörst, wirst du höchstwahrscheinlich nie wieder mit mir sprechen – obwohl ich, Gott weiß, unschuldig genug bin."

Dann erklang Venetias Stimme:

„Das ist neu – der Himmel *weiß,* wir haben schon genug Schande erlebt – was wird noch über uns kommen? – Warum es auf morgen verschieben – was haben Sie Neues getan?"

Bevor Jones antworten konnte, hörte das warmherzige Bündel in der Ecke auf zu schnüffeln und wandte sich an Venetia.

„Egal, was er getan hat, du bist seine Schwester und hast kein Recht, ihn zu beschuldigen."

„Beschuldigen Sie ihn!" rief die empörte Venetia.

„Ja, beschuldigen Sie ihn; Du sagst es nicht, aber du fühlst es. Ich glaube, Sie wären auf eine böse Art und Weise froh, wenn er etwas wirklich Schreckliches getan hätte."

Venetia machte ein Geräusch wie das Geräusch einer erstickenden Henne.

Teresa hatte es auf den Punkt gebracht.

Venetia war keine böse Frau, sie war fast genauso schlimm, eine rechtschaffene Frau, eine der ewigen Richterinnen. Es machte ihr Freude, die Sünden anderer Menschen herauszufinden.

Bevor sie deutlich antworten konnte, mischte sich Jones ein. Plötzlich war ihm eine Idee in den Sinn gekommen.

„Mein Gott", sagte er, „was ist aus deinem Gepäck geworden?"

„Ich weiß es nicht und es ist mir auch egal", antwortete der Aufgeweckte, „lass es mit den anderen."

Das Auto fuhr vor.

„Du wirst heute Nacht bei uns bleiben, nehme ich an", sagte Venetia kalt.

„Das nehme ich an", antwortete der andere.

Jones stieg aus.

„Ich werde morgen früh um neun Uhr hier anrufen", sagte er. „Ich möchte, dass die ganze Familie anwesend ist." – Dann an die unglückliche Frau des verstorbenen Rochester: „Machen Sie sich keine Sorgen darüber, was heute Abend passiert ist. Es war alles meine Schuld. Du wirst anders über mich denken, wenn du morgen früh alles hörst."

Sie seufzte und ging die Stufen hinauf und folgte Venetia wie eine Frau in einem Traum. Als sich die Tür hinter ihnen schloss, nahm er die Hausnummer und schaute an der Straßenecke auf den Straßennamen. Es war die Curzon Street. Dann ging er nach Hause.

Wie dem auch sei, er hatte einen guten Abend geleistet. Mehr denn je spürte er den Charme dieser Frau, ihre Loyalität, ihre Kraft ehrlicher Liebe.

Was für eine Frau! und was für ein Schicksal!

In diesem Moment, als er nach Hause zur Carlton House Terrace ging, erschien ihm der wahre Charakter von Rochester in einem neuen und grellen Licht.

Bis dahin war ihm Rochester verrückt, listig und verantwortungslos vorgekommen, aber bis dahin hatte er die Schurkerei Rochesters nicht klar erkannt. Die Frau hat es gezeigt. Rochester hatte wegen der gegenseitigen Ähnlichkeit einen Fremden aufgegriffen und ihn nach Hause geschickt, um seine Rolle zu spielen, zweifellos in der Hoffnung, seiner Familie einen schrecklichen Schlag zu versetzen. Was ist mit seiner Frau? Entweder hatte er nie an sie gedacht, oder es war ihm egal.

Und so eine Frau!

„Dieser Kerl sollte ausgegraben und – eingeäschert werden", sagte sich Jones, als er die Tür mit seinem Hausschlüssel öffnete. „Das sollte er, klar. Nun, ich hoffe, ich werde seinen Ruf morgen einäschern."

Nachdem er eine Zigarre geraucht hatte, ging er nach oben und zu Bett.

Er hatte versucht, darüber nachzudenken, wie er das Geschäft am nächsten Morgen eröffnen würde, was er zu Beginn sagen würde – dann gab er den Versuch auf und beschloss, alles der Inspiration des Augenblicks zu überlassen.

KAPITEL XX

DER FAMILIENRAT

Am nächsten Morgen kam er fünfzehn Minuten nach neun in der Curzon Street an und wurde vom Butler in den Salon geführt. Hier nahm er seinen Platz ein und wartete auf die Ankunft der Familie, wobei er sich, so gut er konnte, damit beschäftigte, sich die Möbel und Bilder anzusehen und den Geräuschen des Hauses und der Straße draußen zu lauschen.

Er hörte Taxihupen, das leise Rattern von Rädern und Stimmen.

Jetzt hörte er draußen jemanden die Treppe hinaufrennen, wahrscheinlich einen Diener, denn das Geräusch verstummte plötzlich und wurde von einem Lachen gefolgt, als ob sich zwei Diener auf der Treppe getroffen hätten und Worte wechselten.

Man konnte sich nicht vorstellen, dass jemand aus dieser schrecklichen Familie leichtfüßig oder lachend die Treppe hinauflief. Dann, nach ein oder zwei weiteren Minuten, öffnete sich die Tür und der Herzog von Melford trat ein. Er trug leichten Tweed und eine braune Weste, unter dem Arm hielt er eine Morgenzeitung und polierte seine Brille.

Er nickte Jones zu.

„Morgen", sagte Seine Gnaden, watschelte zu einem Stuhl und nahm dort Platz. „Die Frauen werden gleich aufstehen." Er nahm seinen Platz ein und breitete die Zeitung aus, als wollte er einen Blick auf die Nachrichten werfen. Dann schaute er über seine Brille hinweg: „Freut mich, von Collins zu hören, dass Sie das Land zurückbekommen haben. Ich war dort, kurz nachdem du gegangen bist, und er hat es mir gesagt."

„Ja", sagte Jones, „ich habe es zurückbekommen." Er hatte keine Zeit, mehr zu sagen, als sich in diesem Moment die Tür öffnete und die „Frauen" erschienen, angeführt von der Gräfinwitwe von Rochester.

Venetia schloss die Tür und sie nahmen im Raum ihre Plätze ein, während Jones, der aufgestanden war, sich wieder hinsetzte.

Dann begann er mit dem tiefen Atemzug eines Mannes, der sich auf einen Tauchgang vorbereitet:

„Ich habe Sie alle gebeten, heute Morgen hierher zu kommen – ich habe Sie gebeten, mich heute Morgen zu treffen, weil ich Ihnen nur die Wahrheit sagen möchte. Ich bin ein Eindringling in deine Familie –"

„Ein Eindringling", rief die Mutter des Verstorbenen. „Arthur, *was* sagst du?"

„Einen Moment", fuhr er fort. „Ich möchte zunächst erklären, was ich für Sie alle getan habe, und dann werden Sie vielleicht erkennen, dass ich ein ehrlicher Mann bin, auch wenn ich mich in einer falschen Situation befinde. In den letzten Tagen habe ich eine Million und achttausend Pfund zurückbekommen , also das Kohlengrubeneigentum und auch andere Gelder, eine Million und achttausend Pfund, die nur für mich ein absoluter Verlust gewesen wären."

„Sie haben sich wie ein Mann verhalten", sagte der Herzog von Melford, „fahren Sie fort – was meinen Sie mit Einmischung?"

„Lassen Sie mich die Sache auf meine eigene Art erzählen", sagte Jones gereizt. „Der verstorbene Lord Rochester hat sich aufgrund seiner eigenen Dummheit auf schreckliche Weise mit einer Frau beschäftigt – ich nenne ihn den verstorbenen Lord Rochester, weil ich jetzt die Tatsache seines Todes bekannt geben muss."

Die Wirkung dieser Aussage war überraschend. Die vier Zuhörer saßen einen Moment lang wie erstarrte Leichen da, dann bewegten sie sich und warfen einander entsetzte Blicke zu. Es war der Herzog von Melford, der sprach.

„Wir werden den Namen deines Vaters in Ruhe lassen", sagte er; „Ja, wir wissen, dass er tot ist – was können Sie noch sagen?"

„Ich habe nicht von meinem Vater gesprochen", sagte Jones und geriet langsam ins Stocken, war leicht verwirrt und auch wütend, „er war nicht mein Vater." Wenn Sie mir nur zuhören, ohne mich zu unterbrechen, werde ich die Dinge klarstellen. Ich spreche von mir selbst – oder zumindest von dem Mann, den ich vertrete, dem Earl of Rochester. Ich sage, dass ich nicht der Earl of Rochester bin, er ist tot …" Er wandte sich an Rochesters Frau. „Ich *hasse* es, Ihnen das direkt und auf diese Weise sagen zu müssen, aber es muss erzählt werden. Ich bin nicht dein Ehemann. Ich bin ein Amerikaner. Mein Name ist Victor Jones und ich komme aus Philadelphia."

Die Gräfinwitwe von Rochester, die sich in ihrem Stuhl nach vorne gebeugt hatte, sank zurück, sie war ohnmächtig geworden.

Während Venetia und der Herzog von Melford sie zu sich brachten, rannte die Frau von Rochester, die Jones voller Angst angestarrt hatte, aus dem Zimmer. Sie rannte wie eine Blinde mit ausgebreiteten Händen.

Jones stand, während die unglückliche Dame wiederbelebt wurde. Sie kam schluchzend und mit den Händen wedelnd zu Bewusstsein zurück und wurde von Venetia aus dem Raum geführt. Hinter der Tür hörte Jones, wie ihre Stimme klagend erklang:

„Mein Junge – mein armer Junge."

Venetia hatte nichts gesagt.

Jones hatte mit einer Szene, Schreien und Fragen gerechnet, aber da war etwas, das ihn völlig überforderte. Sie hatten keine Fragen gestellt und schienen die ganze Sache als selbstverständlich hinzunehmen, vor allem Venetia.

Der Herzog von Melford schloss die Tür.

„Eure Mutter – ich meine, Lady Rochesters Herz ist nicht stark", sagte er, ging zur Glocke und berührte sie. „Ich muss den Arzt rufen, um sie zu sehen."

Jones, mehr denn je erstaunt über die Kühle des anderen, setzte sich wieder.

„Sehen Sie mal", sagte er, „ich kann Sie alle nicht erkennen – Sie haben mich nicht beschimpft – Sie haben mich nicht vollständig erklären lassen, die alte Dame ist die Einzige, die die Neuigkeit offenbar wahrgenommen hat." . Kannst du nicht verstehen, was ich dir gesagt habe?"

„Perfekt", sagte der alte Herr, „und es ist das Außergewöhnlichste, was ich je gehört habe – und das Interessanteste – ich möchte ausführlich darüber reden. – James", zu dem Diener, der auf die Klingel geantwortet hatte, „ Telefon für Dr. Cavendish. Ihre Ladyschaft hat einen weiteren Anfall erlitten."

"DR. Cavendish wurde gerade angerufen, Euer Gnaden, und Dr. Simms."

„Das reicht", sagte Seine Gnaden.

„Ja, bei meiner Seele, das ist ganz außergewöhnlich", er holte ein Zigarrenetui aus der Tasche, reichte Jones eine Zigarre hin und zündete sich dann selbst eine an.

„Sehen Sie mal", sagte Jones plötzlich beunruhigt über eine neue Idee, „Sie machen mir doch nichts vor, oder? – Sie haben sich nicht in den Kopf gesetzt, dass ich verrückt geworden bin?"

"Verrückt!" rief der alte Herr erschrocken. „Niemals – eine solche Idee kam mir nie in den Sinn. Warum – warum sollte es?"

„Nur, dass du das Ding so ruhig nimmst."

„Ruhig – na ja, was hättest du? Mein lieber Freund, was nützt es überhaupt, zu schreien? Kein Bisschen. Es ist eine schlechte Form. Ich nehme alles so, wie es kommt."

„Nun, dann hören Sie zu, während ich Ihnen erzähle, wie das alles passiert ist. Ich bin vor einiger Zeit hierher gekommen, um mit der britischen Regierung einen Vertrag über einige Stahlbefestigungen abzuschließen. Ich war Partner eines Mannes namens Aaron Stringer. Nun, ich habe den Vertrag nicht eingehalten und war mit weniger als zehn Pfund in der Tasche pleite. Ich saß im Savoy-Lounge, als ein Mann hereinkam, den ich sofort vom Sehen kannte, dessen Namen ich aber nicht nennen konnte. Wir tranken zusammen etwas in der American Bar und gingen dann nach oben in die Lounge. Er wollte mir nicht sagen, wer er war. „Schau in den Spiegel hinter dir", sagte er, „und du wirst sehen, wer ich bin." Ich schaute und sah ihn. Ich war sein Zwillingsbild. Ich muss Ihnen zunächst sagen, dass ich ein paar Champagnercocktails und einen Whisky und Limonade getrunken habe. Ich bin es nicht gewohnt zu trinken. Wir feierten zusammen ein Fest und aßen irgendwo zu Abend, und dann schickte er mich als sich selbst nach Hause – ich war blind.

„Als ich am nächsten Morgen aufwachte, sagte ich nichts, blieb aber ruhig und dachte, das sei alles ein Witz. Ich hätte sofort sprechen sollen, habe es aber nicht getan, im Leben macht man Fehler –"

„Das machen wir alle", sagte der andere; "ja mach weiter."

„Und später an diesem Tag schlug ich eine Zeitung auf und sah meinen Namen und dass ich Selbstmord begangen hatte. Es war natürlich Rochester, der Selbstmord begangen hatte; Habe es in der U-Bahn gemacht. – Dann war ich in einer schönen Situation. Da war ich in Rochesters Kleidung, ohne einen Penny in meinen Taschen; Ich konnte nicht ins Hotel gehen, konnte nirgendwo hingehen – also beschloss ich, zumindest für eine Weile in Rochester zu bleiben.

„Ich fand seine Angelegenheiten in einem schrecklichen Durcheinander. Sie kennen die Geschichte mit der Kohlenmine. Nun, ich habe es geschafft, seine Angelegenheiten in Ordnung zu bringen. Ich dachte nicht daran, dass das Geschäft mir einen Gewinn bringen würde, ich habe es einfach getan, weil es das Richtige war.

„Jetzt möchte ich ganz offen zu dir sein. Ich hätte dieses Spiel vielleicht immer weitermachen und nur aus zwei Gründen in Rochesters Schuhen leben können: Zum einen wegen seiner Frau und zum anderen wegen dem Gefühl, das mich befallen hat, dass ich, wenn ich noch länger weitermache, vielleicht verrückt werde. Manchmal hatte ich Anfälle mit dem Gefühl, dass ich nicht wusste, wer ich war. Es geht darum, dieses Doppelleben zu führen, wissen Sie. Jetzt möchte ich wieder ganz ich selbst sein und mich von all dem befreien. Sie können sich nicht vorstellen, was es war, dieses Doppelleben weiterzuführen und zu hören, wie mich die Diener „Euer Lordschaft" nannten. Ich hätte mir nicht vorstellen können, dass es so auf das Gehirn einwirken würde. Ich war einfach verrückt, als ich hörte, wie mich jemand bei meinem richtigen Namen nannte – nun, das ist das Ende der Sache, ich möchte mich niederlassen und in die Staaten zurückkehren –"

Die Tür öffnete sich und ein Diener erschien.

"DR. Simms ist angekommen, Euer Gnaden."

Der Herzog von Melford erhob sich von seinem Stuhl.

„Einen Moment", sagte er zu Jones. Er verließ den Raum und schloss die Tür.

Jones warf die Asche seiner Zigarre in eine nahegelegene Jardinière.

Er war erstaunt und ein wenig beunruhigt darüber, wie kühl sein wunderbares Geständnis aufgenommen worden war. „Kann es sein, dass sie sich verstecken und die Polizei rufen?" dachte er.

Er debattierte gerade über diese Frage, als sich die Tür öffnete und der Herzog hereinkam, gefolgt von einem kahlköpfigen, älteren, gutaussehenden Mann; Nach letzterem kam ein leichenblühender Herr mit Brille.

Der kahlköpfige Mann war Dr. Simms, der Kadaver Dr. Cavendish.

Simms nickte Jones zu, als würde er ihn kennen.

„Ich habe diese Herren als Freunde der Familie gebeten, einzugreifen und über diese Angelegenheit zu sprechen, bevor ich Lady Rochester sehe", sagte der Herzog. „Sie wurde in ihr Zimmer gebracht und ist noch nicht auf Besuch vorbereitet."

„Ich werde in jeder Hinsicht gerne helfen", sagte Simms; „Meine Dienste, ob beruflich oder privat, stehen Ihnen jederzeit zur Verfügung, Ihre Gnade." Er setzte sich und drehte sich zu Jones um. „Jetzt erzählen Sie uns alles", sagte er.

Cavendish nahm einen anderen Stuhl ein und der Herzog blieb stehen.

Jones fühlte sich irritiert, etwa wie ein Maestro, der, nachdem er das musikalische Hindernisrennen „Die Grand Polonnaise" beendet hat, aufgefordert wird, es noch einmal zu spielen.

„Ich habe das Ganze einmal erzählt", sagte er, „ich kann es nicht noch einmal durchgehen – der Herzog weiß es."

Plötzlich sprach Cavendish:

„Ich verstehe aus dem, was Seine Gnaden auf der Treppe gesagt haben, dass es Probleme mit der Identität gibt?"

„Einige Probleme", sagte Jones; „Ich denke, Sie haben recht, wenn Sie von Schwierigkeiten sprechen."

„Ich glaube, Sie sind Mr. Jones", sagte Simms.

„Victor Jones war der Name, auf den ich getauft wurde", antwortete Jones.

„Ganz recht, Amerikaner?"

"Amerikanisch."

„Darf ich nun der Form halber fragen, wo Sie in Amerika leben, Mr. Jones?"

"Philadelphia."

„Und wie lautet Ihre Adresse in Philadelphia?"

„Nummer eintausend, einhunderteins, Walnut Street", antwortete Jones.

Cavendish wandte für einen Moment den Kopf ab und der Herzog veränderte seine Position auf dem Kaminsims, ließ seinen Ellbogen auf dem Kaminsims und streichelte für einen Moment sein Kinn.

Simms allein blieb ungerührt.

„Einfach so", sagte Simms. „Hast du Familie?"

"Nein."

"Wie bitte."

"NEIN."

„Ich dachte, du hättest Nein gesagt – mein Fehler."

„Kein bisschen, ich habe nein gesagt – es ist die Abkürzung für nein."

„ *Kurz* für nein – ich verstehe, einfach so."

Cavendish mischte sich interessiert ein.

„Wie würden Sie dieses Wort buchstabieren?" fragte er. Jones war Cavendish irgendwie übel.

„Ich weiß es nicht", sagte er, „das ist keine Buchstabierbiene. Nein, das vermute ich. Sie, meine Herren, haben es sich zur Aufgabe gemacht, mich im Namen der Familie nach meiner Identität zu befragen. Ich denke, wir sollten besser bei diesem Punkt bleiben."

„Genau so", sagte Simms, „genau …"

„Entschuldigen Sie", sagte der Herzog von Melford, „ich denke, wenn Mr. ähm – Jones seine Identität als Mr. Jones beweisen möchte, wird er zugeben, dass seine Handlungen hilfreich sein werden. Nun war Lord Rochester ein sehr, sagen wir mal, anspruchsvoller Mensch, ruhig in seinen Handlungen."

„Oh, war er", sagte Jones, „das sind Neuigkeiten."

„Ruhig, das heißt in seinen Bewegungen – bleiben wir dabei. Nun sagte mir mein Freund Collins etwas über das Essen eines Dokuments –"

Jones sträubte sich. „Collins hatte kein Recht, Ihnen das zu sagen", sagte er, „das habe ich ihm privat gesagt. Wann hat er dir das erzählt?"

„Als ich kurz nach seinem Interview mit Ihnen anrief, sagte er es überhaupt nicht beleidigend. Tatsächlich schien er dich für deine – Energie und so weiter zu bewundern."

„Haben Sie tatsächlich ein Dokument gegessen?" fragte Simms mit einer Miene langweiligen Interesses.

„Das habe ich getan – und eine sehr schlimme Situation *und* eine Million Geld gerettet."

„Was war das Dokument?" fragte Cavendish.

„Ein Wechsel."

„Darf ich jetzt fragen, warum du das getan hast?" fragte Simms.

„Nein, das dürfen Sie nicht", antwortete Jones, „es ist eine private Angelegenheit, die die Ehre einer anderen Person beeinträchtigt."

„Ganz recht", sagte Simms, „aber nur noch eine Frage. Hast du eine Stimme gehört, die dir sagte, du sollst – ähm – diese Zeitung essen?"

"Ja."

„Was war das für eine Stimme?"

„Es war die Art von Stimme, die zum gesunden Menschenverstand gehört."

„Ha, ha", lachte Cavendish. „Gut, sehr gut – aber da ist noch etwas, das ich fragen möchte. Wie kam es, Mr. – äh – Jones, dass Sie Ihre jetzige Gestalt annahmen und sozusagen Ihre Position mit dem Earl of Rochester tauschten?"

„O Herr", sagte Jones. Dann zum Herzog von Melford: „Sagen Sie es ihnen."

„Nun", sagte der Herzog. "Herr. Jones saß in der Lounge eines Hotels, als ein Herr eintrat, den er kannte, aber nicht erkennen konnte."

„Konnte seinen Namen nicht zuordnen", warf Jones ein.

"Genau. Der Herr sagte: ‚Drehen Sie sich um und schauen Sie in den Spiegel' –"

„Sie haben die Getränke weggelassen", sagte Jones.

"WAHR. Mr. Jones und der Herr hatten bestimmte Getränke zu sich genommen."

„Was gab es für Getränke?" Setzen Sie Simms ein.

„Champagnercocktails, Whiskey und Limonade, dann eine Flasche Bollinger – danach", sagte Jones.

"Herr. „Jones schaute in den Spiegel", fuhr der Herzog fort, „und sah, dass er der andere Gentleman war, nämlich Lord Rochester."

„Nein, das Zwillingsbild", warf Jones ein.

„Das Zwillingsbild – nun ja, danach wurde noch mehr Alkohol konsumiert –"

„Der Kerl hat mich betrunken gemacht und mich als er selbst nach Hause geschickt", warf Jones ein, „und ich wachte in einem fremden Bett auf, während ein Typ die Jalousien hochzog."

"Ein Mann?" Setzen Sie Cavendish ein.

„Ein Kerl. Church ist sein Name – ich dachte, ich würde übers Ohr gehauen, also beschloss ich, die Rolle von Lord Rochester zu spielen – den Rest kennen Sie." Ich wende mich an den Herzog von Melford.

„Nun", sagte Cavendish, „ich glaube nicht, dass wir Herrn Jones noch weitere Fragen stellen müssen; Ich glaube, wir sind davon überzeugt, dass Mr. Jones und – äh – der Earl of Rochester unterschiedlich sind."

„Ganz richtig", sagte Simms, „wir sind von seiner *Bonität überzeugt* und natürlich ist es Sache der Familie, zu entscheiden, wie sie mit dieser außergewöhnlichen Situation umgeht." Ich bin sicher, dass sie mit Herrn Jones sympathisieren und keinen Ärger machen werden. Es ist ganz offensichtlich, dass er keine falsche Absicht hatte."

„Jetzt reden Sie", sagte Jones.

„Ganz richtig – Noch eine Frage, kommt es Ihnen so vor, als hätte ich darüber überhaupt nicht gesprochen?"

Jones lachte. „Mir kommt es vor, als hätten Sie *ein oder zwei Worte* ausgesprochen – fragen Sie eine Biene in der Flasche, hat sie gesummt?"

Der tote Cavendish, der äußerlich keinerlei Sinn für Humor erkennen ließ, explodierte bei diesem Treffer, doch Simms blieb ungerührt.

„Ganz richtig", sagte er. „Nun, das ist alles, was noch zu sagen bleibt – aber hat Sie das alles als Berufstätiger nicht sehr auf die Probe gestellt, Mr. Jones? – Ich denke, es reichte aus, um die Gesundheit eines jeden Mannes auf die Probe zu stellen."

„Oh, meiner Gesundheit geht es gut", sagte Jones. „Ich kann essen und so, aber manchmal hatte ich das Gefühl, nicht die eine oder die andere Person zu sein. Das ist einer meiner Hauptgründe, warum ich aufgehört habe, abgesehen von anderen Dingen. Sie sehen, ich musste bis zu einem bestimmten Punkt weitermachen, und wenn Sie mir entschuldigen, dass ich mein eigenes Horn blase, denke ich, dass ich es nicht schlecht gemacht habe. Ich hätte das ganze Geld in die Finger bekommen können – wenn ich kein heterosexueller Mann gewesen wäre, hätte ich eine Menge Dinge tun können, finde ich. Nun, da alles geklärt ist, denke ich, dass dies berücksichtigt werden sollte. Ich verlange nicht viel, nur eine Provision für das eingesparte Geld."

„Entschieden", sagte Simms. „Meiner Meinung nach haben Sie vollkommen Recht. Aber als Berufstätiger ging es mir gerade um Ihre Gesundheit."

„Oh, die Reise zurück in die Staaten wird das ändern."

„Ganz richtig, aber entschuldigen Sie meinen professionellen Instinkt – und ich gebe Ihnen meine Dienste umsonst, wenn Sie es zulassen – ich bemerke Anzeichen von Nervenerschöpfung – schauen wir uns Ihre Zunge an."

Jones streckte seine Zunge heraus.

„Nicht schlecht", sagte Simms. „Jetzt schlagen Sie einfach die Beine übereinander."

Jones schlug die Beine rechts über links übereinander, und Simms, der vor ihm stand, gab ihm einen kleinen, kräftigen Schlag direkt unter die rechte Kniescheibe. Das Bein flog heraus.

Jones lachte.

„Übertriebener Patellareflex", sagte Simms. „Nervenschwuchtel, mehr nicht. Ein oder zwei Pillen sind alles, was Sie wollen. Bemerken Sie keine Schwierigkeiten beim Sprechen?"

„Nicht viel", sagte Jones lachend.

„Sagen Sie: ‚Peter Piper hat ein Stück eingelegte Paprika gepflückt.'"

„‚Peter Peter spielte ein Plektrum –'", begann Jones, dann lachte er.

„Das darf man nicht sagen", sagte Simms und hob weise eine Augenbraue.

„Wetten, dass ich das kann", sagte der Patient. „‚Peter Piper hat einen Pick gemacht'"—

„Nervenerschöpfung", sagte Simms.

„Sag mal, Doc", warf Jones ein und begann, leichte Besorgnis zu verspüren. „Was willst du damit sagen, du machst mir langsam Angst, mit mir ist eigentlich nichts in Ordnung, oder?"

„Nichts als das, was durch Fürsorge wiedergutgemacht werden kann“, antwortete Simms.

„Lassen Sie es mich mit einem Lingualtest bei Mr. Jones versuchen“, sagte Cavendish. „Sagen Sie: ‚Sie stand an der Tür des Fischsoßenladens am Strand und begrüßte ihn.‘“

„Sie stand an der Tür des Fisch-Shauce-Ladens am Strand und begrüßte mich“, sagte Jones.

„Hm, hm“, sagte Cavendish.

„Das ist verrückt“, sagte Jones, „das kann niemand sagen – Oh, mir geht es gut – ich schätze, eine kleine Lebertablette wird mich heilen.“

Die beiden Ärzte zogen sich an ein Fenster zurück und sagten ein paar Worte miteinander. Dann nickten beide dem Herzog von Melford zu.

„Nun“, sagte der Herzog, „das ist geklärt, und jetzt, Mr. Jones, hoffe ich, dass Sie zum Mittagessen hier bleiben.“

Jones hatte genug von diesem Haus.

„Danke“, sagte er, „aber ich denke, ich komme zurück. Ich möchte einen Spaziergang. Sie finden mich im Carlton House Terrace, wo wir diese Angelegenheit abschließen können. Es fällt mir eine Last vom Kopf, jetzt ist alles vorbei – puh! Ich kann Ihnen sagen, dass ich Hunger auf die Staaten habe.“

Er stand auf, nahm seinen Hut, den er auf den Boden gelegt hatte, nickte dem Herzog von Melford zu und wandte sich zur Tür.

Simms stand vor der Tür.

„Entschuldigen Sie“, sagte Simms, „aber ich würde Ihnen nicht raten, in Ihrem Zustand auszugehen. Bleiben Sie lieber hier, bis sich Ihre Nerven erholt haben.“

Jones starrte ihn an.

„Meine Nerven sind in Ordnung“, sagte er.

„Tu es nicht, mein Lieber“, sagte Cavendish.

Jones drehte sich um und sah ihn an, dann wandte er sich wieder der Tür zu.

Simms versperrte ihm immer noch den Weg.

„Reden Sie keinen Unsinn“, sagte Jones, „denken Sie, ich wäre ein Baby. Ich sage dir, mir geht es gut – was zum Teufel meinst du? Bei meiner Seele, du bist wie viele Kinder.“

Er versuchte, an Simms vorbeizukommen.

„Sie dürfen diesen Raum noch nicht verlassen", sagte Simms. „Bete, sei ruhig."

„Du willst damit sagen, dass du mich aufhalten wirst?"

"Ja."

Dann wusste er es blitzschnell. Diese Männer waren nicht zur Pflege der Witwe der Gräfin von Rochester geschickt worden, sie waren Außerirdische und hielten ihn für Rochester – Rochester, der verrückt geworden war.

Gleich zu Beginn seines Geständnisses hatte man ihn für einen Verrückten gehalten, deshalb hatte Venetia nichts gesagt, deshalb war die alte Dame ohnmächtig geworden, deshalb war seine Frau – zumindest Rochesters Frau – aus dem Zimmer gerannt wie eine blinde Frau.

Er stand einen Moment lang entsetzt vor dieser selbstverständlichen Tatsache. Dann sprach er:

„Öffne diese Tür – geh weg von dieser Tür."

„Setz dich und *beruhige* dich", sagte Simms und starrte ihm fest in die Augen, „du – wirst – dieses – Haus – nicht verlassen."

Es war Simms, der sich setzte und von Jones weggeschleudert wurde.

Dann fesselte Cavendish ihn von hinten, der Herzog von Melford rief ihm Anweisungen, Simms rappelte sich auf, und Jones, der sich von Cavendish befreit hatte, begann das turbulente Durcheinander.

Sie kämpften überall im Salon und brachten Jardinières, kleine Tische und teures Porzellan um.

Jones' Fuß landete in einem Porzellanschrank, der inmitten einer Konzertgruppe kleiner Dresdner Figuren zerstört wurde; Simms' beleibter Hintern stieß gegen einen Sockel, auf dem eine Porträtbüste der Gräfin von Rochester aus dem 19. Jahrhundert zu sehen war, der Sockel und die zerschmetternde Büste, und der Herzog von Melford, ein guter alter Sportler, der mit der Aktivität eines Jungen im Geschäft half Mit achtzehn Jahren erhielt er einen Tritt gegen das Schienbein, der Eton an eine lange Zeit zurückerinnerte.

Dann ließen sie ihn schließlich auf einem Sofa nieder, seine Hände waren mit dem Kopftuch des Herzogs auf dem Rücken gefesselt.

Jones hatte keinen Schrei von sich gegeben, die anderen keinen Ton, aber das Klopfen, Knallen und Krachen war im ganzen Haus zu hören. Ein

Klopfen an der Tür und eine Stimme ertönten. Der Herzog eilte zur Tür und öffnete sie.

„Nichts", sagte er, „nichts Schlimmes. Weg mit dir."

Er schloss die Tür und wandte sich der Couch zu.

Jones erhaschte einen flüchtigen Blick auf sich selbst in einem großen Spiegel, der glücklicherweise nicht zertrümmert war, erhaschte einen flüchtigen Blick auf sich selbst, wie er ganz hin und her wälzte, mit Simms an seiner Seite und Cavendish, der daneben stand und seine Brille wieder zurechtrückte.

Er erkannte eine schreckliche Tatsache; Obwohl er Eigentum im Wert von Hunderten von Pfund zerstört hatte, obwohl er wie ein wütender Stier gegen diese Männer gekämpft hatte, zeigten sie jetzt, da der Kampf vorbei war, nicht die geringste Spur von Groll. Simms klopfte ihm auf die Schulter.

Er hatte sich das traurige Privileg eines Geisteskranken zu eigen gemacht, zu kämpfen, ohne den Zorn seiner Gegner zu erregen, ungestraft zu zerschlagen – zu morden, ohne vor Gericht gestellt zu werden.

Er erkannte auch, dass er ein Narr gewesen war. Er hatte sich wie ein Verrückter verhalten, das heißt wie ein Mann, der vor Wut wütete. Wut und Wahnsinn haben schreckliche Ähnlichkeiten.

Er entfernte sich leicht von Simms.

„Ich glaube, ich war ein Idiot", sagte er, „drei zu eins ist kein faires Spiel." Komm, lass meine Hände frei, ich werde nicht mehr kämpfen."

„Sicherlich", sagte Simms. „Aber lassen Sie mich darauf hinweisen, dass wir Sie nicht im Geringsten bekämpft haben, sondern Sie nur daran gehindert haben, einen Kurs einzuschlagen, der Ihrer Gesundheit abträglich ist. Cavendish, würden Sie bitte so freundlich sein, dieses absurde Taschentuch aufzubinden?"

Cavendish gehorchte, und Jones rieb sich die Handgelenke, nachdem er die Hände frei hatte.

"Was wirst du jetzt machen?" fragte er.

„Nichts", sagte Simms, „Sie sind völlig frei, aber wir wollen nicht, dass Sie rausgehen, bis Ihre Gesundheit vollkommen wiederhergestellt ist." Ich weiß, du wirst sagen, dass es dir gut geht. Egal, befolgen Sie den Rat eines Arztes und bleiben Sie einfach eine Weile ruhig hier. Sollen wir in die Bibliothek gehen, wo Sie sich mit der Zeitung oder einem Buch vergnügen können, während ich ein kleines Rezept für Sie ausstelle?"

„Sehen Sie hier", sagte Jones. „Lass uns einen Moment ruhig reden – du denkst, ich bin verrückt."

"Nicht im geringsten!" sagte Simms. „Du leidest nur an einer Nervenverstimmung."

„Nun, wenn ich nicht wütend bin, hast du kein Recht, mich hier zu behalten."

Das war listig, aber leider ist List wie Wut ein Attribut des Wahnsinns und der Vernunft.

„Nun", sagte Simms mit großer Offenheit, „glauben Sie, dass es uns eine Freude ist, Sie zu bitten, eine Weile hier zu bleiben? Wir behalten Sie nicht, wir bitten Sie nur zu bleiben. Wir gehen in die Bibliothek und ich lasse mir ein Rezept ausstellen. Wenn Sie dann ein wenig über die Dinge nachgedacht haben, können Sie nach eigenem Ermessen entscheiden, ob Sie gehen möchten."

Jones erkannte sofort, dass es keinen Sinn hatte, diesen Mann mit einer anderen Waffe als der Subtilität zu bekämpfen. Er war ziemlich gefangen. Seine Geschichte war so, dass niemand sie glauben würde, und wenn er an dieser Geschichte festhielt, würde man ihn für einen Wahnsinnigen halten. Hinzu kam Rochesters schlechter Ruf in puncto geistiger Gesundheit. Sie nannten ihn den verrückten Rochester.

Als er dann aufstand und ihm in die Bibliothek folgte, ergriff ihn eine letzte Eingebung.

Er blieb an der Tür zum Wohnzimmer stehen.

„Schau her", sagte er, „einen Moment. Ich kann beweisen, was ich sage. Sie schicken einen Mann nach Philadelphia, stellen Nachforschungen an und holen einige der Leute her, die mich kannten. Du wirst feststellen, dass ich – ich selbst bin und dass ich dir keine Lüge erzählt habe."

„Wir werden alles tun, was Sie wollen", sagte Simms, „aber zuerst gehen wir in die Bibliothek."

Sie gingen. Es war ein großer, angenehmer Raum voller Bücher.

Simms setzte sich an den Schreibtisch, während die anderen Stühle nahmen. Er schrieb ein Rezept, und der Herzog läutete mit der Glocke und befahl einem Diener, das Rezept zur Apotheke zu bringen.

Dann redeten sie zwanzig Minuten lang, bevor der Diener zurückkam. Jones gab noch einmal seine Adresse an, diese fantastische Adresse, die doch real war, und die Namen und Beschreibungen von Leuten, die er kannte und die ihn kennen würden.

„Sehen Sie, meine Herren", sagte er, „es ist nur so: Ich habe im Moment nur ein einziges Verlangen im Leben, wieder ich selbst zu sein. Nicht genau das, aber als ich selbst erkannt zu werden. Sie können sich nicht vorstellen, was dieses Gefühl ist. Du brauchst es mir nicht zu sagen. Ich weiß genau, was du denkst, du denkst, ich sei verrückt nach Rochester. Ich weiß, dass das, was ich dir vorgeworfen habe, verrückt klingt, aber es ist die Wahrheit. Tatsache ist, dass ich manchmal das Gefühl hatte, ich würde verrückt *werden , wenn ich niemanden dazu bekäme, mich als mich selbst zu erkennen* . Nur eine Person, die an mich glaubt, das ist alles, was ich will, und dann würde ich mich von diesem verfluchten Rochester befreit fühlen. Versetzen Sie sich in meine Lage. Stellen Sie sich vor, dass Sie den Kontakt zu allem verloren haben, was Sie jemals waren, dass Sie die Rolle eines anderen Mannes spielten und dass jeder auf der Welt weiterhin darauf bestand, dass Sie der andere Mann waren. Stellen Sie sich das für eine Position vor. Nun, meine Herren, Sie könnten diese Tür weit öffnen. Ich würde nicht ausgehen wollen, bis ich auf jeden Fall einen von euch davon überzeugt hätte, dass meine Geschichte wahr ist. Ich würde nicht in die Staaten zurückkehren wollen, nicht bevor ich Sie davon überzeugt habe, dass ich der bin, der ich bin. Es scheint dumm, aber es ist eine unbestreitbare Tatsache. Ich muss diese Position gutmachen, jemanden überzeugen, der die Fakten kennt, und mich so zurückholen. Es hätte keinen Sinn, wenn ich nach Philadelphia ginge. Ich würde den Leuten, die ich dort kenne, sagen: „Ich bin Jones." Sie sagten: „Natürlich bist du das" und glaubten mir. Aber sehen Sie, sie würden von diesem Abenteuer nichts wissen und ihr Glaube an mich wäre kein bisschen gut. Natürlich *weiß ich* , dass ich Jones bin, trotzdem habe ich die Rolle des Rochester so hart gespielt, dass ich manchmal fast geglaubt habe, ich sei er, manchmal habe ich mich selbst verloren und ein Gefühl im Hintergrund Ich bin der Meinung, dass ich ernsthaft verrückt werden könnte, wenn ich niemanden dazu bringe, zu glauben, dass ich der bin, der ich bin. Es ist ein Gefühl ohne Grund, ich weiß. Es ist eher so, als hätte man einen Sand im Auge, als irgendetwas anderes. Ich möchte diesen Schmutz loswerden, und ich kann ihn nicht selbst entfernen, jemand anderes muss es tun. Eine Person würde ausreichen, nur eine Person, die an das glaubt, was ich sage, und ich wäre wieder ich selbst. Deshalb möchte ich, dass Sie nach Philadelphia schicken. Der Geist ist eine seltsame Sache, meine Herren, die Freiheit des Körpers nützt nichts, wenn der Geist nicht frei ist, und mein Geist kann niemals frei sein, bis eine andere Person, die meine ganze Geschichte kennt, an das glaubt, was ich sage. Ich hätte mir nicht vorstellen können, dass jemand so gefangen ist – ich habe von einem Schauspieler gehört, der einmal so oft eine Rolle gespielt hat, dass er verrückt geworden ist und sich für die Figur gehalten hat. Ich bin nicht so, ich bin genauso gesund wie du, es ist nur dieses ungute, unbehagliche Gefühl – dieser Wunsch, aus diesem Geschäft völlig aussteigen zu wollen, das ist das Problem."

"Egal!" sagte Simms fröhlich, „wir holen dich raus, aber du musst dir *keine* Sorgen machen." Ich gebe zu, dass Ihre Geschichte seltsam ist, aber wir werden nach Philadelphia schicken und alle Nachforschungen anstellen – kommen Sie herein."

Der Diener hatte an die Tür geklopft. Er kam mit der Medizin herein. Simms schickte ihn, um ein Weinglas zu holen, und als es ankam, schenkte er sich eine Portion ein.

„Nehmen Sie nun wie ein Mann eine Dosis Ihrer Medizin ein", sagte der freundliche Arzt scherzhaft, „und in vier Stunden noch eine weitere, es wird Ihre Nerven wieder stärken."

Jones warf das Zeug ungeduldig weg.

„Sagen Sie", sagte er, „es gibt noch einen anderen Punkt, den ich vergessen habe. Sie könnten zum Savoy gehen und dort den Angestellten rufen, er würde mich erkennen, den Barkeeper in der amerikanischen Bar, er könnte mich vielleicht auch erkennen, er hat uns zusammen gesehen – ich sage, ich fühle mich ein bisschen schläfrig, Du hast mich nicht gedopt, oder?"

Als Simms und Cavendish fünf Minuten später gemeinsam das Haus verließen, unterhielten sie sich kurz auf der Treppe.

"Was denkst du über ihn?" sagte Simms.

„Schlecht", sagte Cavendish. „Er argumentiert mit seinem eigenen Fall, das ist immer schlecht, und ist Ihnen aufgefallen, wie geschickt er das umgesetzt hat, indem er wollte, dass jemand an ihn glaubt?"

Sie gingen zusammen die Straße entlang.

„Dieser Knaller hat schon lange auf sich warten lassen", sagte Simms – „es ist ein Erbstück. Es ist gut, dass es so gekommen ist, er wurde zum Abschiedswort – ich frage mich, was das humorvolle Element in den Wahnsinn bringt; Diese Adresse, zum Beispiel „eintausendeinhunderteinundneunzig Walnut Street", hätte einem vernünftigen Menschen niemals in den Sinn kommen können."

„Noch ein Mittagessen über Wechsel", sagte Cavendish. „Nun, bei Hoover wird es ihm gut gehen. Wie hoch war die Dosis, die Sie ihm gegeben haben?"

„Hauptsächlich Heroin", antwortete der andere. „Na ja, so lange."

KAPITEL XXI

HOOVERS

Jones verfiel nach dem von Simms verabreichten Zaubertrank in einen glückseligen Zustand des Dämmerschlafs, halb Schlafes, halb Schläfrigkeit, völliger Gleichgültigkeit. Er ging mit Hilfe zur Flurtür und stieg in ein Auto. Es war ihm egal, was er betrat oder wohin er fuhr, er wollte nicht gestört werden.

Während einer langen Reise erwachte er, um etwas zu trinken, das ihm jemand an die Lippen hielt, und sank zurück, wobei er den Schlaf wie eine warme Decke um sich legte.

In seinem ganzen Leben hatte er noch nie so herrlich geschlafen, sein müdes und geplagtes Gehirn genoss Momente der Halbbewusstlosigkeit und versank dann wieder in den letzten Abgründen des Vergessens.

Er erweckte einen neuen Menschen, körperlich und geistig, und mit einem absolut klaren Gedächtnis und Verständnis. Er erwachte in einem Schlafzimmer, einem fröhlichen Schlafzimmer, erleuchtet von der Morgensonne, einem Schlafzimmer mit einem offenen Fenster, durch das Vogelgesang und das Flüstern von Laub drang.

Ein junger Mann in einem schwarzen Morgenmantel saß in einem Sessel am Fenster und las ein Buch. Er sah aus wie ein überlegener Diener.

Jones sah diesen jungen Mann an, der das Erwachen des Schläfers noch nicht bemerkt hatte, und während Jones ihn ansah, fasste er die Fakten zusammen.

Simms, Cavendish, die Tatsache, dass er gedopt war, der Ort, an dem er war, und der junge Mann. Er war mit diesem Transportmittel, was auch immer es war, hierher gebracht worden; Sie hatten ihn für verrückt gehalten – sie hatten ihn in ein Irrenhaus verschleppt, das war ein Irrenhaus, der Typ auf dem Stuhl war ein Wärter. Er erkannte diese Wahrscheinlichkeiten sehr deutlich, empfand aber weder Ärger noch Überraschung. Sein durch tiefen Schlaf vollkommen gefestigter und fast erneuerter Geist sah alles klar und in einem wahren Licht.

Es war völlig logisch, dass sie ihn in einem Irrenhaus einwiesen, weil sie ihn für verrückt hielten, und er hatte überhaupt keine Angst vor dem Ergebnis, einfach weil er wusste, dass er geistig gesund war. Die Situation war amüsant, es war auch eine Situation, aus der man sich befreien konnte – aber es gab viel Zeit und keinen Raum für Fehler.

Merkwürdigerweise war nun der leidenschaftliche oder fast leidenschaftliche Wunsch, seine eigene Persönlichkeit wiederherzustellen, verschwunden oder zumindest nicht mehr in seinem Geist aktiv; Sein durch den gewaltigen Schlaf erneuertes Gehirn war nicht mehr von dieser vagen Angst befleckt, nicht mehr von dem seltsamen Verlangen geplagt, andere an seine Geschichte zu glauben und andere in ihm als Jones erkennen zu lassen.

Nein, es war ihm im Moment egal, ob er in den Augen anderer seine Persönlichkeit wiedererlangte; Was ihm wirklich wichtig war, war die Wiederherstellung seiner körperlichen Freiheit. In der Zwischenzeit Vorsicht. Wie Brer Rabbit beschloss er, sich „zu verstecken".

„Sagen Sie", sagte Jones.

Der junge Mann am Fenster zuckte leicht zusammen, stand auf und trat ans Bett.

„Welche Uhr?" sagte der Patient.

„Es ist gerade halb acht geworden, Sir", antwortete der andere. „Ich hoffe, du hast gut geschlafen."

Jones bemerkte, dass diese Person ihn nicht „mein Herr" nannte.

„Kein Augenzwinkern", sagte er, „die ganze Nacht hin und her geworfen – ach, sagen wir mal – was meinst *du*?"

Der junge Mann sah verwirrt aus.

„Und möchten Sie jetzt etwas, Sir?"

„Ja – meine Hose. Ich möchte aufstehen."

„Gewiß, mein Herr, Ihr Bad ist ganz fertig", antwortete der andere.

Er ging zum Kamin und drückte einen elektrischen Knopf, dann lief er geschäftig durch den Raum und packte Jones' Kleidungsstücke zusammen.

Das Schlafzimmer hatte zwei Türen, eine führte in ein Wohnzimmer, eine in ein Badezimmer; Eine Minute später öffnete sich die Badezimmertür und eine Stimme fragte: „Heiß oder kalt?"

„Heiß", sagte Jones.

„Heiß", sagte der Kellner.

„Heiß", sagte die unsichtbare Person im Badezimmer, als würde sie die Bestellung im Kopf registrieren. Dann ertönte das Sprudeln von Wasser und nach ein paar Minuten die Stimme:

„Das Herrenbad ist fertig."

Jones badete, und obwohl die Badezimmertür hinter ihm verschlossen war und niemand anwesend war, hatte er die ganze Zeit das Gefühl, dass ihn jemand beobachtete. Als er vollständig angezogen war, öffnete der Diener die andere Tür und führte ihn ins Wohnzimmer, wo das Frühstück auf einem kleinen Tisch am Fenster gedeckt wurde. Er hatte die Wahl zwischen Eiern, Speck und Würstchen, er entschied sich für Ersteres und schaute während des Wartens, angezogen vom angenehmen sommerlichen Geräusch der zusammenklopfenden Krocketbälle, aus dem Fenster.

Zwei Herren in weißen Flanellhemden spielten Krocket; Das waren kräftige ältere Herren. Und auf einem Gartensitz saß ein junger Mann in Flanellhosen und grauem Tweedmantel, schaute sich das Spiel an und rauchte Zigaretten.

Er vermutete, dass es sich bei diesen Leuten um Mithäftlinge handelte. Sie sahen recht glücklich aus, und als er dies bemerkte, setzte er sich zum Frühstück.

Er bemerkte, dass das Messer, das zu seiner Gabel gehörte, stumpf und von sehr schlechter Qualität war – von der Sorte, die es nicht rechtfertigte, Kehlen durchzuschneiden, aber er achtete nicht viel darauf. Er musste an andere Dinge denken. Die Männer in Flanellhemden hatten ihm einen Schock versetzt. Instinktiv wusste er, dass es sich um „Insassen“ handelte. Über die Frage der Irren und Irrenanstalten hatte er sich noch nie Gedanken gemacht. Vage Erinnerungen an Edgar Allan Poe und die Werke von Charles Reade hatten den Begriff Irrenanstalt mit einer Atmosphäre von Federbetten und Brutalität umgeben; Das Wort Wahnsinnig rief in seinem Kopf die Vorstellung eines offensichtlich verrückten Mannes hervor. Die Tatsache, dass es sich bei diesem Ort um ein recht gewöhnliches und angenehm aussehendes Haus handelte und dass diese vernünftig aussehenden Herren Wahnsinnige waren, erfüllte ihn mit Groll.

Die Tatsache, dass ein scheinbar geistig gesunder Mensch als Gefangener festgehalten werden kann, begann ihn zu betrügen, dass ein Mann in der Lage sein könnte, Krocket zu spielen, zu lachen und zu reden und ein intelligentes Interesse am Leben zu zeigen und es dennoch, nur aufgrund einer Illusion, zu sein als Gefangener festgehalten.

Er war sich dessen noch nicht ganz bewusst, aber es dämmerte ihm. Aber er war sich völlig darüber im Klaren, dass er seine Freiheit verloren hatte.

Noch bevor er mit Eiern und Speck fertig war, wurde ihm diese Erkenntnis klar.

Die Angst, die eigene Persönlichkeit zu verlieren, war völlig verschwunden; all diese quälende Angst war verschwunden. Wenn er jetzt fliehen könnte, sagte er sich, würde er sofort in die Staaten zurückkehren. Er hatte achttausend Pfund in der National Provincial Bank; Niemand wusste, dass es da war. Er konnte es guten Gewissens ergreifen und nach Philadelphia bringen. Der Schatten von Rochester – oh, das war für immer verschwunden, zerstreut durch die tatsächliche Tatsache der verlorenen Freiheit –, sagte er sich.

Times hervor , öffnete sie und zündete sich eine Zigarette an.

Als er dann beiläufig die Nachrichten und Ereignisse des Tages betrachtete, überkam ihn ein außergewöhnliches Gefühl; All diese Drucksachen bezogen sich auf die Taten und Ideen freier Männer, Männer, die die Straße entlanggehen konnten, wenn ihnen die Lust gefiel. Es war, als würde man die Welt durch Gitter betrachten. Er stand auf und ging auf und ab, das Frühstücksgeschirr war weggeräumt, und der Diener hatte das Zimmer verlassen und befand sich im angrenzenden Schlafzimmer.

Jones ging leise zur Tür, durch die der Diener die Sachen weggetragen hatte, und öffnete sie sanft und geräuschlos. Draußen lag ein Korridor, und er betrat ihn gerade, als ihn eine Stimme von hinten dazu zwang, sich umzudrehen.

„Brauchen Sie etwas, Sir?“

Es war der Begleiter.

„Nichts“, sagte Jones. „Ich wollte nur sehen, wohin dieser Ort führt.“ Er kam zurück ins Zimmer.

Er wusste jetzt, dass jede seiner Bewegungen beobachtet wurde, und er akzeptierte dies kommentarlos. Er setzte sich und nahm die *Times zur Hand* , während der Wärter zurück ins Schlafzimmer ging.

Beim Erwachen hatte er sich gesagt, dass ein geistig gesunder Mann, der für verrückt gehalten wird, allein durch seine geistige Gesundheit immer die Freiheit erlangen könnte. Er nahm nun die Argumentationslinie auf und suchte nach einer Methode.

Es dauerte nicht lange, bis er einen fand. Die Genialität der Idee, die ihm plötzlich gekommen war, veranlasste ihn, das Papier von seinen Knien auf den Boden zu werfen. Dann, nachdem er eine Zigarette geraucht und seinen Plan gefestigt hatte, rief er den Wärter an.

„Ich möchte den Herrn sehen, der diesen Ort leitet.“

"DR. Staubsauger, Sir?“

"Ja."

„Gewiß, Sir, ich werde anrufen und ihn rufen lassen.“

Er klingelte, ein Diener antwortete und ging mit der Nachricht davon.

Jones nahm die Zeitung wieder auf und rauchte weiter. Fünf Minuten vergingen, dann öffnete sich die Tür und ein Herr trat ein.

Ein freundlich aussehender, glattrasierter Mann von fünfzig Jahren, in blauen Serge gekleidet und mit einer Rose im Knopfloch, das war Doktor Hoover. Aber das Auge des Mannes unterschied ihn von den anderen; ein blaugraues Auge, scharf, scharf, hart, trotz des Lächelns auf dem angenehmen Gesicht.

Jones stand auf.

"DR. Hoover, glaube ich", sagte er.

„Guten Morgen", sagte der andere mit herzlicher Stimme. „Schöner Tag, nicht wahr? Na, wie geht es uns heute Morgen?"

„Oh, mir geht es gut", sagte Jones. „Ich möchte ein kleines Gespräch mit dir führen." Er ging zur Schlafzimmertür, die leicht angelehnt war, und schloss sie.

„Um Ihretwillen", sagte Jones, „ist es gut, dass uns niemand zuhört, der Wärter ist da drinnen — sind Sie sicher, dass er nicht hören kann, was wir sagen, selbst wenn die Tür geschlossen ist?"

„Ganz schön", sagte Hoover mit einem gütigen Lächeln.

Er war an Dinge wie diese gewöhnt, zutiefst vertrauliche Mitteilungen über Ansprüche auf Kronen und Fürstentümer oder Murren über Essen.

Er hatte nicht erwartet, was folgte.

„Ich werde mich nicht darüber beschweren, dass Sie mich hier haben", sagte Jones; „Es ist meine Schuld, dass ich Streiche gespielt habe. Ich hätte nicht gedacht, dass sie so weit gehen würden, mich zu dopen und mich unter dem Namen einzusperren, den ich ihnen gegeben habe."

„Und welcher Name war das?" fragte Hoover freundlich.

"Jones."

„Oh, und jetzt sagen Sie mir, wenn Sie nicht Mr. Jones sind, wer sind Sie dann?"

"Wer bin ich? Nun, ich kann die Frage entschuldigen. Ich bin der Earl of Rochester."

Für Hoover war das eine schlimme Angelegenheit, aber das Gesicht dieses Herrn verriet nichts.

„In der Tat", sagte er, „warum hast du dich dann Jones genannt?"

„Für einen Scherz. Ich warf ihnen ein Garn zu, und sie nahmen es auf. Dann gaben sie mir einen Schluck, um meine Nerven zu beruhigen, sie dachten wirklich, ich sei verrückt, und ich trank es – Sie müssen gesehen haben, in welchem Zustand ich war, als ich hier ankam."

„Hm, hm", sagte Hoover. Er war an die äußerst listige Art von Gentlemen gewöhnt, die aus dem Gleichgewicht geraten waren, und er hatte einen tiefen Glauben an Simms und Cavendish, deren Namen die Verrücktheitsbescheinigung bestätigten, die er zusammen mit dem Neuankömmling erhalten hatte. Er war außerdem ein ebenso schlauer Mann wie Jones.

„Nun", sagte er mit absoluter Offenheit, „das überrascht mich; ein Scherz, aber warum hast du so einen Scherz gespielt?"

„Ich weiß", sagte Jones, „es war dumm, nur ein Blödsinn – aber Sie sehen, wie ich gelandet bin."

Dr. Hoover ignorierte dieses Ausweichen, während er es bemerkte.

Dann begann er, alle möglichen kleinen Fragen zu stellen, die scheinbar irrelevant genug waren. Glaubte Jones, dass es moralisch gerechtfertigt sei, einen solchen Streich zu begehen? Warum sagte er nicht sofort, dass es sich um einen Scherz handelte, nachdem die Angelegenheit einen bestimmten Punkt erreicht hatte? War sein Gedächtnis so gut wie früher? War er sich wirklich sicher, dass er der Earl of Rochester war? War er sicher, dass er als Earl of Rochester diesen Titel trotz der Behauptung, er sei nicht der Earl, behalten konnte? Einzelheiten angeben usw.?

„Angenommen", sagte Dr. Hoover, „ich würde den Titel mit Ihnen bestreiten und sagen: ‚Sie sind Mr. Jones und ich bin der Earl of Rochester‘, wie würden Sie Ihren Anspruch begründen?" Ich möchte lediglich herausfinden, ob das, was Sie für einen Scherz halten, tatsächlich ein leichter Gedächtnisverlust Ihrerseits war, eine leichte Geistesstörung, wie sie leicht durch Müdigkeit oder sogar Arbeit verursacht wird und oft nachhaltige Auswirkungen hinterlässt einige Wochen oder Monate.

„Jetzt muss ich Sie darauf hinweisen, dass ich, da Sie – Scherz hin oder her – hergekommen sind und sich Mr. Jones nannten, zu Recht einen Beweis von Ihnen verlangen würde, dass Sie *nicht* Mr. Jones sind. Verstehen Sie meinen Standpunkt?"

"Ganz."

„Nun, dann beweisen Sie Ihren Fall", sagte der Arzt jovial.

"Wie kann ich?"

„Nun, wenn Sie der Earl of Rochester sind, lassen Sie mich Ihr Gedächtnis testen. Wer ist Ihr Bankier?"

„Coutts.“

Hoover wusste nicht, wer der Bankier des Earl of Rochester sein könnte, aber die Pünktlichkeit der Antwort überzeugte ihn von der Wahrheit, die Pünktlichkeit war auch ein Zeichen für geistige Gesundheit. Er ging mutig zu einem Thema über, mit dem er vertraut war.

„Und wie viele Brüder und Schwestern hast du?“

Das war fatal.

Jones' Auge fiel unter dem Druck von Hoover.

„Es hat keinen Sinn, mit diesen absurden Fragen weiterzumachen“, sagte er, „was jeder weiß.“

„Aber ich möchte Ihnen nur beweisen“, sagte Hoover sanft, „dass Ihr Geist, der sich in einer Woche wieder ganz erholt haben wird, immer noch ein wenig wackelig ist – wie lange ist es nun her, seit Sie es geschafft haben?“ Titel? Es ist nur eine Frage zum Testen des Gedächtnisses.“

Jones wusste es nicht. Er sah, dass er verloren war. Er hatte auch eine Wertschätzung für Hoover gewonnen. Neben den dicken Simms und dem leichenhaften Cavendish schien Hoover ein Mann mit ausgeprägtem gesunden Menschenverstand zu sein.

Jones erkannte, dass die neue Position, in die er geraten war, eine Sackgasse war. Wenn er festgehalten würde, bis sein Gedächtnis Fragen beantworten könnte, von denen sein Verstand nichts wusste, würde er für immer festgehalten. Er kam zu dem großen Entschluss, es noch einmal zu versuchen.

„Schau her“, sagte er, „lasst uns ehrlich miteinander sein.“ Ich kann Ihre Fragen nicht beantworten. Wenn Sie nun ein Mann von Vernunft sind, für den ich Sie halte, und nicht einer wie die anderen, die denken, jeder außer sich selbst sei verrückt, dann werden Sie erkennen, *warum* ich Ihre Fragen nicht beantworten kann. Ich bin nicht Rochester. Ich dachte, ich würde hier rauskommen, indem ich so tat, als hätte ich diesen Kerlen einen Streich gespielt; Es war ein falscher Schachzug, das gebe ich zu, aber als ich mich auf die Idee konzentrierte, kannte ich den Mann nicht, mit dem ich es zu tun hatte. Wenn Sie sich meine Geschichte anhören, werde ich Ihnen in wenigen Worten erzählen, wie diese ganze Angelegenheit zustande kam.“

„Weiter“, sagte Hoover.

Jones erzählte es, und Hoover hörte zu, und als die Geschichte nach etwa einer Viertelstunde zu Ende war, glaubte Jones es selbst kaum. Es klang verrückt. Viel verrückter als damals, als er es dem Herzog von Melford erzählt hatte, und der Grund für diesen Unterschied war Hoover. Da war etwas in Hoovers Augen, etwas in seiner Verfassung und Persönlichkeit, etwas Verschleiertes und Kritisches, das das Selbstvertrauen zerstörte.

„Ich habe sie gebeten, Nachforschungen anzustellen", schloss Jones, „wenn sie das nur tun, wird alles aufgeklärt."

„Und Sie können mit uns zufrieden sein", sagte Hoover.

„Jetzt zu etwas anderem", sagte Jones. „Bis ich diesen Ort verlasse, was hoffentlich bald der Fall sein wird, darf ich Sie bitten, diesem verwirrten Diener zu sagen, dass er mich nicht ständig beobachten soll. Ich weiß nicht, ob du mich für verrückt oder für vernünftig hältst, halte mich für verrückt, wenn du willst, aber glaub mir, ich werde nichts Dummes tun, aber wenn mich irgendetwas verrückt machen würde, dann wäre es das Gefühl, dass ich Ich werde immer wie ein Kind beobachtet."

Hoover hielt einen Moment inne. Er hatte große Erfahrung mit psychischen Fällen. Dann sagte er:

„Du wirst hier vollkommen frei sein. Du kannst nach unten kommen und tun, was du willst. Wir haben einige sehr nette Männer bei uns, die hier wohnen, und Sie haben die Freiheit, sich zu amüsieren. Ich bitte Sie nur darum, das Gelände nicht zu verlassen, bis Ihr Gesundheitszustand vollkommen wiederhergestellt ist. Das ist kein Gefängnis, das ist ein Sanatorium. Colonel Hawker ist wegen Gicht hier und Major Barstowe wegen Neuritis, die er sich in Indien zugezogen hat. Sie werden Ihnen gefallen. Zu meinem Haushalt gehören noch mehrere andere – Sie können jetzt mitkommen – sind Sie Billardspieler?"

„Ja, ich kann spielen – aber bevor wir runtergehen, wo ist dieser Ort? Ich weiß nicht einmal, in welchem Teil des Landes er liegt."

„Sandbourne-on-sea", antwortete Hoover und ging voran aus dem Zimmer.

Nun war in der Nacht zuvor in London etwas passiert. Dr. Simms hatte auf einer Dinnerparty, die Doktor Took vom Bethlem Hospital veranstaltete, in Anlehnung an die Vorstellungskraft von Wahnsinnigen ein Beispiel angeführt:

„Erst heute", sagte Simms, „hatte ich ein typisches Beispiel. Ein Mann gab mir als angebliche Adresse eintausendeinhunderteinundneunzig, Walnut Street, Philadelphia."

„Aber es gibt eine Walnut Street in Philadelphia", sagte Took, „und sie ist zehn Meilen lang, und die Zahlen gehen in diese Richtung."

Eine halbe Stunde später stieg Simms in seine Kutsche.

„Savoy Hotel, Strand", sagte er zum Kutscher.

KAPITEL XXII

EIN ZWISCHENSPIEL

Simms fuhr in seinem elektrischen Brougham durch die gasbeleuchteten Straßen in Richtung Strand, warf einen Blick auf das nächtliche Schauspiel Londons, sah aber nichts.

Ich liebe es, bei Simms zu verweilen, aber welche Beschreibungsseiten könnten ihn angemessen beschreiben? drall, ruhig, rundlich und beruhigend, mit dem Anschein, als wäre er im Gehrock geboren und aufgewachsen, vor allem diskret; Sie können sich vorstellen, wie er aus seinem Wagen steigt, die Hotelhalle betritt und dem Angestellten seine Karte mit der Bitte um ein Interview mit dem Manager vorlegt. Da der Manager abwesend war, übernahm sein Stellvertreter seinen Platz.

„Ja, ein amerikanischer Herr namens Jones hatte im Hotel übernachtet und war in der Nacht zum 1. Juni in der U-Bahn in einen ‚Unfall' geraten. Die Polizei hatte das Geschäft übernommen. Welche Adresse hatte er bei der Zimmerbuchung angegeben? Eine Adresse in Philadelphia. Walnut Street, Philadelphia."

„Danke", sagte Simms, „ich bin gekommen, um mich zu erkundigen, weil ein Patient von mir, als er den Bericht sah, glaubte, es könnte sich um einen Verwandten handeln. Sie muss sich geirrt haben, denn ihr Verwandter wohnt in der Stadt New York. Vielen Dank – ganz herzlich – guten Abend."

Im Flur zögerte Simms einen Moment, dann fragte er einen Pagen nach der American Bar, fand sie und bestellte ein Glas Sodawasser.

Es waren nur ein oder zwei Männer in der Bar und als Simms sein Getränk bezahlte, unterhielt er sich mit dem Barkeeper.

„Erinnerte er sich daran, vor ein paar Tagen zwei Herren in der Bar gesehen zu haben, die sich sehr ähnlich waren?"

Der Barkeeper tat dies, und als Hinweis darauf, dass dramatische Ereignisse in großen Hotels dem nicht unmittelbar betroffenen Personal verborgen bleiben können, hatte er Jones nie mit dem amerikanischen Gentleman in Verbindung gebracht, von dessen unglücklichem Tod er in den Zeitungen gelesen hatte.

Er war in seiner Rede ziemlich frei. Die Ähnlichkeit hatte ihn stark beeindruckt, noch nie hatte er zwei Herren gesehen, die einander so ähnlich waren, unterschiedlich gekleidet, aber dennoch ähnlich. Sein Assistent hatte sie auch gesehen.

„Ganz richtig", sagte Simms; „Sie sind Freunde von mir und ich habe gehofft, sie heute Abend hier wiederzusehen – vielleicht warten sie im Wohnzimmer."

Er trank sein Sodawasser aus und ging weg. Er suchte die Telefonzentrale auf und rief die Curzon Street an.

Der Herzog von Melford hatte zu Hause gegessen, war aber ausgegangen. Er war im Buffs' Club in Piccadilly.

Simms fuhr zum Club.

Der Herzog war in der Bibliothek.

Seine Gnaden hatten literarische Neigungen. Seine „Geschichte der Belagerung von Bundlecund", von der siebenhundert Exemplare der ersten Auflage unverkauft blieben, hatte ihn nicht davon abgehalten, sich an der „Belagerung von Jutjutpore" zu versuchen. Er schrieb viel in der Bibliothek des Clubs und war heute Abend gerade dabei, einige Notizen über die Figur von Fooze Ali, dem Anführer der Belagerer, zu machen, als Simms bekannt gegeben wurde.

Bis auf den Historiker war die Bibliothek verlassen, und die beiden Männer versammelten sich in einer gemütlichen Ecke und unterhielten sich.

„Euer Gnaden", sagte Simms, „wir haben einen Fehler gemacht. Ihr Neffe ist tot und der Mann, den wir bei Dr. Hoover untergebracht haben, ist der, als den er sich ausgegeben hat."

"Was! Was! Was!" rief der Herzog.

„Es kann überhaupt keinen Zweifel geben", sagte Simms. „Ich habe mich erkundigt."

Er gab Einzelheiten bekannt. Der Herzog hörte zu, sein schmales Gehirn war erzürnt über diese monströse Aussage, die ihm plötzlich entgegentrat.

„Ich glaube kein Wort davon", sagte er, als das Konzert zu Ende war, „und außerdem werde ich es nicht glauben." Wollen Sie mir sagen, dass ich meinen eigenen Neffen nicht kenne?"

„Das ist keine Frage", sagte Simms. „Es ist nur eine Frage des Sachverhalts. Es besteht überhaupt kein Zweifel daran, dass ein Mann genau wie der verstorbene – Ihr Neffe – tatsächlich in diesem Hotel übernachtet hat und dass er dort den – Ihren Neffen kennengelernt hat. Es besteht kein Zweifel daran, dass dieser Mann den Hotelleuten, die er uns gegeben hat, die Adresse weitergegeben hat, und ich habe keinen Zweifel daran, dass er einen sehr guten Fall erkennen könnte, wenn er frei wäre. Dass es einen sehr großen Skandal geben würde – einen Weltskandal. Selbst wenn er seinen Fall nicht beweisen würde, würde der Charakter Ihres Neffen einer Prüfung unterzogen. Andererseits hätte er sehr mächtige Unterstützer. Jetzt haben Sie mir von diesem Mann Mulhausen erzählt. Wie würde dieses Eigentum stehen, wenn dieser Mann seinen Anspruch beweisen und beweisen könnte, dass Lord Rochester tot war, als die Übertragung des Eigentums an ihn erfolgte? „Ich denke nicht an meinen Ruf", beendete der naive Simms, „sondern an Ihre Interessen, und ich sage Ihnen ganz deutlich, Euer Gnaden, dass wir alle in einer sehr unangenehmen Lage wären, wenn dieser Mann entkommen würde."

„Nun, er wird nicht entkommen", sagte der Herzog. „Dafür werde ich sorgen."

„Ganz richtig, aber da ist noch etwas anderes. Die Kommissare im Irrsinn."

„Nun, was ist mit ihnen?"

„Es ist die Gewohnheit der Kommissare, jede nach dem Gesetz registrierte Einrichtung zu besuchen, und leider sind sie Männer – ich meine natürlich, dass sie glücklicherweise Männer von absoluter Redlichkeit sind, aber manchmal dazu neigen, sich über das Gesetz hinwegzusetzen." wohlüberlegte Meinung derjenigen, die mit den Fällen, mit denen sie in Berührung kommen, in engem Kontakt stehen. Sie würden zweifellos strenge Nachforschungen über den Wahrheitsgehalt der Geschichte anstellen, die Lord Rochester gerade aufgestellt hat, und das Ergebnis – das kann ich mir durchaus vorstellen – würde uns in eine dieser *Enthüllungen treiben* , diese schmerzhaften und endlosen Gerichtsverfahren, die gleichermaßen zerstörerisch für Eigentum sind, zur Würde und zu dieser inneren Ruhe, die untrennbar mit der Gesundheit und der Freude an den Positionen verbunden ist, zu denen meine Arbeit und die Abstammung Eurer Gnaden uns berechtigen."

„Verdammt, die Kommissare", brach plötzlich Seine Gnaden hervor. „Willst du damit sagen, dass sie an meinem Wort zweifeln würden?"

„Darum geht es leider nicht", sagte Simms. „Es ist eine Frage dessen, was sie die Freiheit des Subjekts nennen."

„Verdammt ist die Freiheit des Subjekts – Freiheit des Subjekts. Wenn ein Mann verrückt ist, welches Recht hat er auf Freiheit – vielleicht die Freiheit, anderen die Kehle durchzuschneiden? Schau dir diesen Narren Arthur an, Freiheit! Schauen Sie sich den Gebrauch an, den er von seiner Freiheit machte, als er sie hatte. Schauen Sie, was er Langwathby angetan hat: Er schickte ihm ein Telegramm, das ihn glauben ließ, dass seine Frau erneut ausgebrochen war – Sie wissen ja, wie sie trinkt – und in Carlisle eingesperrt worden war. Und das Ding war so kunstvoll konstruiert, dass es fast nichts sagte. Man konnte ihn darauf nicht berühren. Einfach gesagt: „Gehen Sie sofort zum Polizeigericht Carlisle." Sehen Sie die Kunst dahinter? Den Namen der Frau habe ich nie erwähnt. Es gab keine Verleumdung. Um Langwathby strafrechtlich verfolgen zu können, müsste er alles über seine Frau erklären. Er ging. Was ist passiert! Du kennst sein Temperament. Er ging zum Schloss Langwathby, bevor er zum Polizeigericht ging, und die erste Person, die er sah, war seine Frau. Vor allen Dienern. Wohlgemerkt vor allen Dienern sagte er zu ihr: „Sie haben dich also aus dem Gefängnis entlassen, und jetzt solltest du besser aus meinem Haus verschwinden." Du kennst ihr Temperament. Vor allen Dienern. Wohlgemerkt, vor allen Bediensteten beschuldigte sie ihn dieser schändlichen Angelegenheit in der Pont Street, als er von Lord Tangos Bruder im Schlafanzug hinausgeschickt wurde – und sie ihn halb ausgezogen hatten. Tango wusste nie etwas davon. Würde es nie tun, aber er weiß es jetzt, denn Lucy Jerningham war in Langwathby, als sich die Szene ereignete, und sie hat es ihm erzählt. Das Ergebnis ist, dass der arme Langwathby sich im DC Liberty wiederfinden wird! Welches Recht hat so ein Mann, von Freiheit zu sprechen?"

„Ganz richtig", sagte Simms und verzweifelte verzweifelt daran, diesem Gehirn mit Scheuklappen die Wahrheit über die schreckliche Situation klarzumachen. „ *Ganz* richtig. Aber Tatsachen sind Tatsachen , und die Tatsache bleibt bestehen, dass dieser Mann – ich meine – ähm – Lord Rochester über große Geschicklichkeit und Subtilität verfügt. Und das wird er bei den Commissioners in Lunacy nutzen, wenn sie anrufen."

„Wann rufen sie an?"

„Ah, genau das ist es. Sie besuchen Anstalten und registrierte Häuser nach eigenem Ermessen, und der Überraschungseffekt ist eine ihrer Methoden. Sie können jederzeit bei Hoover eintreffen. Ich sage im wahrsten Sinne des Wortes: jederzeit. Manchmal kommen sie mitten in der Nacht an einem Haus an; Sie können eine Anstalt einen Monat lang unbesucht lassen und dann innerhalb einer Woche zweimal kommen, und sie halten alle Beteiligten buchstäblich in ihren Händen. Wenn ihnen der Zutritt verweigert würde, würden sie nicht zögern, die Türen aufzubrechen. Ihre Macht ist absolut."

„Aber, mein Gott, Sir", rief der Herzog, „was Sie mir sagen, ist ungeheuerlich." Es ist unenglisch. Brechen Sie in das Haus eines Mannes ein und spionieren Sie ihn mitten in der Nacht aus! Solche Befugnisse, die einer Gruppe von Männern übertragen werden, führen zu Terrorismus. Darauf muss geachtet werden. Ich werde im Plenum darüber sprechen."

„Ganz richtig, aber inzwischen besteht die Gefahr, und ihr muss man sich stellen."

„Ich werde ihn von Hoover's wegbringen."

„Ah", sagte Simms.

„Ich werde ihn irgendwo hinbringen, wo diese Kerle sich nicht einmischen können. Wie wäre es mit meinem Platz bei Skibo?"

Simms schüttelte den Kopf.

„Er steht unter einem Zertifikat", sagte er. „Die Kommissare kommen bei Hoover vorbei, prüfen die Bücher, stellen fest, dass Lord Rochester dort war, stellen fest, dass er verschwunden ist, stellen fest, dass Sie ihn mitgenommen haben. Sie werden Sie einfach auffordern, ihn hervorzubringen."

„Wie wäre es mit meiner Yacht?" fragte der andere.

„Eine lange Seereise für seine Gesundheit?"

„Ah", sagte Simms, „das ist besser, aber Reisen gehen zu Ende."

„Wie wäre es mit meiner Villa in Neapel? Dort ist er gut versorgt und in Sicherheit."

„Natürlich", sagte Simms, „bedeutet das, dass er immer da sein muss — immer."

"Sicherlich, immer. Glaubst du, jetzt, da ich ihn in Sicherheit habe, werde ich ihn rauslassen?"

Simms seufzte. Das Geschäft geriet in sehr gefährliche Gewässer. Er wusste mit Sicherheit und auch durch Intuition, dass Jones Jones war und dass Rochester tot war und seine unglückliche Lage so war:

1. Wenn Jones unberuhigt und wütend dem Hoover entkommen würde, könnte er den Weg zum amerikanischen Konsul finden, oder, *Schrecken!* zu irgendeinem Zeitungsbüro. Dann begann die Band zu spielen.

2. Wenn Jones an Bord der Yacht des Herzogs gebracht und beschlagnahmt wurde, wurde die Angelegenheit sofort *kriminell*, und die Aussicht auf lange Jahre geistiger Not und Angst, der agile Jones könnte sich befreien, stand wie ein Albtraum vor ihm.

3. Es war unmöglich, den Herzog glauben zu lassen, dass Jones Jones war und dass Rochester tot war.

Das Einzige, was man tun konnte, war, Jones freizulassen, ihn zu beruhigen, zu bestechen und ihn anzuflehen, so schnell wie möglich nach Amerika zurückzukehren.

Als Simms dies klar vor Augen hatte, begann er sofort zu handeln.

„Es geht nicht so sehr darum, ob Sie ihn rauslassen", sagte er, „sondern um seine Flucht." Und jetzt muss ich das sagen. Mein beruflicher Ruf steht auf dem Spiel und ich muss Sie bitten, mit mir zur Curzon Street zu kommen und die ganze Angelegenheit der Familie vorzulegen. Ich wünsche eine umfassende Beratung."

Der Herzog widersprach einen Moment. Dann stimmte er zu und die beiden Männer verließen den Club.

In der Curzon Street fanden sie die Gräfinwitwe und Venetia Birdbrook, die gerade dabei waren, sich für die Nacht zurückzuziehen. Teresa, Gräfin von Rochester, war bereits im Ruhestand und weigerte sich, ihr Zimmer zu verlassen, obwohl sie zur Konferenz eingeladen wurde.

Dann begann Simms im Salon bei verschlossenen Türen, auf die Intelligenz der Frauen als Stütze vertrauend, zum zweiten Mal seine Geschichte.

Er überzeugte die Frauen, und um ein Uhr morgens musste der Herzog, immer noch nach Art der Verteidiger von Bundlecund neben seinen Waffen stehend, gestehen, dass er keine Munition mehr hatte. Tatsächlich kapituliert.

„Aber was ist zu tun?" fragte die zerstreute Mutter des Verstorbenen. „Was wird dieser schreckliche Mann tun, wenn wir ihn freilassen?"

„Tu es", rief der Herzog. „Tun Sie – warum fragt der Betrüger vielleicht, was wir ihm antun sollen?"

„Wir können nichts tun", sagte Venetia. "Wie können wir? Wie können wir das alles vor den Dienern – und der Öffentlichkeit – offenlegen? Es ist alles allein Teresas Schuld. Wenn sie Arthur richtig behandelt hätte, wäre das alles nie passiert. Sie lachte und machte sich über seine Bosheit lustig, sie –"

„Ganz richtig", sagte Simms, „aber, meine liebe Dame, woran wir jetzt denken müssen, ist der Mann, Jones." Wir müssen uns daran erinnern, dass er zwar ein äußerst kluger Mensch ist, da er für Sie das große Grundstück von dem Mann Mülhausen zurückgewonnen hat, aber dennoch ehrlich erscheint. Ja, es ist ganz offensichtlich, dass er ehrlich ist. Ich würde vorschlagen, dass er morgen freigelassen wird und ihm eine angemessene Summe, sagen wir eintausend Pfund, angeboten wird, unter der Bedingung, dass er sich in die Staaten zurückzieht. Dann können wir uns später eine Erklärung für den Tod des verstorbenen Earl of Rochester ausdenken oder es einfach so belassen, dass er verschwunden ist."

Über den Rest dieses seltsamen Konklaves wird nicht berichtet, doch Simms bleibt seinem Standpunkt treu und reist am nächsten Tag, nachdem er seine Patienten gesehen hat, nach Sandbourne-on-Sea ab, wo er am späten Nachmittag ankommt.

Als das gemietete Flugzeug, das ihn vom Bahnhof Sandbourne beförderte, am Hoover-Etablissement ankam, fand es das Tor weit offen vor, und am

Tor stand einer der Wärter in erwartungsvoller Haltung und blickte die
Straße auf und ab, als suche er nach etwas. oder auf jemanden warten.

KAPITEL XXIII

Schmiede

Hoover ging voran und zeigte Jones das Billardzimmer im ersten Stock, das Esszimmer und das Rauchzimmer. Alles angenehme Orte, mit Fenstern, die sich zu den Gärten hin öffnen. Dann stellte er ihn einigen Herren vor. An Colonel Hawker, der gerade von einer Krocketpartie nach dem Frühstück zurückgekommen ist, an Major Barstowe und an einen jungen Mann ohne nennenswertes Kinn namens Smithers. Es gab noch mehrere andere, sehr ruhige Menschen, die drei genannten genügen als Überlegung.

Colonel Hawker und Major Barstowe stritten gerade im Raucherzimmer, als Hoover und Jones eintraten.

„Ich habe nicht gesagt, dass ich dir nicht glaube", sagte Barstowe, „ich sagte, es sei seltsam."

„Seltsam", rief der Colonel, „was meinen Sie mit seltsam? Es ist nicht das Wort, gegen das ich Einwände habe, es ist der Ton, in dem Sie gesprochen haben."

„Was ist der Streit?" fragte Hoover.

„Warum", sagte Barstowe, „der Colonel erzählte mir, er habe in Burma Schweine mit einer Länge von sechzehn Fuß und Sonnenblumen mit einem Durchmesser von zwanzig Fuß gesehen."

„Oh, diese Geschichte", sagte Hoover; „Ja, daran ist nichts Seltsames."

„Ich werde jeden Mann niederschlagen, der an meinem Wort zweifelt", sagte der Colonel, „das ist flach."

Hoover lachte, Jones zitterte.

Dann gingen die Streitenden hinaus, um eine weitere Partie Krocket zu spielen, und Jones spielte mit Smithers eine Partie Billard, während Hoover loszog und sie in Ruhe ließ.

Nach etwa fünf Minuten Spielzeit brach Smithers, der ein unheimliches Schweigen bewahrt hatte, das Spiel ab.

„Lass uns etwas Besseres spielen", sagte er. „Wussten Sie, dass ich reich bin?"

„Nein", sagte Jones.

„Nun, ich bin sehr reich – schauen Sie mal", er nahm fünf Sovereigns aus seiner Tasche und zeigte sie stolz. „Damit spiele ich Pitch und Toss", sagte er. „Solange ich sie nicht verliere, macht es Hoover nichts aus. Pitch and Toss mit Sovereigns macht großen Spaß, lasst uns ein Spiel spielen?“

Jones stimmte zu.

Sie saßen auf dem Diwan und spielten Pitch und Toss. Nach zehn Minuten hatte Jones zwanzig Pfund zugenommen.

„Ich denke, ich werde jetzt aufhören“, sagte Smithers. „Gib mir den Souverän zurück, den ich dir zum Werfen geliehen habe.“

„Aber Sie schulden mir zwanzig Pfund“, sagte Jones.

„Das zahle ich Ihnen morgen“, sagte Smithers; „Diese Souveräne dürfen nicht ausgegeben werden, sie dienen nur zum Spielen.“

„Oh, das spielt keine Rolle“, sagte Jones, gab die Münze zurück und erkannte, dass, obwohl er mittellos war, hier ein kleiner Fonds vorhanden war, auf den er durch List zurückgreifen konnte, falls er einen Fluchtweg finden sollte. "Ich bin reich. Ich bin zehn Millionen wert.“

„Zehn Millionen Souveräne?“

"Ja."

„Goldene, wie diese?“

"Ja."

„Ich sage“, sagte Smithers, „könnten Sie mir ein oder zwei leihen?“

„Ja, eher.“

„Aber du darfst es Hoover nicht erzählen.“

„Natürlich werde ich das nicht tun.“

„Wann leihst du sie mir?“

„Wenn ich meine Tüte voller Staatsanleihen aus London bekomme. Sie kommen bald herunter.“

„Ich mag dich“, sagte Smithers. „Wir werden gute Freunde sein, nicht wahr?“

„Komm lieber raus in den Garten.“

Sie sind ausgegangen.

Der Garten umgab das Haus, große schmiedeeiserne Tore waren verschlossen und führten zur Straße.

Der Tennis- und Krocket-Rasen lag auf der Rückseite des Hauses, Backsteinmauern, teilweise mit Obstbäumen bedeckt, umgaben das ganze Anwesen. Die Wand auf der linken Seite des Hauses schien Jones praktikabel zu sein, und er bemerkte, dass keine der Wände mit Stacheln oder Glas versehen war. Hoovers Patienten gehörten offensichtlich nicht zu der gefährlichen und agilen Sorte.

„Was ist auf der anderen Seite dieser Mauer?" fragte Jones, als sie an der linken Schranke vorbeikamen. Smithers kicherte.

„Mädchen", sagte er.

"Mädchen! Was für Mädchen?"

„Kleine mit langen Haaren und größere; Dort lernen sie ihre Lektionen, es ist eine Schule. Eines Tages ließ der Gärtner seine Leiter dort liegen und ich kletterte hinauf. Es waren viele Mädchen da. Ich nickte ihnen zu und sie kamen alle zur Wand. Ich habe sie alle zum Lachen gebracht. Ich bat sie, über die Mauer zu kommen und nach Sovereigns zu werfen – dann kam eine Dame und sagte mir, ich solle gehen. Sie schien mich nicht zu mögen."

Jones, während des Mittagessens – das Essen wurde in seinen eigenen Gemächern serviert – kreisten Dinge in seinen Gedanken, unter anderem Smithers. Smithers' Manie, mit Gold umzugehen, war offenbar dadurch befriedigt worden, dass man ihm diese wenigen Münzen zum Spielen gegeben hatte. Es waren echte Exemplare, davon hatte sich Jones überzeugt. Obwohl Smithers kein Kinn hatte, ließ er sich offensichtlich nicht von gefälschten Münzen abschrecken. Jones war genau so gekleidet aus London zurückgekommen, wie er in der Curzon Street angerufen hatte. Nämlich in einem schwarzen Morgenmantel und einer grauen Hose. Sein hoher Hut war offenbar von seinen Deportierten vergessen worden. Nach dem Mittagessen bat er um eine Mütze, die er im Garten tragen konnte, und erhielt eine graue Tweed-Schießmütze von Hoover.

Mit diesem auf dem Kopf nahm er in einer Laube Platz, einer Laube, deren Öffnung, wie er bemerkte, zum Haus hin ausgerichtet war.

Hier schmiedete er rauchend seine Pläne weiter, und hier wurde ihm Nachmittagstee serviert.

Zehn Minuten später begannen der Colonel und der Major ein weiteres Krocketspiel, und fünf Minuten später kam Smithers aus dem Haus, mit einem Schmetterlingsnetz in der Hand.

Jones verließ die Laube und schloss sich Smithers an.

„Die Sovereigns sind gekommen", sagte Jones.

„Die Tasche mit den Souveränen?"

„Ja, mit einem großen roten Siegel der Banker. Ich gebe dir fünfzig."

„Oh Herr", sagte Smithers, „aber Sie haben Hoover nichts gesagt?"

„Kein Wort – aber du musst etwas für mich tun, bevor ich sie dir gebe.“

"Was ist das?"

„Ich möchte, dass Sie zu Colonel Hawker gehen und ihn beiseite nehmen.“

"Ja?"

„Und sagen Sie ihm, dass Major Barstowe sagt, er sei ein Lügner.“

"Ja."

"Das ist alles."

„Das ist ganz einfach“, sagte Smithers.

„Ich werde hier an der Wand stehen, und wenn eines der Mädchen herüberschaut, was wahrscheinlich der Fall sein wird, denn ich werde ihnen pfeifen, werde ich sie dazu bringen, herüberzukommen und um Sovereigns zu werfen.“

„Das wäre ein Scherz“, sagte der Unglückliche.

„Mühe“, sagte Jones, „das habe ich vergessen.“

"Was?"

„Alle meine Sovereigns sind oben in der Tasche – ich weiß – leihen Sie mir Ihre, während ich warte.“

„Ich – ich leihe niemals Staatsanleihen“, sagte Smithers.

„Nun, ich gebe *dir* fünfzig – und ich bitte dich nur, mir für einen Moment fünf zu leihen, für den Fall, dass diese Mädchen –“

Smithers steckte die Hand in die Tasche und holte die Münzen hervor; Sie befanden sich in einer kleinen Sämischledertasche. „Öffnen Sie den Beutel nicht“, sagte er, „schütteln Sie ihn einfach, dann werden sie am Geräusch erkennen, dass sich darin Sovereigns befinden.“

„Richtig“, sagte Jones. „Jetzt gehen Sie und sagen Sie Colonel Hawker, dass Major Barstowe sagt, er sei ein Lügner.“

Smithers ging los, das Schmetterlingsnetz in der Hand.

Jones machte sich keine Illusionen. Er ging davon aus, dass der Garten ständig überwacht wurde und dass ein Mann, der über eine Mauer gelangte, kaum eine Chance hatte, die Straße zu erreichen, es sei denn, es gelang ihm, die Aufmerksamkeit der Beobachter abzulenken. Er hielt es für wahrscheinlich, dass sein Gespräch mit Smithers beobachtet und möglicherweise die Übergabe eines Artikels zur Kenntnis genommen worden war.

Hier, dicht an der Wand, gab es einen Sitzplatz. Er setzte sich darauf, zog die Mütze über die Augen und streckte die Beine aus. Dann beobachtete er unter dem Schirm der Mütze, wie Smithers auf Colonel Hawker zuging, ihn gerade, als dieser gerade einen Schlag ausführen wollte, unterbrach und zur Seite führte.

Die Unterbrechung seines Schlaganfalls, gefolgt von der plötzlichen Information, dass seine Wahrhaftigkeit angeklagt worden war, wirkte sich auf das Gehirn des Colonels so wundersam und plötzlich aus wie der Schlag auf die Seite des Gesichts, der den Schmetterlingsjäger in die Luft jagte. Der Angriff auf Barstowe, der sich offenbar gut wehrte, die Schreie, die Rufe, die Verwünschungen, die Tatsache, dass ein halbes Dutzend Menschen, Insassen und Wärter, sich wie durch Zauberei in das Durcheinander einmischten, all das bedeutete für Jones nichts und war es auch nicht die untergeordnete Tatsache, dass einer der Insassen, ein ruhiger Geistlicher mit einer Vorliebe für Brandstiftung, die Verwirrung ausgenutzt hatte und geduldig und eifrig an der Arbeit war, indem er mit einem lange verborgenen Feuer an sechs verschiedenen Stellen das Dach des Sommerhauses in Brand steckte Streichholzpackung.

Jones war auf einen Wink des Obersten hin vom Sitz aufgestanden, hatte mit Hilfe eines an der Wand befestigten Pflaumenbaums die Spitze der Mauer erreicht und war auf der anderen Seite in ein Resedabett gefallen. Es war ein Hockeytag in der Schule und es waren keine Mädchen im Garten. Er rannte darüber zum offenen Eingangstor und erreichte die Straße, rannte die Straße hinunter, die verlassen war und in der Spätnachmittagssonne brannte, erreichte eine Seitenstraße und verlangsamte sein Tempo. Alle Straßen hatten das gleiche Muster, waren breit, ansehnlich und von Ein- und Zweifamilienhäusern gesäumt, die in Gärten standen und nach den Vorstellungen des Eigentümers beschriftet waren. Hier lebten alte anglo-indische Oberste und Majore, und man kannte ihre Häuser unter Namen wie „Lucknow“, „Cawnpore“ usw., so wie man Azaleen an ihren Blüten erkennt. Wie ein Tier, das in Deckung geht, drängte Jones weiter, bis er eine Straße voller Geschäfte erreichte. Eine lange, lange Straße, die nach Norden und Süden verläuft, mit den Ladenfronten auf der Ostseite, sonnenverblendet und sonnendurchflutet. Am Ende der Straße war ein blauer und perfekter Seeblick zu sehen, und auf dem Meer war das weiße Segel eines Bootes zu sehen. Sandbourne-on-Sea ist ein angenehmer Ort zum Übernachten, aber Jones wollte nicht dort bleiben.

Sein Verstand arbeitete fieberhaft. Irgendwo gab es mit Sicherheit einen Bahnhof, und dieser Bahnhof würde mit Sicherheit der erste Ort sein, an dem sie nach ihm suchen würden.

London war sein Ziel. London und die National Provincial Bank, aber über
die Richtung oder die Entfernung, die zurückgelegt werden musste, wusste
er nicht mehr als der Mann im Mond.

KAPITEL XXIV

Er rennt zur Erde

Während der Fuchs nach Erde sucht, suchte er nach einem Loch, in dem er sich verstecken konnte. Auf der anderen Straßenseite zeigte ein schmales Haus zwischen einem Fischhändler und einer Bibliothek am Meer in einem seiner unteren Fenster eine Karte mit der Aufschrift „Wohnungen". ." Jones überquerte die Straße zu diesem Haus und klopfte an die Flurtür. Er wartete anderthalb Minuten, neunzig Sekunden, und jede Sekunde hatte er eine gerahmte Vision von Hoover, der ihn verfolgte, Hoover und seine Assistenten, die wie Jagdhunde auf einer heißen Fährte unterwegs waren. Dann fand er eine heruntergekommene Glocke und zog daran.

Fast im Handumdrehen öffnete sich die Tür und offenbarte eine buschlose, scharfäugige und fröhlich aussehende kleine Frau von etwa fünfzig Jahren, die eine Kameenbrosche und Karneolringe trug. Sie trug andere Sachen, aber man hat sie nicht bemerkt.

„Haben Sie Zimmer zu vermieten?" fragte Jones.

„Nun, Sir, ich habe das vordere Wohnzimmer unbewohnt", antwortete die Wirtin, „und zwei Schlafzimmer im obersten Stockwerk. Gibt es Kinder?"

„Nein", sagte Jones. „Ich bin alleine hierher gekommen, um Urlaub zu machen. Darf ich die Zimmer sehen?"

Sie brachte ihn zuerst in das oberste vordere Schlafzimmer. Es war sauber und ordentlich, genau wie sie selbst, und bot einen fröhlichen Blick auf die Ladenfronten auf der gegenüberliegenden Straßenseite.

Als Jones aus dem Fenster schaute, sah er etwas, das ihn einen Moment lang faszinierte und seine Umgebung und seinen Begleiter vergaß. Kein Geringerer als Hoover, der eilig ging und von einem Mann begleitet wurde, der wie ein Gärtner aussah. Sie gingen auf das Meer zu und sahen sich dabei um. Hoover sah aus wie jemand, der eine Handtasche oder einen Wertgegenstand verloren hat, dachte Jones, während er zusah, wie sie verschwanden. Er wandte sich an die Wirtin.

„Ich mag dieses Zimmer", sagte er, „es ist fröhlich und ruhig, genau der Ort, den ich mir wünsche." Jetzt wollen wir uns den Salon ansehen."

Der Salon prahlte mit einem Rosshaarsofa, passenden Stühlen, passenden Bildern und einem Bücherregal mit Glasfront, das die Bände „Sunday Companion", „Sword and Trowel", „Home Influence" und „Moths" von Ouida in der alten, gelben Version für zwei Schilling enthielt Auflage.

„Wirklich sehr schön", sagte Jones. „Was verlangen Sie?"

„Nun, Sir", sagte die Wirtin – ihr Name war Henshaw – „es sind ein Pfund pro Woche für die beiden Zimmer ohne Verpflegung, zwei Pfund mit."

„Irgendwelche Extras?" fragte der kunstvolle Jones.

"Nein Sir."

„Nun, das wird mir guttun. Ich kam direkt vom Bahnhof hierher, und mein Koffer ist noch nicht angekommen, obwohl er für hier beschriftet war, und der Gepäckträger sagte mir, er hätte ihn in den Zug gelegt. Ich muss heute Abend noch einmal zum Bahnhof gehen, um zu sehen, ob es angekommen ist. Da ich in der Zwischenzeit mein Gepäck nicht dabei habe, bezahle ich Sie im Voraus.

Sie versicherte ihm, dass dies unnötig sei, aber er bestand darauf.

Als sie das Geld angenommen hatte, fragte sie ihn, was er zum Abendessen haben würde oder ob er lieber spät zu Abend essen würde.

„Abendessen", antwortete Jones, „oh, alles. Ich bin nicht wählerisch."

Dann war er allein. Er setzte sich zum Nachdenken auf das Rosshaarsofa. Würde Hoover seine Beschreibung rundschreiben und eine Belohnung anbieten? Nein, das war höchst unwahrscheinlich. Hoover's war ein erstklassiges Lokal, er würde die Öffentlichkeit so weit wie möglich meiden, aber er würde ziemlich sicher die Intelligenz der Polizei nutzen, um ihnen zu sagen, dass sie vorsichtig sein sollten.

Würde er sich bei allen Herbergen erkundigen? Das war ein zweifelhafter Punkt. Jones versuchte, sich in Hoovers Lage hineinzuversetzen, scheiterte jedoch.

Eines würde Hoover sicherlich tun. Lassen Sie sich alle Ausgänge von Sandbourne-on-Sea ansehen. Das war logisch, und Hoover war ein logischer Mann.

Es blieb ihm nichts anderes übrig, als der Jagd Zeit zum Abkühlen zu geben, und bei diesem Gedanken stieg ihm wie eine schwarze Woge die Aussicht auf, tagelang in diesem Raum aus rechten Winkeln und mit Rosshaar bedeckten Möbeln zu lauern. Dann kam der fast tröstliche Gedanke: Er konnte nicht lauern, ohne Misstrauen bei Mrs. Henshaw zu erregen. Er würde irgendwie raus müssen. Das Wetter war herrlich und der Seegrasstreifen, der neben dem Kaminsims hing, war trocken wie Zunder. Ein Besucher am Meer, der angesichts dieses Wetters den ganzen Tag in seinem Zimmer saß, würde bei jeder Vermieterin am Meer ein höchst ungesundes Interesse hervorrufen. Nein, was auch immer er sonst tun würde, er konnte nicht lauern.

Das Schrecklichste in dramatischen Situationen sind die kleinen Dinge, die einen einmal im Leben ansprechen. Das Muster des Teppichs, das Ihnen sagt, dass es keinen Zweifel daran gibt, dass Ihre Frau mit all Ihrem Geld davongelaufen ist und Sie mit sieben Kindern zurückgelassen hat, um die Sie sich kümmern müssen, die Form des Stuhls, die Ihnen sagt, dass Gerechtigkeit mit einer Schlinge in ihrer Hand wartet auf der Stufe der Haustür. Jones war gerade von *dem* Bild des Zimmers besessen , dessen Platz sich über dem Kaminsims befand.

Es war ein Oleograph eines Herrn in Uniform, wahrscheinlich des Prinzgemahls, korrekt, vernünftig, weltgewandt – ein schrecklicher Vergleich für einen Mann in einer verrückten Situation, denn Wahnsinn ist nicht auf das Gehirn des Menschen oder seine Produkte beschränkt – obwohl der Himmel sie kennt hat in beiden ein feines Bewegungsfeld.

Ein donnerndes Ratten-Tat-Tat an der Flurtür brachte Jones auf die Beine. Er hörte, wie die Tür geöffnet wurde, eine Stimme draußen „Nk you“ sagte und die Tür geschlossen wurde. Es war ein Paket, das noch drin war. Dann hörte er, wie Mrs. Henshaw die Küchentreppe hinunterkam, und alles war still. Er wandte sich dem Bücherregal zu, öffnete es, untersuchte den Inhalt und wählte „Motten“.

KAPITEL XXV

MOTTE

Bei Krankheit oder Genesung, bei Sorgen oder Trübsal wendet sich der gewöhnliche Geist nicht Milton oder Shakespeare zu, noch nicht einmal den Predigten von Charles Haddon Spurgeon. Es gibt nur wenige Klassiker, die einer Erkältung, einem depressiven Anfall, einem besorgten Ehemann oder einer kleinen Tragödie standhalten. Hier bleibt der Autor von „Light Fiction" standhaft.

Jones war nie ein großer Leser gewesen, er hatte ein oder zwei billige Romane gelesen, aber sein Streifzug in den literarischen Bereichen beschränkte sich hauptsächlich auf das Hochland, wo das Gras besser wird.

Farbe, Poesie und Konstruktion in der Fiktion waren ihm unbekannt, und nun fand er sich plötzlich am Strand von Trouville wieder.

Am Strand von Trouville mit Lady Dolly, die vor ihm im Meer hüpft.

Er hatte die erzwungene Verlobung der schönen Heldin mit dem bösen russischen Prinzen erreicht, als sich die Tür öffnete und das Abendessentablett hereinkam, gefolgt von Mrs. Henshaw. Der Ehre und ihrer eigenen Initiative überlassen, hatte sie einen riesigen Hummer, gefolgt von Käse und drei kleinen, langweilig aussehenden Marmeladentörtchen auf einem Teller mit Weidenmuster hervorgebracht.

Als Jones den Hummer ruiniert und die Törtchen verschlungen hatte, fuhr er mit dem Buch fort. Die liebliche Heldin war für ihn Teresa, Gräfin von Rochester, die Opernsängerin selbst, und der russische Prinz Maniloff geworden.

Dann riss ihn die zunehmende Dämmerung aus dem Buch. Es musste gearbeitet werden.

Er klingelte, teilte Mrs. Henshaw mit, dass er zum Bahnhof gehen würde, um nach seinem Gepäck zu sehen, nahm seine Mütze und ging hinaus. Seltsamerweise war er nicht nervös. Der erste Aufruhr war vorüber und er hatte sich an die Situation gewöhnt, die zunehmende Dunkelheit gab ihm ein Gefühl der Sicherheit und die Lichter der Geschäfte erheiterten ihn irgendwie.

Er wandte sich nach links in Richtung Meer.

Fünfzig Meter die Straße hinunter stieß er auf einen Gentlemen's Outfitters, in dessen Schaufenstern bunte Krawatten schrien und schicke Hemden ihre dissonanten Stimmen mit Gents Sommerwesten und diesen Panamahüten erhoben, die im Jahr dieser Geschichte von der Fluss- und Seeuferjugend verehrt wurden .

Unter den Händen von Rochesters Kammerdiener und durch die Umstände gezwungen, Rochesters Kleidung zu tragen, war Jones einer der am besten gekleideten Männer in London. In dieser Angelegenheit sich selbst überlassen, war er verloren. Er hatte keine Ahnung, was er anziehen sollte oder was nicht, keine Ahnung von der gesellschaftlichen Verdammnis, die in Tweedhosen liegt, die unten nicht hochgekrempelt sind, in schicken Westen, in maßgeschneiderten Abendkrawatten, in einer Melone, die mit einem schwarzen Morgenmantel getragen wird, oder in einem Hund - Hauthandschuhe. Heinenberg und Obermann aus Philadelphia hatten ihn eingekleidet, bis Stultz unbewusst das Geschäft übernahm. Er war sich kaum bewusst, wie widersprüchlich seine derzeitige Aufmachung mit der Tweed-Schießmütze von Hoover war, aber er war sich durchaus der Tatsache bewusst, dass eine Änderung seiner Kleidung unerlässlich war, um Sandbourne-on-Sea zu entkommen.

Er betrat den Laden von Towler & Simpkinson, kaufte einen Sechs-Elf-Penny-Panama, setzte ihn auf und ließ die Tweed-Mütze zu einem Paket zusammenpacken. Dann lockte ihn ein Flanellmantel, ein grauer Tennismantel aus Flanell zum Preis von fünfzehn Schilling. Es gefiel ihm wunderbar, abgesehen von der fast vernachlässigbaren Tatsache, dass die Ärmel fast bis zu den Knöcheln reichten. Dann kaufte er ein Nachthemd für drei und elf und ließ alles in einem Paket zusammenpacken.

In der Apotheke nebenan kaufte er eine Zahnbürste. Im Spiegel gegenüber der Theke erhaschte er einen Blick auf sich selbst im Panama. Ihm kam es so vor, als hätte er in keiner anderen Kopfbedeckung nicht nur noch nie so gut ausgesehen, sondern sein Aussehen war völlig verändert.

Bezaubert und getröstet verließ er den Laden. Neben der Apotheke und an der Straßenecke befand sich ein Wirtshaus.

Aufgrund seiner Kenntnisse über Hoover war sich Jones sicher, dass der allerletzte Ort, an dem er einem seiner Assistenten begegnen würde, eine Gastwirtschaft sein würde. Er betrat die öffentliche Bar, setzte sich an die Theke und bestellte ein Glas Bier und eine Schachtel Zigaretten. Der Geruch von billigem Tabak und Zigaretten und der Geruch von Bier erfüllten die Atmosphäre. Das harte Gaslicht zeigte keinen Schmuck, nichts als Pechkiefernvertäfelung, Spucknäpfe, Flaschen auf Regalen und einen Almanach. Die Bardame, ein langhalsiges Mädchen mit roten Händen, billigen Ringen und einer Rose am Gürtel, löste sich aus einem ernsthaften Gespräch mit einem Jugendlichen in einer Bowler-Mannschaft, der in der Saloon-Bar wohnte, zog an einem Griff, stellte Jones ein Glas Bier hin und … gab ihm ohne ein Wort oder einen Blick das Wechselgeld und kehrte zu ihrem Gespräch mit dem Jungen mit der Bowle zurück. Offensichtlich hatte sie überhaupt kein Auge für die Leute in der öffentlichen Bar. Es gibt Noten, sogar in der Taverne.

In der Nähe von Jones, auf dem er Platz genommen hatte, stand eine Person mit kaputten Schuhen, einem alten Strohhut, einem Mantel, in dessen Schwanztaschen offensichtlich Pakete steckten, und einer Hose, die an den Absätzen ausgefranst war. Er hatte ein rotes, unrasiertes Gesicht und las den *Evening Courier*.

Plötzlich schlug er mit den Fingerspitzen seiner rechten Hand auf das Papier und warf es auf die Arbeitsplatte.

„Regierung! Regierung! Nette Art von Regierung, die sich gegenseitig vierhundert im Jahr dafür zahlt, dass sie Asquith folgen und die Grundbesitzer ausrauben, um an das Geld zu kommen – mein Gott!"

Er blieb stehen, um eine schmutzige Tonpfeife anzuzünden. Er hatte ein Auge auf Jones geworfen und hielt ihn offenbar aus irgendeinem okkulten Grund für einen politischen Denker, der der gleichen war wie er selbst, und er sprach ihn auf die unpersönliche Art und Weise an, wie man ein Publikum anspricht.

„Sie haben das House of Lords niedergeschlagen und gestürzt, und jetzt vernichten sie die walisische Kirche, danach werden sie sich den Landed Prepriotor schnappen und *ihn erledigen*." Und wer ist schuld? die Radikalen – nein, sie sind nicht schuld, nicht mehr als Ratten an ihren Instinkten; Wir sind schuld, die Konservativen sind schuld, wir haben keinen Kämpfer, der uns beschützt. Die Radicals haben die Nase vorn – sehen Sie sich den Kampf an, den Bonna Lor diese Woche geführt hat. Kämpfen! Ein blinder Kater, dessen Kopf in einer alten T'marter-Dose steckt, wäre ein besserer Kampf als der von Bonna Lor. Schauen Sie sich Churchill an, dieser Kerl war einst einer von uns, er wurde geboren, um die Clarses zu leiten, und jetzt schauen Sie sich an, wie er die Marses anführt, bis zu seinem Hals in radikalem Dreck und so, als würde es ihm gefallen. Das tut er nicht, aber er ist ein Mann mit einem Auge im Kopf und er weiß, was wir sind, ein Haufen ohne Knochen und ohne Organisation. Ich sage es selbst, ich habe es erst gestern Abend in dieser Bar gesagt, und ich sage es noch einmal: Für zwei Anstecknadeln würde ich meine Party schmeißen. Das würde ich tun. Für zwei Stecknadeln würde ich das ganze Land wegschmeißen und alles in seinem eigenen Fett schmoren lassen.

Er wandte sich seinem Bier zu, und Jones zündete sich voller Staunen eine Zigarette an.

"Lebst du hier?" fragte er.

„Das glaube ich doch", antwortete der andere. „Ich bin hier geboren und aufgewachsen und habe in den letzten zwanzig Jahren beobachtet, wie der Ort verfiel, wie er sich von einer anständigen Wohngegend in eine Ansammlung von Schulen und Herbergen verwandelte, und verlor jedes Jahr Clarse. Warum das größte Haus hier einem Kerl gehört, der Patentlebensmittel verkauft, dass es im Stadtrat zwei Sozialisten gibt und der Bürgermeister letztes Jahr Hoover war, ein Kerl, der ein Irrenhaus besitzt. Einer seiner Verrückten ist letzten März ausgestiegen und hätte beinahe ein Kind auf der Southgate Road gerettet, bevor ihm das Halsband angelegt wurde; und doch machen sie einen Bürgermeister aus ihm."

„Noch etwas trinken?" sagte Jones.

„Es macht mir nichts aus, wenn ich es tue."

„Nun, hier ist Glück", sagte er und steckte seine Nase in das neue Glas.

"Glück!" sagte Jones. „Entkommen Hoovers Wahnsinnige oft?"

„Flucht – warum ich erst vor einer Stunde gehört habe, dass ein anderer von ihnen draußen war. Gawd hilft ihm, wenn die Stadtbewohner ihn bei einem seiner Tricks erwischen, und Gawd hilft Hoover. Ein Kerl hat kein Recht , an einem Ort voller Kindermädchen und Kindern so ein Unternehmen zu gründen . Die Leute bringen ihre gefühllosen Kinder hierher, um im Sand zu spielen, und jedes kleine Kind an diesem Ort kann wie eine Pennerschale losbrechen. *Das* schmälert nicht die Aussichten, die sie mit Bildern in Blau und Gelb und Lügen über Luft und Wasser und die Gesundheit der Südküste veröffentlichen."

„Nein, das glaube ich nicht", sagte Jones.

„Nun, ich muss gehen", sagte der andere, leerte sein Glas und wischte sich den Mund mit dem Handrücken ab. "Gute Nacht."

"Gute Nacht."

Der Verfechter von Kirche und Staat schlurfte hinaus und überließ Jones seinen Gedanken. Der Wind von dem Geschäft hatte sich in der Stadt herumgesprochen, und selbst in diesem Moment schlossen die Leute zweifellos sorgfältig Hintertüren ab und schauten in unsere Häuser.

Es war bedauerlich, dass der letzte Mann, der dem Hoover-Establishment entkommen war, gewalttätig gewesen war, das war das Einzige, was nötig war, um Gerüchte anzuregen und sie zu verbreiten.

Nachdem er noch zehn Minuten gesessen und ein weiteres Glas lauwarmes Bier getrunken hatte, verabschiedete er sich.

Mrs. Henshaw ließ ihn ein, und nachdem er sie über seine Reise zum Bahnhof, die Vergeblichkeit seiner Suche und seine Meinung über die Eisenbahngesellschaft, ihre Bediensteten und ihre Methoden informiert hatte, erhielt er seine Kerze und ging zu Bett.

KAPITEL XXVI

Ein Landstreicher und andere Dinge

Er wurde von einem herrlichen Morgen geweckt, und als er aus seinem Fenster schaute, sah er die Straße im Sonnenschein tanzen, stämmige Männer in weißen Flanellhemden mit Morgenzeitungen in der Hand, Kinder, die bereits mit Spaten und Eimern auf dem Weg zum Strand waren, das ganze Morgenleben einer englischen Küstenstadt im Sommer.

Dann zog er sich an. Er hatte kein Rasiermesser, sein Bart begann sich zu zeigen, und es war seiner Natur nach unmöglich, unrasiert herumzulaufen. Einen Moment lang kam ihm die wilde Idee, seinen Bart wachsen zu lassen – die älteste Form der Verkleidung –, die er jedoch sofort wieder verwarf. Das Wachsen eines Bartes dauert einen Monat, er hatte weder die Zeit noch das Geld dafür, noch die Lust dazu.

Beim Frühstück – zwei Heringe und Marmelade – hielt er einen Kriegsrat mit sich selbst ab.

Die Natur hat jedes Tier mit Mitteln zum Angriff und zur Verteidigung ausgestattet. Sie hat dem Menschen Wagemut verliehen und jene seltsame Gleichgültigkeit in kühlem Blut gegenüber der Gefahr, wenn die Gefahr vertraut geworden ist, was eine Eigenschaft des Menschen allein zu sein scheint.

Jones beschloss, alles zu riskieren, hinauszugehen, die Gegend zu erkunden, einen möglichen Fluchtweg zu finden und einen kühnen Vorstoß zu wagen. Die achttausend Pfund in der Londoner Bank leuchteten vor ihm wie eine Galaxie aus acht Sternen; Niemand wusste von seiner Existenz. Was er tun sollte, nachdem er es gesichert hatte, war eine Frage zukünftiger Überlegungen. Wahrscheinlich würde er sofort in die Staaten zurückkehren.

Das Tolle an all dieser Hoover-Geschichte war die Tatsache, dass sie ihn von der quälenden Angst vor diesen schrecklichen Gefühlen der Dualität und Verneinung befreit hatte. Kämpfen ist das beste Gegenmittel gegen Nervenprobleme und seelische Ängste, und er kämpfte jetzt für seine Freiheit, denn ihm stand klar vor Augen, dass die Familie Rochester ihn für Rochester oder für Jones hielt ihr Interesse daran, ihn als Verrückten in friedlichem Ruhestand festzuhalten.

Nach dem Frühstück zündete er sich eine Zigarette an, bat Mrs. Henshaw um einen Schlüssel, damit er sie nicht belästigte, zog seinen Panamahut an und ging hinaus. Auf der anderen Straßenseite befand sich ein Friseurladen, er betrat ihn, fand einen freien Stuhl und ließ sich rasieren. Dann kaufte er eine Zeitung und schlenderte in Richtung Strand. Ihm war die Idee gekommen, dass er vielleicht ein Segelboot mieten und auf diesem Weg nach London gelangen könnte, eine absurde und vage Idee, die ihn jedoch immer noch dazu führte, bis er die Promenade erreichte und dort stand, während ihm der Seewind ins Gesicht wehte .

Die einzigen sichtbaren Segelboote waren Ausflugsboote, die von Hafenarbeitern bewacht wurden, die mit Ausflüglern beladen waren und Plakate zeigten, um Unschuldige anzulocken.

Der Sand wimmelte, und die Bademaschinen krochen dem Meer entgegen.

Er kam an den Strand und nahm im warmen, weißen Sand Platz, mit der Freiheit vor ihm, wäre er eine Möwe oder ein Fisch gewesen. Wohin würde es ihn führen, eines dieser Muschelruderboote zu nehmen und ein paar Meilen die Küste entlang zu rudern? Nur entlang der Küste, jenseits des Sandes mit Felsen übersät und mit Klippen konfrontiert. Er hatte keine Ahnung von Bootshandwerk, das Meer war unruhig, und die Segelboote, die jetzt draußen waren, schienen wie Rennpferde über Hürden zu jagen.

Nein, er würde bis nach dem Mittagessen warten, dann würde er in dieser schläfrigen Stunde, wenn die Gedanken aller Menschen ein wenig abgestumpft und die Wachsamkeit am wenigsten wach ist, einen Weg auf gutem, hartem Land finden und sich auf den Weg machen.

Er würde versuchen, eine Fahrradkarte von diesem Teil von Wessex zu bekommen. Er hatte in der Nähe des Strandes einen großen Schreibwaren- und Buchhändler entdeckt und würde auf dem Rückweg dort vorbeischauen.

Dann fing er an, seine Zeitung zu lesen, Zigaretten zu rauchen und die Menge zu beobachten.

Während er zusah, wurde er bald mit dem Anblick der heutigen Schande Englands belohnt. Aus einem Badezelt und ins volle Sonnenlicht kam ein Mädchen, das nichts anhatte, denn hautenges blaues Trikot ist in den Augen von Modesty nichts; Jede Erhebung, jede Vertiefung, jede Falte ihres schamlosen Körpers, den hundert Augenpaare ausgesetzt waren, ging ruhig auf das Wasser zu. Ein junger Mann folgte ihm. Dann suhlten sie sich im Meer.

Jones vergaß Hoover. Er erinnerte sich an Lady Dolly in „Moths" – Lady Dolly, die am Strand von Sandbourne-on-Sea der Inbegriff des Anstands gewesen wäre, und die Bewohner dieses Strandes waren keine bösen Leute der Gesellschaft, sondern respektable Leute aus der Mittelschicht.

„Das ist ziemlich dick", sagte Jones zu einem alten Herrn wie eine Ziege, der in seiner Nähe saß und dessen Blick nachdenklich auf die Badegäste gerichtet war.

"Was?"

„Das Mädchen in Blau. Trägt keiner von ihnen anständige Kleidung?“

„Die Mageren tun es“, antwortete der andere und sprach weit entfernt und zufrieden.

Gegen halb elf verließ Jones den Strand, müde vom grellen Licht, den Badegästen und den Sand wühlenden Kindern. Er ging im Buchladen vorbei, besorgte sich für einen Schilling eine Fahrradkarte der Küste und scannte sie auf einem Sitzplatz vor dem Laden.

Es gab drei Straßen, die von Sandbourne-on-Sea aus führten. die Londoner Straße; eine Straße über die Klippen im Westen; und eine Straße über die Klippen im Osten. Die östliche Straße führte nach Northbourne, einer etwa sechs oder sieben Meilen entfernten Küstenstadt, die westliche Straße nach Southbourne, etwa fünfzehn Meilen entfernt. London lag sechzig Meilen nördlich. Die Eisenbahn berührte die Londoner Straße bei Houghton Admiral, einem Bahnhof etwa neun Meilen weiter oben.

Das war die Lage. Sollte er die Straße nach London nehmen und in Houghton Admiral in einen Zug einsteigen, oder die Straße nach Northbourne nehmen und von dort aus einen Zug nehmen?

Die drei Wege lagen vor ihm wie die drei Schicksale, und er entschied sich für die Londoner Straße.

Der Mensch schlägt jedoch vor und Gott verfügt darüber.

Er faltete die Karte zusammen, steckte sie in die Tasche und machte sich auf den Weg nach Hause – oder zumindest zu Mrs. Henshaw.

Gleich am Anfang der Straße blieb er vor einem Fotografen stehen, um die ausgestellten Bilder zu begutachten. Gruppen, Familienfeiern, Kinder und Mädchen mit unentschlossenen Gesichtszügen. Er wandte sich von der Betrachtung dieser Dinge ab und sah sich Hoover gegenüber.

Hoover musste nur sechzig Sekunden lang von einer Nebenstraße auf die Straße abgebogen sein, bevor Hooverless auf der Straße war. Er trug eine Norfolk-Jacke und Knickerbocker und seine Waden waren riesig.

"Hallo!" sagte Jones.

Der Ausruf wurde ihm sozusagen durch den mentalen Schock entzogen.

Hoovers Hand schoss hervor, um seine Beute zu ergreifen. Was dann geschah, beschrieb Herr Shonts, der deutsche Tuchhändler gegenüber, einem Freund.

„Der dünne Mann schlug Herrn Hoover in den Bauch, der sich hinsetzte, sich aber leichtfertig erhob und ihn verfolgte."

Jones rannte. Ihm folgten ein Polizist, der aus dem Nichts aufgetaucht war, Jungen, ein Hund, der zu rennen schien, um sich zu bewegen, und Hoover.

Er erreichte das Haus von Mrs. Henshaw, zog den Schlüssel aus seiner Tasche, steckte ihn ins Schloss, öffnete die Tür und schloss sie. Die Verfolger waren ihm so nahe, dass auf das Knallen der Tür sofort das „Bang-Bang" des Türklopfers folgte.

Dann ertönte die Glocke, ein Schlag nach dem anderen.

Jones ging zur Küchentreppe und stürmte sie hinunter, fand einen Durchgang, der zur Hintertür führte, und fand, ohne auf die verwirrte Mrs. Henshaw zu achten, die mit den Händen voller Mehl aus der Küche kam, den Hinterhof.

Vor ihm lag eine leere Wand, eine weitere rechts und eine weitere links. Die linke und die rechte Mauer trennten den Hinterhof von Henshaw von den Höfen der Häuser auf beiden Seiten, die Mauer unmittelbar vor ihm trennte ihn vom Hinterhof eines Hauses in Minerva Terrace, das parallel zur High Street verlief.

Jones hat sich für diese Wand entschieden. Ein davorstehender, unbewohnter Hundezwinger half ihm, und im nächsten Moment war er drüben, erschüttert durch einen Sturz von zwölf Fuß und vor einer Wäscheleine voller Wäsche. Er tauchte unter ein Laken und fast gegen den Rücken einer breiten Frau, die Wäsche an einer zweiten Wäscheleine aufhängte, fand die Hintertür des Hauses, die die breite Frau offen gelassen hatte, rannte einen Flur hinunter, eine Küchentreppe hinauf und in eine Saal. Ein alter Herr in Pantoffeln, der rechts aus einem Zimmer kam, fragte ihn, was er wolle. Jones, der sich später an die Angelegenheit erinnerte, konnte die Stimme und die Worte des alten Herrn hören.

Er zögerte nicht, zu antworten. Er öffnete die Flurtür und befand sich im nächsten Moment auf der Minerva-Terrasse. Zum Glück war es verlassen. Er rannte nach links und fand einen Seitenweg und eine Terrasse mit Handwerkerhäusern, neu, abscheulich und aus gelben Ziegeln. Vor der Terrasse lagen Felder. Ein Tor in der Hecke lud ihn ein, er kletterte darüber, überquerte ein Feld, fand ein weiteres Tor, das ihn zu einem anderen Feld führte, und fand sich umgeben von der Stille des Landes, einer Stille, die vom Gesang der Lerchen durchdrungen und erregt wurde. Lerchen machen die Meeresgebiete der Süd- und Ostküste unerträglich. Eine Lerche in einer geeigneten Umgebung ist für eine Weile entzückend, aber zwanzig Lerchen in allen Höhen und Tiefen, manche nah, manche fern, sorgen für Melancholie.

Jones hockte eine Weile in einer Hecke, um wieder zu Atem zu kommen. Er war verloren. Straßenkarten nützten ihm hier nicht viel. Die Lerchen bestanden darauf, jubelnd oder traurig, je nach dem Stadium ihres Fluges.

Dann atmete etwas oder jemand unmittelbar hinter ihm auf der anderen Seite der Hecke einen tiefen Seufzer aus, als würde er über sein Schicksal klagen. Er sprang auf. Es war eine Kuh. Er konnte sie durch das Brombeergestrüpp sehen und sie auch riechen, süß wie eine Molkerei in Devonshire.

Dann setzte er sich erneut zum Nachdenken und begutachtete die Karte, die er glücklicherweise in seiner Tasche verstaut hatte. Die Straßen waren vorhanden, aber wie man sie erreichen konnte, war das Problem, und die Londoner Straße, an die er geglaubt hatte, war jetzt unmöglich. Es würde sicherlich beobachtet werden. Nach langer Überlegung beschloss er, sich auf den Weg nach Northbourne zu machen, geradeaus über die Felder zu marschieren und irgendwo auf ihrem Weg die Klippenstraße wieder aufzunehmen.

Er ging zu Recht davon aus, dass Hoover nicht an der Küste, sondern im Landesinneren nach ihm jagen würde. Northbourne war nicht die Straße nach London, auch wenn von Northbourne aus ein Zug erreichbar war. Die ganze Angelegenheit war verzweifelt, aber dieser Weg schien der am wenigsten verzweifelte Ausweg zu sein. Und er muss sich nicht beeilen, Geschwindigkeit würde in diesem Rennen gegen das Schicksal nichts nützen.

Er nahm das Geld aus seiner Tasche und zählte es. Von den neun Pfund, mit denen er bei Hoover angefangen hatte, waren nur noch fünf Pfund, elf und neun Pence übrig.

Er hatte wie folgt ausgegeben:

Frau Henshaw	2 £	0	0
Panama		6	11
Nachthemd		3	11
Mantel		15	0
Öffentliches Haus			10
Rasieren und Zeitung			7
Straßenkarte		1	0
	3 £	8	3

Er ging diese Konten durch und überprüfte sie in seinem Kopf. Dann steckte er das Geld wieder in die Tasche und machte sich auf den Weg über die Felder.

Trotz aller Sorgen interessierte ihn dieses englische Land, es ärgerte ihn aber auch. Felder, so groß wie Taschentücher, durch monströse Hecken und tiefe Gräben voneinander getrennt. Um dieses Land in einer geraden Linie zu durchqueren, möchte man ein Reh oder ein springendes Känguru sein. Tore, immer an Ecken und immer diagonal zu seinem Weg, ermöglichten ihm den Zugang von einem Feld zum anderen. Bäume gab es keine. Der englische Baum hat eine Abneigung gegen das Meer und hält sich von ihm fern, aber die Hecke hat keine solche Empfindlichkeit. Ihrer Größe nach zu urteilen, schienen diese Hecken das Meer zu lieben.

Er war gerade dabei, über eines der unzähligen Tore zu klettern, als eine Stimme ihn rief. Er schaute zurück. Ein junger Mann in Leggings, der ihm offenbar unbemerkt gefolgt war, hob die Hand. Jones beendete seine Arbeit mit dem Tor und wartete dann, mit diesem zwischen ihm und dem Fremden. Er war auf eine grobe Art und Weise gut gekleidet, offensichtlich ein überlegener Bauer und körperlich ein ernst zu nehmender Mensch. Er war auch ein äußerst streitsüchtig aussehender Mensch.

„Wissen Sie, dass Sie Hausfriedensbruch begehen?" fragte er, als sie in Sprechweite waren.

„Nein", sagte Jones.

„Nun, das bist du. Ich muss Sie bitte um Ihren Namen und Ihre Adresse bitten."

„Wozu zum Teufel – welchen Schaden füge ich deinen alten Feldern zu?" Jones hatte vor der Empörung über den gesunden Menschenverstand seine Position und alles andere vergessen.

„Sie begehen Hausfriedensbruch, das ist alles. Ich muss Sie nach Ihrem Namen und Ihrer Adresse fragen."

Jetzt kam Jones die Erinnerung an etwas, das er irgendwo gelesen hatte. Eine Erklärung, dass es in England kein Gesetz über unbefugtes Betreten des Landes gibt und dass eine Person überall hingehen darf, um Pilze oder wilde Blumen zu pflücken, und dass kein Vermieter eingreifen darf, solange kein Schaden entsteht.

„Kennst du das Gesetz nicht?" fragte Jones. Er verkündete dem Unbekannten das Gesetz entsprechend.

Der andere hörte höflich zu.

„Ich bitte Sie um Ihren Namen und Ihre Adresse", sagte er. „Unsere Anwälte werden die andere Angelegenheit regeln."

Dann wurde Jones wütend.

„Ich bin der Earl of Rochester", sagte er, „und meine Adresse ist Carlton House Terrace, London. Ich habe keine Karten bei mir."

Dann überkam Jones das seltsamste Gefühl, denn er sah, dass der andere ihn erkannt hatte. Rochester war dem gewöhnlichen Engländer offenbar aufgrund seines Bildes und seines Rufs ebenso bekannt wie Lloyd George.

„Ich bitte um Verzeihung", sagte der andere, „aber Tatsache ist, dass mein Land von Menschen aus Sandbourne überrannt ist – tut mir leid."

„Oh, erwähnen Sie es nicht", antwortete der Earl of Rochester. „Ich werde keinen Schaden anrichten. Guten Tag." Sie trennten sich und er setzte seinen Weg fort.

Eine Meile weiter traf er auf einen Menschen mit kaputten Stiefeln, einem bierigen Gesicht und passender Kleidung zu seinen Stiefeln. Diese Person saß im Sonnenschein unter einer Hecke, neben sich ein Bündel und eine Blechdose.

Er begrüßte Jones als „Gouverneur" und bat um eine Übereinstimmung.

Jones lieferte das Streichholz und sie kamen ins Gespräch.

„Northbourne", sagte der Landstreicher. „Ich selbst gehe in diese Richtung. Ich zeige dir den schnellsten Weg, wenn ich an meiner Pfeife gelutscht habe."

Jones ruhte einen Moment an der Hecke, während die Pfeife angezündet wurde. Die Sache mit dem Hausfriedensbruch beschäftigte ihn noch immer. Der Einbruch des Vermieters hatte das Gefühl der Empörung nicht ganz beseitigt.

„Haben Sie keine Angst davor, wegen Hausfriedensbruchs festgehalten zu werden?" fragte er.

„Hausfriedensbruch", antwortete der andere, „nicht ich." Ich habe keine Angst vor keinen Bauern."

Jones berichtete von seinen Erfahrungen.

„Machen Sie sich doch keine Illusionen", sagte der Landstreicher, als das Konzert zu Ende war. „Dieser Kerl hatte recht. Dieser Kerl konnte Leute wie mich nicht anfassen, es sei denn, er hat gelogen und geschworen, ich hätte Zäune durchbrochen, aber er konnte Leute wie dich anfassen. Ich kenne den Lor. Ich kenne es in- und auswendig. Vermieter wissen es nicht so gut wie ich. Dieser Kerl kennt den Herrn, sonst wäre er nicht so scharf darauf gewesen, deinen Namen und deinen Wohnort zu erfahren."

„Aber wie hätte er mich berühren können, wenn er dich nicht berühren kann?"

Der Landstreicher kicherte.

„Ich werde es dir sagen", sagte er, „und ich werde dir sagen, was er tun wird, wenn er jetzt bei dir ist. Er wird zum Co't o' Charncery gehen und um eine Kreuzung gegen Sie bitten, um Sie daran zu hindern, über seine Felder zu gehen. Du willst seine Felder nicht mehr durchgehen, das macht nichts. Er wird seine „Kreuzung" bekommen und Sie müssen die Blühkosten bezahlen – sehen Sie – die Blühkosten, und was wird das bewirken? Gawd weiß, vielleicht hundert Pfund. Viele Leute glauben, dass sie gehen können, wohin sie wollen. Das tun sie nicht, nicht wenn der Vermieter seinen Herrn kennt, es sei denn, sie machen es so wie ich. Es hat viel Sinn, *mich* in die Co't o' Charncery zu bringen.

„Willst du damit sagen, dass ein Mann, nur weil er über ein Feld geht, vor das Bundeskanzlergericht gestellt und mit einer Geldstrafe von hundert Pfund belegt werden kann?"

„Er wird nicht mit einer Geldstrafe belegt, es hat ihm Kosten gekostet."

„Sie scheinen viel über das Gesetz zu wissen", sagte Jones, als er gestern Abend den Mann des Wirtshauses anrief und zu dem Schluss kam, dass es unter den englischen Unterschichten einen riesigen Fundus an eigenartiger Intelligenz geben müsse.

„Ja", sagte der Landstreicher. „Ich habe es dir gesagt." Dann fragte er interessiert: „Wie könnte Ihr Name sein?"

Jones wiederholte die Zauberformel, um den Effekt zu sehen.

„Ich bin der Earl of Rochester."

„Lord Rochester. Ich dachte, ich kenne dein Gesicht. Ich habe letzte zwölf Frühlingsmonate einen halben Pfund verloren, weil ich mit meinem Pferd im Gatwood Park gelaufen bin. „White Lady" belegte mit einem halben Pfund den zweiten Platz hinter „The Nun". Ich hatte etwas von „Champane Bottle" im Verkaufsteller gemacht. Ich schaue mir die Listen an und wähle „White Lady" aus. Ich wusste nichts über sie und sagte zu einem Freund: „Hier ist meine Fantasie." Ich weiß nichts über sie, aber sie ist eine von Lord Rawchester, und seine Pferde laufen glatt. Das habe ich gesagt Flieger mit einem Dope im Bauch oder einem Pullin' Jockey auf dem Rücken. Aber die Erwachsene haben es ihr angetan, sie wurde am Pfosten um ein Haar geschlagen, Sie werden sich erinnern. Sie würde zwei Längen haben, nur für das bisschen matschige Erwachsenwerden am Pfosten. Der Erwachsene muss überholt werden, hat einen Regenschauer bekommen, und der Chef will Flossen und Flossen statt Hufen."

„Ja", sagte Jones, „das ist so."

„Ein paar Barra-Ladungen Kies würden es auf den Punkt bringen", fuhr der andere fort, „es ist nicht fair gegenüber den Pferden, und es ist nicht fair gegenüber den Unterstützern, für einen Pfund, den ich auf diesem schmutzigen Stück weggeworfen habe." ' gewachsen'. Beim letzten Treffen in Doncaster habe ich Lor' Lonsdale über den Doncaster-Kurs genau das Gleiche gesagt. Ich traf ihn von Mann zu Mann außerhalb des Rings und er reichte mir eine Zigarre. Wir haben genauso geredet, wie Sie und ich jetzt vielleicht reden, und ich sage zu ihm: „Wir wollen, dass mehr Geld in die Kanalisation der Kurse fließt." „Sehen Sie sich diese dreckigen Bauern an, wie sie ihr Land entwässern", sagte ich, „und schauen Sie sich an, wie wir unsere Pferde laufen lassen und unsere Wetten platzieren und im Stich lassen, Pferde und Unterstützer und alles, aus Mangel an der richtigen Pflege der Plätze." ' "

Er tippte den Tropfen aus seiner Pfeife, hob das Bündel auf und stand murrend auf.

Dann ging er voran in Richtung Northbourne.

Es war jetzt kurz nach drei Uhr und der Tag war schwül. Trotz seiner anderen Probleme hatte Jones großes Interesse an seinem Begleiter. Die Höhe von Rochesters Position war ihm nie wirklich klar geworden, bis ihm der Bauer und dieser Landstreicher gezeigt hatten. Sie kannten ihn. Für sie waren die Philosophen und Dichter der Welt zweifellos unbekannt, aber sie kannten den Earl of Rochester, und das nicht ungünstig.

Millionen und Abermillionen der englischen Welt kannten seine Lordschaft gleichermaßen, er war ganz offensichtlich eine nationale Persönlichkeit. Seine Unkonventionalität, seine „Lerchen", seine Verschwendung und seine Neigung zu Pferderennen, wie sehr sie seiner Familie auch schaden mochten, würden Fleisch für die Legionen sein, die einen Lord liebten, die eine Wette liebten, die ein Pferd liebten und ein malerischer Verschwender waren.

Rochester zu sein bedeutete nicht nur, ein Lord zu sein, es war mehr als das. Es sollte berühmt werden, eine Nationalfigur, deren Bild sich auf die Netzhaut einer Million einprägte. Noch nie hatte Jones mehr Lust verspürt, an seiner Position festzuhalten als jetzt, mit den Hunden auf seinen Spuren, einem Landstreicher als Gefährten und der Dunkelheit vor ihm. Er hatte das Gefühl, dass er kämpfen könnte, wenn er einmal nach London gelangen und die achttausend Pfund, die in der National Provincial Bank lagen, in seine

Hände bekommen würde. Kämpfe für die Freiheit, hol dir Anwälte, die ihm helfen, und behalte seine Phantomkrone.

Er hatte aufgehört, den Wahnsinn zu fürchten; Die ganze Angst, sich selbst zu verlieren, war zumindest für den Moment verschwunden. Hoover hatte ihn geheilt.

Währenddessen unterhielten sie sich, während der Landstreicher das Gesetz über die Rechte an Gemeingütern und Ödland festlegte, und schien völlig zu vergessen, dass er mit einem Grundbesitzer sprach oder mit ihm sprechen sollte. Endlich erreichten sie das weiße Band, das über die Klippen von Sandbourne nach Northbourne und darüber hinaus verläuft.

„Hier ist die Straße", sagte der Landstreicher, „und ich werde mich von Eurer Herrlichkeit verabschieden. Ich werde es ein wenig ruhiger angehen lassen zwischen den Büschen, es gibt keinen Grund für mich, mich zu beeilen. Ich werde das Treffen mit Euch nicht vergessen. Verdammt, wenn ich so will. Ich sitze da unter der Hecke und denke an das halbe Pfund, das ich wegen ‚White Lady' hingelegt habe, und deine Herrlichkeit, die mitkommt – das erwischt mich!"

Bis zu diesem Moment des Abschieds hatte er Jones nicht ein einziges Mal zum Lord ernannt.

Jones griff in seine Tasche und holte den halben Souverän hervor, der mit fünf Pfund und neun Pence sein gegenwärtiges weltliches Vermögen ausmachte.

Er reichte es, und der Landstreicher spuckte darauf, um Glück zu haben.

Dann trennten sie sich, und der Flüchtling setzte seinen Weg mit leichterem Geld, aber etwas leichterem Herzen fort.

Es gibt Menschen, die ihre Energie steigern, und Menschen, die ihre Energie reduzieren. Manchmal reicht es aus, sie anzusehen, ohne mit ihnen zu sprechen. Der Landstreicher gehörte zur ersteren Klasse. Er hatte Jones angefeuert. In seinem Gespräch war nichts besonders Fröhliches, dennoch war die Wirkung erzielt worden.

Nun entwickelte sich entlang der Klippenstraße und aus Richtung Northbourne kommend ein schwarzer Fleck, der sich schließlich in die Form eines alten Mannes auflöste, der einen Korb trug. Der Korb war mit Äpfeln und Banbury-Kuchen gefüllt. Jones kaufte von seinem ein und neun Pence acht Banbury-Kuchen und zwei Äpfel und setzte sich dann nebenbei auf den warmen Rasen, um sie zu verschlingen. Er lag beim Essen auf der Seite und verfluchte Hoover.

An diesem idyllischen Tag eine Stunde hier zu liegen, die weißen Möwen beim Fliegen zu beobachten, dem Flüstern des Meeres tief unten zu lauschen, was gibt es Schöneres als das? Er beschloss, ob er jemals die Freiheit und das Geld gewinnen sollte, um hier Urlaub zu machen.

Das dachte er gerade, als er, jetzt auf den Ellenbogen gestützt, sah, wie sich etwas zwischen den Büschen und dem hohen Gras des Ödlandes am Rande der Klippenstraße bewegte.

Es war ein Mann, ein Mann auf allen Vieren, der sich dennoch schnell bewegte, ein Anblick, der in den hochwildjagdenden Highlands ganz natürlich ist, in diesen Wessex-Downhills jedoch unheimlich.

Jones ließ vier Banbury-Kuchen ungegessen im Gras liegen und sprang auf, ebenso wie der Kriechende.

Dann begann das Rennen.

Der Verfolger war gehandicapt.

Zwei beliebige Seiten eines Dreiecks sind länger als die dritte. Eine rechte Linie in Richtung Jones würde viele Yards einsparen, aber wegen der Brombeersträucher und Büsche wäre die Fahrt schlecht; eine gerade Linie zur Straße würde die zurückzulegende Strecke verlängern, würde aber einen viel besseren Kurs ermöglichen, wenn man die Straße erreicht hätte . Er entschied sich für Letzteres.

Das Ergebnis war, dass der Verfolger zu Beginn des Rennens fast eine halbe Meile Vorsprung hatte. Aber er hatte in letzter Zeit nicht vier Banbury-Kuchen und zwei Äpfel gegessen. Super-Banbury-Kuchen aus der guten alten Zeit, als Margarine neun Pence das Pfund kostete, Mehl unbegrenzt war und Johannisbeeren bei den Reichen unbeliebt waren.

Jones war jahrelang nicht kandidiert. Und in diesem Zusammenhang ist es ziemlich überraschend, wie die Gesellschaft einen Mann verfolgt, sobald er die Barriere überwunden hat – und insbesondere, wenn er um seine Freiheit rennen muss.

Die erste Meile war schlecht, dann bekam er trotz allem durch eine gute Verfassung und ein einigermaßen respektables Leben die zweite Chance, aber der Verfolger lag jetzt nur noch eine Viertelmeile zurück. Bisher war die Strecke frei und ohne Zuschauer gewesen, doch jetzt kam aus Richtung Northbourne ein Invalide auf dem Arm eines Wärters und hinter ihnen ein Junge auf einem Fahrrad. Das Fahrrad war eine Inspiration.

Es war ebenfalls gelb gestrichen und trug vorne einen Träger, auf dem der Name eines italienischen Lageristen aus Northbourne stand. Darin befanden sich Grundstücke, die offensichtlich für einen der wenigen Bungalows bestimmt waren, die auf der Klippe verstreut waren.

Der Junge kämpfte kurz darum, das Eigentum seines Herrn zu verteidigen, aber er kämpfte immer noch, bis ihn ein glücklicher Schlag im Wind auf den sonnengewärmten Rasen legte. Die Schreie des Kranken – es war eine Frau – klangen in Jones Ohren wie Teil eines fantastischen Traums, ebenso wie das Fahrrad. Es hatte keine Klingel, der Sattel wollte mindestens fünf Zentimeter angehoben werden, trotzdem ging es, und der Wind war hinten.

Auf der rechten Seite befand sich ein steiler Abgrund von 60 Metern Höhe, und die Straße führte hier mörderisch dicht am Rand der Klippe entlang, aus dem einfachen Grund, weil die Klippen das angrenzende Gras bis auf wenige Meter an die Straße gefressen hatten. Dieser Kurs auf einem unbekannten und fragwürdigen Fahrrad, beladen mit Päckchen Tee und Zucker, stieß auf viele Einwände; sie kamen Jones nicht in den Sinn; Er kam mit gutem Tempo voran oder glaubte zumindest, dass er es schaffte, bis er den langen Abhang erreichte, der nach Northbourne führte. Hier begann er zu wissen, was Geschwindigkeit wirklich bedeutete, denn als er den Hebel drückte, stellte er fest, dass die Bremse nicht funktionierte. Zum Glück war es ein Freilauf.

Dieser Abhang verläuft zwischen freistehenden Villen und Steinmauern hindurch und schützt gepflegte Gärten bis zum westlichen Ende der Esplanade, die eigentlich eine Fortsetzung davon ist. Auf den ersten paar hundert Metern dachte Jones, dass nichts schneller gehen könnte als die an ihm vorbeirauschenden Häuser und Mauern, gegen Ende dachte er nicht mehr nach.

Die Esplanade öffnete sich, eine fröhliche Gruppe von Kindern mit Eimern und Holzspaten, die zum Tee nach Hause zurückkehrten, öffnete sich, machte links Platz für rauschende Wohnhäuser mit grünen Balkonen, rechts rauschende Meereslandschaften und Bademaschinen. Dann ließ die Geschwindigkeit nach.

Er stand zitternd auf und schaute sich um. Er hatte das östliche Ende der Promenade erreicht. Es lag, wie immer gegen fünf Uhr, völlig verlassen von Besuchern. In der Ferne und gerade aus einem Zeitungskiosk getreten, stand eine Frau, beschattete ihre Augen und blickte zu ihm. Zwei Bootsleute in ihrer Nähe schauten in die gleiche Richtung. Sie schienen nicht aufgeregt, nur leicht interessiert.

In diesem Moment erschien auf dem langen Abhang, der zur Esplanade hinunterführte, die Gestalt eines rennenden Mannes. Er sah aus wie ein Polizist – ein Küstenpolizist.

Jones hielt nicht inne, um es zu überprüfen. Er stellte das Fahrrad gegen das Geländer eines Hauses mit Veranda und rannte los.

Die Esplanade an diesem östlichen Ende führt über eine Zick-Zack-Straße zur Stadt hinauf. Als er diesen Aufstieg nahm, war Jones' Geist keineswegs getrübt oder abgestumpft, sondern äußerst aktiv. Es stellte fest, dass der Bahnhof von Northbourne nun nicht mehr gezählt wurde und ein Flug mit dem Zug unmöglich war, da der Bahnhof der allererste Ort war, der überwacht werden würde. Den gegenwärtigen Ergebnissen nach zu urteilen, war es unmöglich, die Küstenlinie zu erreichen, denn es schien, als würde er, wenn er sich daran halten würde, für immer weiter verfolgt werden, bis er John o' Groats erreichte.

Northbourne ist das Zwillingsbild von Sandbourne-on-Sea: dieselbe lange Hauptstraße, dieselben Läden mit Jalousien, die dieselben Waren verkaufen, dieselben Ausflügler, Kinder mit Spaten und Invaliden.

Die beiden Städte sind Rivalen, denn jede von ihnen verfügt über die größte Blaskapelle, die längste Esplanade, die wenigsten Todesfälle durch Ertrinken, die besten Abwasserkanäle, das meiste Sonnenlicht und die schnellsten Züge aus London. Unnötig zu erwähnen, dass einer von ihnen nicht die Wahrheit sagt, eine Tatsache, die keinen von ihnen im Geringsten zu beunruhigen scheint.

Jones ging schnell an einem Schuhladen am Meer, einem Metzger, einem Gemüsehändler und einem italienischen Lagerhaus vorbei – dem Namen über der Tür nach zu urteilen war es dasselbe –, das den Botenjungen mit dem Fahrrad losgeschickt hatte. Dann kam ein Kinopalast mit riesigen Bildern, die mit gelben Streifen übersät waren und verkündeten:

"HEUTE ABEND"

Dann eine Hutmacherei, dann ein Postamt und zuletzt ein Pferdestall.

Vor letzterem stand eine fast volle Char-a-Banc. Auf einer Tafel stand mit weißer Kreide: „Zwei Stunden Fahrt, zwei Schilling“, und die Gemeinde im Char-a-Banc trug diesen Stempel. Stämmige Frauen, Kinder, ein oder zwei schmächtige Männer und ein Flitterwochenpaar.

Jones kletterte ohne das geringste Zögern in die Char-a-Banc. Es schien vom Himmel gesandt zu sein. Es war ein Sitzplatz, es ging irgendwohin und es war ein Versteck. Während er inmitten dieser Menschen saß, spürte er intuitiv, dass zwischen ihm und seinen Verfolgern eine aussichtslose Barriere lag, dass dies der allerletzte Ort war, an den ein Mann auf der Suche nach einem Ausreißer blicken würde.

Er hatte recht. Während der Char-a-banc noch auf einen letzten Kunden wartete, erschien der laufende Polizist – er ging jetzt zu Fuß – am Meerende der Straße. Er war ein junger Mann mit einem Gesicht wie ein Apfel, er trug einen Strohhelm – Northbourne verteilt jedes Jahr am ersten Juni

Strohhelme für seine Polizei und Strohhüte für seine Pferde – und er schien überwältigt zu sein. Er schaute sich von rechts nach links um, aber er schaute kein einziges Mal auf den Char-a-Banc und seinen Inhalt. Er ging weiter und verschwand um die Straßenecke, während er sich immer noch umsah.

Wenige Augenblicke später sprang das Fahrzeug an. Die Inhalte waren fröhlich und kommunikativ, man unterhielt sich frei über alle möglichen Themen, und Jones, der widerwillig zuhörte, sammelte alle möglichen Informationen zu Themen, von den Bildern, die damals im Kinopalast ausgestellt wurden, bis hin zum Butterpreis.

Er entdeckte, dass der Inhalt aus drei Familienfeiern bestand – mit Ausnahme des Flitterwochenpaares – und dass der Anschein einer universellen Brüderlichkeit täuschte, dass die Parteien exklusiv waren und die Gespräche jeder einzelnen auf ihre eigenen Mitglieder beschränkt waren.

Diese Tatsachen beschäftigten ihn so sehr, dass sie schon anderthalb Meilen von Northbourne entfernt und tief im Land waren, bevor ihn große Zweifel überkamen.

Über die Köpfe der anderen hinweg rief er dem Fahrer zu und fragte, wohin sie wollten.

„Sandbourne-on-Sea“, sagte der Fahrer.

Nun, obwohl die Sandbourniten die Northbourniten ebenso hassen wie die Guelfen die Ghibellinen, obwohl sich die beiden Städte im Werbekrieg befinden, führt die Lieblingsvergnügungstour der Char-a-Bancs von Sandbourne nach Northbourne und umgekehrt. Die Wahl fiel einfach darauf, dass die Straße in der Umgebung die beste und die Steigungen für die Pferde am einfachsten sind.

„Sandbourne-on-Sea?“ rief Jones.

„Ja“, sagte der Fahrer.

Die Vorstellung, wie er selbst mit dieser Menschenmenge nach Sandbourne-on-Sea und dann wieder zurück nach Northbourne gekarrt wurde – wenn man ihn nicht erwischte – erschien Jones für einen Moment wie die letzte mögliche Grimasse des Schicksals. Er kämpfte darum auszusteigen und rief dem Fahrer zu, dass er nicht nach Sandbourne fahren wollte. Das Fahrzeug hielt an und der Fahrer verlangte den vollen Fahrpreis – zwei Schilling. Jones holte einen seiner Sovereigns hervor, aber der Mann konnte kein Wechselgeld herausgeben, ebenso wenig wie einer der Passagiere.

„Ich werde bei meiner Rückkehr in den Pferdeställen vorbeischauen“, sagte Jones, „und sie dort bezahlen.“

„Wo wohnst du in der Stadt?“ fragte der Fahrer.

„Belinda Villa“, sagte Jones.

Es war der Name der Villa, an deren Geländer er das Fahrrad abgestellt hatte. Die Idiotie des Titels war ihm im Moment vage aufgefallen, und der Eindruck war geblieben.

"Frau. Cass?“

"Ja."

"Frau. Cass ist leer.

Dieser unglückliche Zustand von Frau Cass machte Jones nicht fassungslos.

„Sie war gestern“, sagte er, „aber ich habe heute Nachmittag das Wohnzimmer und ein Schlafzimmer übernommen.“

„Das stimmt“, sagte eine dicke Frau, „ich habe gesehen, wie der Herr mit seinem Gepäck hineinging.“

In jeder Versammlung von Menschen findet man immer einen Lügner, der bereit ist, aus Spaß zu lügen oder aus der Aufregung, an der bevorstehenden Angelegenheit teilzuhaben; andernfalls ein Mensch mit einer Vorstellungskraft, die sieht, was ihr gefällt.

Diese erstaunliche Aussage der dicken Frau raubte Jones fast den Atem. Aber es gibt neben Lügnern noch andere Menschen in der Menge.

„Warum kann der Herr den Souverän nicht beim Fahrer lassen und morgens das Wechselgeld holen?“ fragte einer der unkrautig aussehenden Männer. Diese Vogelscheuche hatte während der Fahrt mit niemandem ein Wort gesagt. Er schien aus dem Unglück geboren zu sein, für diesen höchsten Moment zu leben, die Fluchtmöglichkeiten eines ehrlichen Mannes zu beeinträchtigen und zu verkümmern.

Jones verdorrte ihn:

„Halten Sie den Mund“, sagte er. „Es geht dich nichts an – Frechheit.“ Dann zum Fahrer: „Sie kennen meine Adresse, wenn Sie mir nicht vertrauen, können Sie mit mir zurückkommen und Wechselgeld holen.“

Dann drehte er sich um und ging weg, während das Fahrzeug weiterfuhr.

Er wartete, bis eine Kurve der Straße es für ihn unsichtbar machte, und ging dann zu den Feldern auf der linken Seite.

Er hatte noch die Reste der Zigarettenschachtel, die er in Sandbourne gekauft hatte, und nachdem er vier oder fünf Tore passiert hatte, nahm er unter einer Hecke Platz und zündete sich eine Zigarette an.

Er war hungrig. Er hatte viel Arbeit an vier Banbury-Kuchen und einem
Apfel geleistet.

KAPITEL XXVII

DER EINZIGE MANN AUF DER WELT, DER IHM GLAUBEN WÜRDE

Der Tabak linderte sein Verlangen nach Essen, erhöhte seinen Blutdruck und verschaffte seinem Geist Ruhe.

Er saß da und dachte nach. Die Geschichte von „Moths" kam ihm in den Sinn und er fragte sich, wie sie endete und was aus der schönen Heldin wurde, mit der er Teresa Countess of Rochester, Zouroff, mit der er Maniloff verbunden hatte, und Corréze, mit der er verbunden war hatte sich verlinkt.

Die Farbe dieser Geschichte hatte alle seine Erlebnisse am Meer geprägt. Dann erhob sich Mrs. Henshaw vor seinen Gedanken. Was dachte sie über den Mieter, der durch ihr Leben gehuscht war und hinter der Gartenmauer verschwunden war? Und das Interview zwischen ihr und Hoover – das wäre durchaus sehenswert gewesen. Dann erhob sich der Junge auf dem Fahrrad und der schreiende Invalide vor ihm, und dieser rasende Ansturm stürzte den Hang hinunter zur Esplanade; wenn diese Kinder mit Spaten und Eimern sich nicht so getrennt hätten, wenn ihm ein Hund in die Quere gekommen wäre, wenn der Hang in einer Kurve geendet hätte! Es machte ihm Spaß, sich diese Möglichkeiten und ihre Ergebnisse vorzustellen; Und dann überkam ihn plötzlich eine Schläfrigkeit, die herrlicher war als jeder Traum, und er schlief ein.

Es war nach Einbruch der Dunkelheit, als er erwachte, während der Rest eines Mondes das Feld vor ihm erleuchtete. Aus der Ferne und vom Meereswind getragen, erklang ein schwaches Geräusch, als schreie ein wahnsinniger Esel mit Messinglungen den Mond an. Es war der Sound einer Band. Die Blaskapelle von Northbourne spielt in den Cliff Gardens über dem mondbeschienenen Meer. Jones hatte das Gefühl, dass seine Zigaretten und Streichhölzer sicher in seiner Tasche waren, dann machte er sich auf den Weg und nahm eine Linie quer durchs Land, wobei er auf die Vorsehung als Führer vertraute.

Manchmal blieb er stehen und ruhte sich auf einem Tor aus und lauschte den schwachen und unbestimmten Geräuschen der Nacht, durch die gelegentlich das Bellen eines entfernten Hundes drang, das an das Schlagen eines Hammers erinnerte.

Es war eine perfekte Sommernacht, eine dieser seltenen Nächte, die nur England hervorbringen kann; Es gab Glühwürmchen in den Hecken und der Duft von frisch gemähtem Heu lag in der Luft. Obwohl die Musik der Band durch die Entfernung ausgeblendet worden war, nahm er beim aufmerksamen Zuhören den leisesten Verdacht eines Flüsterns wahr, das ununterbrochen war und offensichtlich das Rauschen des Meeres war.

Eine Stunde später, das heißt gegen elf Uhr, fand Jones, erschöpft davon, seinen Weg von Feld zu Feld, in grasbewachsene Gassen und an Bauernhäusern vorbei zu finden, verzweifelt und ohnmächtig vor Hunger, eine Straße und neben der Straße a Bungalow mit Licht in einem der Fenster.

Ein beeindruckend respektabler Bungalow inmitten eines gut angelegten Gartens.

Jones öffnete das Tor und kam den Weg hinauf. Er wollte Essen verlangen, anbieten, es bei Bedarf zu bezahlen, und als Beweis für Treu und Glauben Gold vorlegen.

Er kam auf die Veranda, fand die geschlossene Haustür, zündete ein Streichholz an, fand die Glocke, zog und zog daran. Es gab keine Antwort. Er wartete eine Weile und klingelte dann erneut, mit dem gleichen Ergebnis. Dann kam er zum erleuchteten Fenster.

Es war ein nur halb geschlossenes französisches Fenster, und eine halb gedrehte Lampe zeigte einen gemütlich eingerichteten Raum und einen für das Abendessen gedeckten Tisch.

Es wurden zwei Plätze festgelegt. Ein kaltes, unversehrtes Geflügel auf einem mit Petersilie garnierten Teller stand Seite an Seite mit einem abgenutzten Yorker Schinken, einem Salat, einer Rolle Schlüsselblumenbutter, einem Laib selbstgebackenem Brot und einem mit Schneewittchen umhüllten Käse Die Serviette bildete den Rest des Essgeschirrs, während eine Karaffe mit Rotwein einladend neben dem Sitz des Schnitzers glänzte. Es fehlte nichts, oder nur die Einladung.

Dafür sorgte das Geflügel.

Jones stieß das Fenster auf und trat ein. Er schloss die Tür wieder halb, setzte sich an den Tisch und legte seinen Hut neben sich auf den Boden. Er nahm einen Souverän aus seiner Tasche und legte ihn auf das weiße Tuch. Dann fiel er zu.

Man kann einen Mann im Allgemeinen an seinem Rotwein erkennen, und diesem Rotwein nach zu urteilen, muss der Unbekannte, der für das Fest gesorgt hat, ein höchst achtbarer Mann gewesen sein.

Ein Mann mit Verstand und Talent, ein Mann, der sich nicht von übertriebenen Weinkarten täuschen ließ, eine großzügige, warmherzige und vollblütige Seele – und hier war er.

Auf der Veranda ertönte ein Schritt, das Fenster wurde aufgestoßen und ein etwa vierzigjähriger Mann, gut gekleidet, groß, dünn, dunkel und düster, stand vor dem Festmahl.

Er zeigte keine Überraschung. Er nahm seinen Hut ab und verneigte sich.

Jones erhob sich halb.

„Hallo", sagte er verwirrt mit vollem Mund – dann ließ er sich auf seinen Stuhl fallen.

„Ich muss mich für meine Verspätung entschuldigen", sagte der große Mann, legte seinen Hut auf einen Stuhl, rieb seine langen Hände aneinander und ging zu dem freien Platz. „Ich wurde unvermeidlich festgenommen. Aber ich bin froh, dass du nicht auf das Abendessen gewartet hast."

Er nahm seinen Platz ein, breitete seine Serviette auf seinen Knien aus und schenkte sich ein Glas Rotwein ein. Sein Blick war auf den Herrscher gerichtet, der auf dem Tuch lag. Er hatte es von Anfang an bemerkt. Jones hob es auf und steckte es in seine Tasche.

„Das stimmt", sagte der Unbekannte. Dann wie als Antwort auf eine Frage: „Ich möchte bitte einen Flügel haben."

Jones schnitt einen Flügel vom Geflügel ab, legte ihn auf den zusätzlichen Teller, den er auf eine Seite des Tisches gestellt hatte, und präsentierte ihn. Der andere schnitt sich etwas Brot, nahm sich Salat, Salz und Pfeffer und fing an zu essen, ganz so, als wäre nichts Ungewöhnliches passiert oder passierte.

Etwa eine halbe Minute lang sprach keiner. Dann sagte Jones:

„Sehen Sie", sagte er, „ich möchte einige Erklärungen abgeben."

„Erklärungen", sagte der lange Mann, „was ist mit?"

Jones lachte.

„Dieser Sovereign, den ich auf den Tisch gelegt und den ich wieder in meine Tasche gesteckt habe. Ich muss mich entschuldigen. Wäre ich weggegangen, bevor Sie zurückkamen, wäre das zurückgeblieben, um zu beweisen, dass Ihr Zimmer weder von einem Landstreicher noch von einem Einbrecher betreten wurde, noch von irgendeinem Schurken, der eine Unverschämtheit begangen hat – vielleicht werden Sie das glauben."

Der lange Mann verneigte sich.

„Aber", fuhr Jones fort, „von einem Mann, der durch die Umstände dazu getrieben wurde, ohne Einladung Gastfreundschaft zu suchen."

Der andere hatte sich plötzlich an den Schinken erinnert, war aufgestanden und bediente sich, sein Zwicker, den er an einer Schleife und offensichtlich nur zum Lesen trug, baumelte an den Knöpfen seiner Weste.

„Durch die Umstände", sagte er, „ist das interessant. Die Umstände sind der Meister des Dramatikers – interessieren Sie sich für das Drama?"

"Interessiert!" sagte Jones. „Warum, ich *bin* ein Drama. Ich glaube, ich bin das größte Drama, das je geschrieben wurde, und deshalb bin ich heute Abend hier."

„Ah", sagte der andere, „das wird immer interessanter oder verspricht, es zu werden, denn ich warne Sie deutlich: Was für den Einzelnen von großem Interesse zu sein scheint, ist für den General im Allgemeinen von geringem Interesse. Nun kann ein Mann, sagen wir, eine kleine Tat begehen, die das, was wir Gerechtigkeit nennen, missbilligt, und indem er sich der Gerechtigkeit entzieht, wird er von den Umständen in seltsame und dramatische Positionen gedrängt, obwohl diese Positionen für den betreffenden Mann von momentanem und intensivem Interesse wären von vagem Interesse für den Mann in den Ständen oder die Mädchen, die auf der Galerie Brötchen essen, es sei denn, sie wären durch diesen Faden – wie sollen wir es nennen – verbunden, der das Rückgrat dessen ist, was wir Geschichte nennen."

„Oh, die Gerechtigkeit kümmert sich nicht um mich", sagte Jones. Dann kamen ihm vage Erinnerungen in den Sinn, dieses lange, kahl gewordene Gesicht, die Kinnpartie, diese Stirn, dieses nach hinten gekämmte Haar.

„Warum, Sie sind Mr. Kellerman, nicht wahr?" sagte er.

Der andere verneigte sich.

„Mein Gott", sagte Jones, „ich hätte dich kennen müssen. Ich habe Ihr Bild und Ihre Kinostücke oft genug in den Staaten gesehen – ich habe Ihre Bücher nicht gelesen, weil ich kein Leser bin –, aber ich war ziemlich verrückt nach Ihren Kinostücken."

Kellerman verneigte sich.

„Nimm dir etwas Käse", sagte er, „der ist gut." Ich bekomme es von Fortnum and Masons. Als ich diesen Raum betrat und dich hier sah, wollte ich dich im ersten Moment rausschmeißen, dann dachte ich, ich würde ein bisschen Spaß mit dir haben und dich rausschmeißen. Du bist also Amerikaner? Gern geschehen. Aber sag mir das einfach. Warum sind Sie reingekommen und wie?"

„Ich bin reingekommen, weil ich verfolgt werde", sagte Jones. „Es ist nicht das Gesetz, ich glaube, ich bin ein ehrlicher Bürger – zumindest aus Absicht, und was die Art und Weise angeht, wie ich reingekommen bin, wollte ich eine Kruste Brot und klingelte an Ihrer Flurtür."

„Die Bediensteten schlafen hier nicht", sagte Kellerman. „Koch Schnarcher, Bungalow wie eine Geige zum Übertragen von Geräuschen, komm hierher, um zu schlafen und auszuruhen. Sie schlafen in einem Cottage weiter unten an der Straße."

"Also?" sagte Jones. „Nun, da ich keine Antwort bekam, schaute ich zum Fenster hinein, sah das Abendessen und ging hinein."

„Das ist genau das, was in einem Fototheater passieren kann", sagte Kellerman. „Als ich dich sah, als ich eintrat und still beim Abendessen saß, wurde mir die Situation sofort klar."

„Das nennt man eine Situation", sagte Jones. „Manche Situationen, in denen ich weiß Gott wie lange schon war, sind verblüffend."

„Sie interessieren mich", sagte Kellerman und nahm sich Käse. „Sie sprechen mit so voller Überzeugung vom Wert Ihrer Waren."

„Wie meinen Sie den Wert meiner Waren?"

„Ihre Situationen, wenn Ihnen der Begriff besser gefällt. Wussten Sie nicht, dass gute Situationen seltener und wertvoller sind als Diamanten? Haben Sie jemals Pickwick gelesen?"

"Ja."

„Dann können Sie erraten, was ich meine. Situationen kommen im wirklichen Leben nicht vor, sie müssen in den Diamantfeldern des Geistes gegraben werden und –"

„Situationen gibt es im wirklichen Leben nicht!" sagte Jones. „Nicht wahr? Sehen Sie, ich habe mit Ihnen zu Abend gegessen und als Gegenleistung für Ihre Gastfreundschaft werde ich Ihnen alles erzählen, was mir passiert ist, wenn Sie es hören. Ich schätze, ich werde deine Illusionen zerstören. Ich gebe Ihnen ein Beispiel: Ich gehöre dem London Senior Conservative Club an und bin es doch nicht. Ich habe das schönste Haus in London, aber es gehört nicht mir. Ich bin eine Million und achttausend Pfund wert, und doch musste ich neulich ein paar Sovereigns stehlen, aber das Gesetz konnte mich nicht angreifen, weil ich sie gestohlen habe. Ich habe einen Onkel, der ein Herzog ist, mit dem ich jedoch nicht verwandt bin. Klingt verrückt, nicht wahr? Trotzdem ist es eine Tatsache. Es macht mir nichts aus, Ihnen das Ganze zu erzählen, wenn Sie es hören möchten. Ich werde Ihnen nicht die richtigen Namen nennen, weil in dem Fall eine Frau im Spiel ist, aber ich wette, ich werde Ihnen die Haare hochziehen."

Kellerman schien nicht begeistert zu sein.

„Es macht mir nichts aus, mir Ihre Geschichte anzuhören", sagte er, „unter einer Bedingung."

"Was ist das?"

„Dass Sie nicht beleidigt sein werden, wenn ich Sie ausschalte, wenn das Ding verblasst, und Ihnen Ihren Hut gebe, denn ich muss Ihnen sagen, dass ich, obwohl ich hierher gekommen bin, um zu schlafen, die meiste Zeit zwischen zwei Uhr morgens und mittags schlafe . Ich arbeite nachts und hatte vorgehabt, heute Nacht zu arbeiten."

„Oh, du kannst mich ausschalten, wann du willst", sagte Jones.

Als das Abendessen beendet war, schloss Kellerman das Fenster und ging, die Lampe tragend, in ein komfortabel eingerichtetes Arbeitszimmer. Hier stellte er Zigarren her und stellte einen kleinen Kessel auf einen Spirituskocher, um Tee zuzubereiten.

Dann begann Jones, seinem Gastgeber gegenüber in einem bequemen Sessel sitzend, seine Geschichte.

Er hatte seine höllische Geschichte so oft erzählt, dass man meinen konnte, es sei schon zu Beginn eine mühsame Anstrengung gewesen. Es war nicht. Er hatte nun ein Publikum, das mit ihm in Kontakt stand. Er unterdrückte Namen oder änderte sie vielmehr, indem er Rochester durch Manchester und Birdbrook durch Birdwood ersetzte. Dem Publikum war es egal, es achtete nicht auf Titel, es wollte Story – und es bekam sie.

Etwa um ein Uhr wurde das Konzert unterbrochen, während der Tee zubereitet wurde, um zwei Uhr oder kurz nachdem die Geschichte zu Ende war.

"Also?" sagte Jones.

Kellerman lehnte sich mit halb geschlossenen Augen in seinem Stuhl zurück und schien etwas in seinem Kopf zu berechnen.

„Glaubst du mir?"

Kellerman öffnete die Augen.

„Natürlich glaube ich dir. Wenn Sie das alles erfunden hätten, wären Sie schlau genug, den Wert Ihrer Erfindung zu kennen und sie nicht an einen Fremden weiterzugeben. Aber ich bezweifle, dass dir sonst irgendjemand glauben wird – aber das ist deine Sache – du hast mir fünf Rollen mit dem besten Zeug gegeben, oder zumindest das Material dafür, und wenn ich jemals die Lust habe, es zu verwenden, werde ich dir eine reparieren Vertrag, der Ihnen 25 Prozent Lizenzgebühren einräumt. Aber eines haben Sie mir nicht gegeben: die Auflösung. Das interessiert mich mehr als nur. Ich denke nicht an Geld, ich bin im Herzen ein Filmschauspieler und möchte bei dem Stück helfen. Sag mal, kann ich helfen?"

"Wie?"

„Kommen Sie bis zum Ende mit, geben Sie mir jede Hilfe – oder auch ohne, schauen Sie sich einfach die Show an. Ich möchte den letzten Akt sehen, denn ich bin gesegnet, wenn ich ihn mir vorstellen kann."

„Das möchte ich lieber nicht", sagte Jones. „Vielleicht erfahren Sie die richtigen Namen der Leute, mit denen ich zu tun habe, und da es eine Frau in der Branche gibt, glaube ich nicht, dass ich ihren Namen auch Ihnen gegenüber verraten sollte. Nein. Ich schätze, ich schaffe es alleine, aber wenn du mir heute Nacht ein Sofa zum Schlafen geben würdest, wäre ich dir dankbar. Dann kann ich morgen früh weg."

Kellerman ging nicht auf den Punkt ein.

„Ich gebe dir mehr als ein Sofa", sagte er. „Es gibt ein zusätzliches Bett, und du solltest besser nicht morgens anfangen; Geben Sie ihnen Zeit zum Abkühlen. Gegen Abend können Sie dann einen Sprint machen. Den Bediensteten hier geht es gut, sie werden denken, dass du ein Freund bist, der aus der Stadt hergekommen ist, um mich zu sehen. Ich werde das alles arrangieren."

KAPITEL XXVIII

Kiesmarsch

Um fünf Uhr am nächsten Tag machte sich Jones auf den Weg, nachdem Kellerman ihm einen etwas abgenutzten Morgenmantel – einen Mantel, den einer von Kellermans Freunden im Bungalow zurückgelassen hatte – und eine dunkle Stoffmütze anzog vom Bungalow. Sein Aussehen war ehrlich gesagt abscheulich, unterschied sich aber deutlich von dem eines Mannes in einem grauen Flanell-Tennismantel und einer Panamahose – und das war der Hauptpunkt.

Kellerman hatte auch eine Geschichte und Persönlichkeit für den Neuankömmling erarbeitet.

„Sie sind Herr Isaacson", sagte er.

„Hier ist die Karte eines Herrn Isaacson, der vor einiger Zeit angerufen hat, stecken Sie sie in Ihre Tasche. Ich werde Ihnen ein paar gefälschte Briefe schreiben, um die Karte zu untermauern, Sie sind im Uhrenhandel tätig. Pebblemarsh ist die nächstgelegene Stadt, nur fünf Meilen die Straße hinunter; Dort gibt es einen Bahnhof, den solltest du aber besser meiden. Es gibt eine Garage. Du könntest ein Auto nach London nehmen. Wenn sie Sie festnageln, schreien Sie wie ein aufgeregter Jude, legen Sie Ihre Ausweise vor, und wenn es zum Schlimmsten kommt, wenden Sie sich an mich und kommen Sie hierher zurück. Ich würde dieses Interview lieben. Landpolizist, Irrenanstaltsmann, Mr. Isaacson hocherregt und ich selbst."

Er setzte sich hin, um die gefälschten Briefe zu schreiben, die sein Onkel Julius Goldberg und sein Partner Marcus Cohen an Herrn Isaacson gerichtet hatten. Während er schrieb, redete er über die Schulter hinweg über das Thema Verkleidungen und behauptete, dass die einzige wirklich undurchdringliche Verkleidung die eines Niggersängers sei.

„Sehen Sie, alle schwarzen Gesichter sind ziemlich gleich", sagte er. „Ihr vorherrschender Gesichtsausdruck ist schwarz, aber ich habe weder das nötige Zubehör noch die farbigen Hosen und so, ganz zu schweigen von einem Banjo, also denke ich, dass Sie einfach Mr. Isaacson sein müssen, und Sie können dem Gott dafür danken." die Hebräer Ich habe dich nicht zu einem Altkleider-Mann gemacht – Uhren sind respektabel. Hier sind Ihre Briefe, sie sind kurz, aber glaubwürdig. Hast du genug Geld?"

„Viel", sagte Jones, „und ich weiß nicht im Geringsten, wie ich Ihnen für das, was Sie getan haben, danken soll." Mit diesem Hut und dem Mantel hätte ich mich sicher gefreut – na ja, vielleicht sehen wir uns ja wieder."

Sie trennten sich am Tor, der Gejagte nahm die weiße, staubige Straße in Richtung Pebblemarsh, Kellerman beobachtete ihn, bis eine Kurve ihn außer Sichtweite ließ.

Kellerman hatte diesem Geschäft auf mysteriöse Weise einen Hauch von Rampenlicht verliehen. Dieser verwirrte Kellerman, der in Rollen und Situationen dachte, hatte es geschafft, Jones das Gefühl zu vermitteln, dass er sich auf der Leinwand bewegte und dass die Hecken jeden Moment eine Armee von Verfolgern zur Freude eines versteckten Publikums aufgeben könnten.

Doch die Hecken der Pebblemarsh-Straße verströmten nichts als den Geruch von Dornbusch und Rebe, nichts verfolgte ihn als das Zwitschern der Vögel und den Gesang der Lerchen über den sommerschläfrigen Feldern.

Es gibt nichts Schöneres, als die Erinnerung an eine echte alte englische Landstraße an einem perfekten Sommernachmittag in Erinnerung zu behalten, und es gibt keinen angenehmeren Begleiter.

Pebblemarsh ist eine Stadt mit etwa viertausend Seelen. Es besitzt eine Färberei. Es gab einst den einzigen wirklich guten Forellenbach in diesem Teil des Landes, mit dem unvermeidlichen Ergebnis, denn wenn in England ein wirklich guter Forellenbach entdeckt wird, wird an dessen Ufern immer eine Färberei errichtet. Pebblemarsh besitzt nur noch eine Färberei.

Die Hauptstraße verläuft nach Norden und Süden, und als Jones daran vorbeikam, hätte er sich vielleicht in Sandbourne oder Northbourne eingebildet, so ähnlich sind sich diese drei Städte.

Auf halber Höhe und gegenüber dem Postamt öffnete sich ein Torbogen, über dem das Zauberwort stand:

"GARAGE"

Er betrat den Ort. Es gab keine Anzeichen von Autos, nichts von beweglichem Aussehen auf diesem Hof, mit Ausnahme eines beleibten Mannes in Leggings und Hemdsärmeln, der, als er den Fremden sah, auf ihn zukam, um ihn zu empfangen.

"Hast du ein Auto?" fragte Jones.

„Bis auf einen Ford sind sie alle draußen", sagte der stämmige Mann. „Wolltest du eine Fahrt machen?"

"NEIN. Ich möchte schnell nach London rennen – wie lang ist die Entfernung von hier?"

„Wir schätzen, dass es von hier bis nach London dreiundsechzig Meilen sind – das heißt bis zur Old Kent Road."

„Das ist nah genug", sagte Jones. "Was ist der Preis?"

„Einen Schilling pro Meile für die Hinfahrt und einen Sixpence pro Meile für das Auto, das zurückkommt."

„Wie hoch ist die Summe?"

Einen Moment lang ging ihm der Besitzer durch den Kopf. „Vier, fünfzehn und sechs", sagte er.

„Ich nehme das Auto", sagte Jones, „und ich bezahle dich jetzt. Kann ich es sofort haben?"

Der Besitzer ging zu einer Tür und öffnete sie. „Jim", rief er, „bist du da? Gentleman möchte, dass der Ford nach London gebracht wird, holen Sie ihn raus und machen Sie sich bereit."

Er wandte sich an Jones.

„Sie wird in zehn Minuten fertig sein, wenn das reicht?"

„Das reicht", sagte Jones, „und hier ist das Geld." Er holte den Sämischlederbeutel hervor, bezahlte die fünf Sovereigns und erhielt fünf und sechs Pence Wechselgeld – und auch eine Quittung, die er in seine Tasche steckte. Dann erschien Jim, ein unauffällig aussehender Mann, der sich in einen Fahrermantel schlüpfte, der schon bessere Tage gesehen hatte, der Ford wurde aus seinem Bau geholt, die Reifen untersucht und der Benzintank gefüllt.

„Hast du keinen Mantel?" fragte der Besitzer. „Nach Sonnenuntergang wird es kühl."

„Nein", sagte Jones. „Ich bin ohne heruntergekommen, das Wetter war so schön – es wird nicht schaden."

„Nimm lieber einen Mantel", sagte der Besitzer. „Ich leihe dir eins. Jim wird es zurückholen." Er ging weg und kam mit einem dicken Mantel am Arm zurück.

„Das ist gut von dir", sagte Jones. „Danke – ich werde es jetzt anziehen, um Ärger zu ersparen." Dann kam ihm eine zündende Idee. „Wovor ich am meisten Angst habe, sind meine Augen, der Wind strapaziert sie. Hast du eine Schutzbrille?"

„Ich glaube, da ist ein altes Paar im Büro", sagte der Inhaber, „warten Sie einen Moment." Er ging los und kam mit der Schutzbrille zurück. Jones dankte ihm, zog sie an und stieg ins Auto.

„Eine angenehme Reise für Sie", sagte der Besitzer.

Dann fingen sie an.

Sie bogen die Straße hinauf und die Straße entlang, über die Jones gekommen war. Dann gelangten sie auf die Straße, wo die „Lucknows" und „Cawnpores" auf alte indianische Colonels hindeuteten.

Sie passierten die Tore des Hoover-Etablissements. Es war offen und ein Diener blickte die Straße auf und ab. Er schaute sich das Auto an, erkannte den Insassen aber nicht, dann blieben mehrere weitere Anliegerstraßen zurück, ein höchst respektabler Friedhof, eine Blechkapelle, und das Auto, das, wie Fords es kann, einen Hügel nahm und nach Sandbourne-on-Sea fuhr Unsichtbarkeit und umgab sich mit weiten grünen und sonnengewärmten Landstrichen, in denen es nach Juni duftete und diesig war von der Wärme des Sommers.

Sie kamen an Hopfengärten und Weilern, weiten Wiesen und grasenden Rindern, sumpfigen Wäldern und Parkanlagen vorbei.

Obwohl Jones die Schutzbrille abgenommen hatte, sah er kaum etwas von der Schönheit um ihn herum. Er erkannte Tatsachen und stellte sich selbst Fragen.

Was würde passieren, wenn Hoover oder die Polizei die Werkstatt anrufen würden? Könnten sie, da sie die Route des Wagens kannten, unterwegs in die Städte telegrafieren und ihn verhaften lassen? Wie verhielt es sich mit dem englischen Recht in Bezug auf entflohene Herren mit Halluzinationen? Könnten sie wie Kriminelle verhaftet werden? Gewiss nicht – und doch, was das Gesetz betrifft, wer könnte sich dessen sicher sein? Jim, der sprachlose Fahrer, konnte ihm zu diesen Punkten nichts sagen.

Gegen Abend erreichten sie eine ziemlich große Stadt, und genau in der Mitte der Hauptstraße hielt Jim an, um die Scheinwerfer einzuschalten. Ein Polizist, der seinen Takt weitergab, hielt inne, um den Vorgang zu inspizieren, und fuhr dann weiter, und das Auto setzte seinen Weg fort und fuhr in eine Welt aus Zwielicht und duftenden Hecken, in der die Glühwürmchen aufleuchteten und über der sich der Himmel zeigte silbrige Sternenstreuung.

Zwei weitere Städte passierten sie ungehindert, und dann kam der Rand von London, ein Labyrinth aus Lichtern und Wegen und Häusern, Straßenbahnlinien und dann eine endlose Straße, halb Straße, halb Straße, Reihen von Geschäften, Reihen alter Häuser und halb Gärten .

Jim drehte sich auf seinem Sitz um. „Das hier ist die Kent Road", sagte er. „Wir sind ungefähr in der Mitte. Welchen Teil wollten Sie?"

„Das reicht“, sagte Jones, „zieh sie hoch.“

Er stieg aus, holte die Vier und Sixpence aus seiner Tasche und gab Jim zwei Schilling als Trinkgeld.

„Gehst du heute Abend den ganzen Weg zurück?“ fragte er, während er sich aus dem Mantel schlüpfte und ihn zusammen mit der Schutzbrille reichte.

„Nein“, sagte Jim. „Ich halte an der letzten Kneipe an, an der wir für die Nacht vorbeigekommen sind. Es hat keinen Sinn, ein Auto mit einem Taxi zu fahren.“

„Nun, gute Nacht“, sagte Jones. Er sah zu, wie sich das Auto drehte und verschwand, dann fuhr er mit einem Gefühl der Freiheit, das er noch nie zuvor erlebt hatte, weiter in Richtung London.

Mit nur zwei Pence und sechs Pence in der Tasche musste er die ganze Nacht umherwandern oder am Ufer sitzen. Er hatte die Ausgestoßenen mehrmals nachts auf den Böschungssitzen gesehen und Mitleid mit ihnen gehabt; er hatte jetzt kein Mitleid mit ihnen. Sie waren freie Männer und Frauen.

Der Wind hatte nachgelassen und die Nacht war schwül, draußen viel angenehmer als drinnen, ein allgemeiner Begriff, der nicht auf die Old Kent Road zutraf.

Die alte Straße, die nach Kent hinunterführte, war einst zweifellos ein recht angenehmer Ort, aber das Vergnügen und die Sauberkeit hatten ihn schon lange aufgegeben. Hier verkaufte David Copperfield seine Jacke, und die alten Tuchläden sind so antiquiert, dass jeder von ihnen Schauplatz des Kaufs gewesen sein könnte. Heute Abend herrschte auf der alten Kent Road ein geschäftiges Treiben, und je weiter Jones sich dem Fluss näherte, desto dichter schien das Gedränge zu sein.

In einem brennenden Wirtshaus bekam er für den Preis eines Schillings genug zu essen in Form von Würstchen und Kartoffelpüree, um seinen Hunger zu stillen Mit ein paar Päckchen Navy-Cut-Zigaretten und einer Schachtel Streichhölzern verließ er den Ort und machte sich auf den Weg zum Fluss.

Er hatte genau einen Zehnpence in der Tasche und dachte beim Gehen an die außergewöhnlichen Geldschwankungen, die er in dieser Stadt London erlebt hatte. Im Savoy hatte er an diesem verhängnisvollen Tag weniger als zehn Pfund, am nächsten Morgen hatte er, obwohl er als Lord gekleidet war, nur einen Penny, der Penny war durch den Kauf einer Zeitung auf einen halben Penny reduziert worden, der halbe Penny war dadurch auf fünf Pfund angewachsen Rochesters Schenkung, die fünf Pfund sprangen in fünf Minuten auf achttausend, dank Voles, die achttausend auf eine Million achttausend, dank Mulhausen, Simms und Cavendish hatten ihn um den letzten Cent gebracht, die Smithers-Affäre hatte ihm fünf Pfund beschert Jetzt hatte er nur noch zehn Pence und morgen um neun Uhr würde er achttausend haben.

Es ist zu bemerken, dass er diese achttausend erst als sein Eigentum betrachtete, als sie in Form von Banknoten in seiner Tasche sicher waren — er hatte aus bitterer Erfahrung gelernt, sein Vertrauen nur auf das Greifbare zu setzen. Er erreichte den Fluss und die große Brücke, die ihn hier überspannt, und auf der Brücke blieb er stehen, stützte seinen Ellbogen auf die Brüstung und blickte flussabwärts.

Der abnehmende Mond war aufgegangen und färbte das Wasser silbern; Die Lichter der Lastkähne und die Lichter der Schlepper und Polizeiboote zeigten orangefarbene Punkte und Tropfen aus gekräuseltem Gold, während rechts flussabwärts das luftige, feenhafte Maßwerk der Houses of Parliament den Himmel erhellte.

Es war eine Nocturne nach dem Herzen von Whistler, und als Jones es betrachtete, spürte er zum ersten Mal die Magie dieser wunderbaren, halboffenen Stadt mit ihren Millionen gelben Augen. Er ging weiter, überquerte das rechte Ufer und fand den Strand. Hier in einer Bar und für den Preis eines halben Pints Bier saß er etwa zwanzig Minuten lang da, beobachtete die Gäste und tötete die Zeit, dann schlenderte er, nachdem sein weltlicher Reichtum auf acht Pence reduziert war, nach Westen, vorbei am Savoy, und hielt inne für einen Moment, um durch den großen Torbogen auf das fröhlich erleuchtete Hotel zu blicken.

Um Mitternacht hatte es ihn zur Böschung gezogen und einen Sitz gefunden, der nicht überfüllt war.

Hier traf er auf einen Gentleman, heruntergekommen wie er selbst, eine frei sprechende Person, deren Unterhaltung eine Stunde in Anspruch nahm.

KAPITEL XXIX

Die verdorbene Stadt

Nach einer Matchanfrage sagte die Person: „Warme Nacht, aber das Wetter ändert sich bald, oder ich irre mich gewaltig. Ich habe durch die Widrigkeiten und Veränderungen des Lebens fast alles verloren, aber eines habe ich nicht verloren – mein Barometer – nämlich mein Rheuma. Es sagt mir so sicher wie ein Aneroid, wann es regnen wird. London ist für die Jahreszeit ziemlich voll, finden Sie nicht?"

„Ja", sagte Jones, „ich denke, das ist es."

Sie redeten, der Herr mit dem Barometer wechselte vom Wetter zur Politik, von der Politik zur Hochfinanz, von der Hochfinanz zu sich selbst. Er war Anwalt gewesen.

„Ausgeschlossen, wie Sie sehen, aus nichts anderem als dem, was hundert Männer im Augenblick tun. Es gibt keine Gerechtigkeit auf der Welt, außer vielleicht vor den Gerichten. Ich gehöre nicht zu denen, die denken, das Gesetz sei ein Arsch, nein, im englischen Recht steckt eine Menge gesunder Menschenverstand. Ich spreche nicht von der Incorporated Law Society, die mich wegen eines Ausrutschers, den jedermann begehen könnte, von meinem Lebensunterhalt ausgeschlossen hat. Ich spreche von den alten Gesetzen Englands, wie sie von den Richtern seiner Majestät verwaltet werden; Studieren Sie sie, und Sie werden über ihren gesunden Menschenverstand und ihre Gerechtigkeit erstaunt sein. Ich habe keine Ansprüche an Anwälte – ich bin ganz ehrlich, wissen Sie – die Aufgabe von Anwälten besteht darin, die Wahrheit zu umgehen und zu umgehen, Beweise zu verfälschen, Zeugen zu verwirren und die Gerechtigkeit zunichte zu machen. Ich spreche nur von den Gesetzen."
„Wissen Sie etwas über die Gesetze des Wahnsinns?" fragte Jones.
"Etwas."
„Ich hatte einen Freund, der angeblich unter psychischen Problemen litt. Zwei Ärzte verabreichten ihm Drogen und brachten ihn in eine Anstalt – er war ziemlich harmlos."
„Was meinst du damit, ihn gedopt zu haben?" fragte der andere.
„Habe ihm ein Medikament gegeben, um ihn zu beruhigen, und habe ihn dann in einem Auto mitgenommen."
„War da Geld im Spiel?"
„Man könnte sagen, das gab es. Er war eine Million wert."
„Könnte irgendjemand davon profitieren, dass er weggebracht wird?"
„Nun, ich gehe davon aus, dass man einen solchen Fall erkennen könnte; Die Familie hätte doch die Verantwortung für die Million, nicht wahr?"

„Es hängt alles davon ab – aber eines ist sicher: Es gäbe einen hektischen Rechtsstreit, den jeder kluge Anwalt bewältigen müsste, wenn der Kläger nicht zu weit in seinem Kopf wäre, um zu plädieren. Wie dem auch sei, die Drogeneinnahme ist nicht in Ordnung – die ganze Sache klingt faul."

„Angenommen, er ist entkommen", sagte Jones. „Könnten sie ihn mit Gewalt zurücknehmen?"

„Das ist eine schwer zu beantwortende Frage. Wenn er Shines zerschneiden würde, wäre es einfach, aber wenn er schlau genug wäre, so zu tun, als wäre er bei Verstand, könnte es schwierig sein. Sehen Sie, er müsste verhaftet werden, kein Mann kann auf die Straße gehen und einen anderen Mann ergreifen und sagen: „Du bist verrückt, komm mit mir, einfach weil, selbst wenn er eine Wahnsinnsbescheinigung gegen den anderen Mann hat." Der andere Mann könnte sagen, dass du einen Fehler gemacht hast, ich bin nicht die Person, die du willst. Dann wäre es eine Frage der Vereidigung vor einem Richter. Die guten alten Gesetze Englands sehen die Freiheit des Körpers und das Recht des einzelnen Menschen, zu seiner eigenen Verteidigung gehört zu werden, sehr streng vor. Wenn Ihr Verrückter nicht zu verrückt wäre und im Haus eines Freundes Zuflucht suchen würde und der Freund ihn unterstützen würde, würde das die Sache noch schwieriger machen."

„Wenn er in seinem eigenen Haus Zuflucht suchen würde?"

„Oh, das würde die Sache noch schwieriger machen, sehr viel schwieriger. Es sei denn, er würde sich nicht in einer Art und Weise verhalten, die dem öffentlichen Frieden schadet, indem er aus Fenstern schießt und so weiter. Die Gesetze Englands sind sehr streng, wenn es darum geht, das Haus eines Mannes zu betreten. Würden die Verfolger natürlich vor einen Richter treten und schwören, dass es sich bei dem Verfolgten um einen gefährlichen Wahnsinnigen handele, dann könnte zwar ein Recht auf Durchsuchung und Einreise gewährt werden, aber die Beweislast läge bei den Verfolgern. Nun ist es sehr einfach, mit armen Wahnsinnigen umzugehen: Der Hilfsbeamte kann auf der Grundlage einer Wahnsinnsbescheinigung zum Häuschen oder Mietshaus des armen Mannes gehen und ihn mitnehmen, denn, wissen Sie, der Mann besitzt angeblich kein Eigentum dass niemand an seiner Internierung interessiert ist, aber sobald man das Eigentumselement einführt, muss man den Teufel bezahlen, besonders in Fällen, in denen der Verrückte nur exzentrisch ist und sozusagen nicht mit Strohhalmen im Haar vor Gericht kommt."

„Ich verstehe", sagte Jones. Er bot Zigaretten an, und schon bald entfernte sich der Gesprächspartner, nachdem er sich aufgrund seines professionellen Ratschlags vier Pence geliehen hatte.

Der Rest dieser Nacht war eine sehr gute Nachahmung eines Albtraums. Jones probierte nacheinander verschiedene Sitze aus und schaffte es, gut zu laufen. Dawn fand ihn auf der London Bridge, wo er der Geburt eines weiteren perfekten Tages zusah, aber ohne Begeisterung.

Er war fröhlich, aber müde. Der Gedanke, dass er um etwa neun Uhr in der Lage sein würde, achttausend Pfund in die Hände zu bekommen, gab ihm den Grund für seine Heiterkeit. Er hatte oft von der Freude des Lebens unter freiem Himmel und der Freiheit des Landstreichers gelesen; Aber im Nachhinein gefiel ihm das Leben unter freiem Himmel in London nicht. Zweimal war er von Polizisten angehalten worden, und nach dem Weggang des Barometermanns waren seine Nachbarn von einem Typ, der weder Sympathie noch Vertrauen hervorrief.

Er hörte, wie Big Ben um sechs Uhr dröhnte. Er hatte noch drei Stunden vor sich und beschloss, es im Gehen zu schaffen. Er würde in die Stadt fahren und dann mit Appetit auf Frühstück zurückkommen.

Nachdem er diesen Entschluss gefasst hatte, machte er sich auf den Weg und ging durch die verlassenen Straßen, bis er die Bank erreichte, und dann weiter, bis er die Mile End Road erreichte.

Während er ging, schmiedete er Pläne. Wenn er sein Geld abgehoben hatte, frühstückte er in einem Restaurant, er entschied sich für Romanos, Eier und Speck und Würstchen, Kaffee und warme Brötchen würden auf der *Speisekarte stehen* . Dann fragte er sich, ob das Romanos' zum Frühstück geöffnet sein würde oder ob es sich um ein Restaurant handelte, das nur Mittag- und Abendessen serviert. Wenn ja, dann könnte er im Charing Cross Hotel frühstücken.

Diese Überlegungen führten ihn ein gutes Stück auf seinem Weg. Dann verführte ihn die Mile End Road, die gerade und fremdartig aussah und leer im Sonnenlicht lag. Der Wetterapparat des Barometer-Mannes muss schuld gewesen sein, denn am ganzen Himmel gab es keine Wolke und auch keine Anzeichen dafür, dass eine Wolke aufzog.

Unten in der Nähe der Docks zeigte eine Uhr über einem Wirtshaus auf halb sieben, und er hielt es für Zeit, zurückzukehren.

Er kam zurück. Die Mile End Road war immer noch verlassen, die Stadt rund um das Ufer war leer und die Fleet Street leer.

Pompeji lag nicht gänzlicher tot da als diese seltsame Stadt mit riesigen Geschäftspalästen, und am Strand war nichts oder fast nichts von Leben zu sehen, alle Geschäfte waren geschlossen, obwohl es jetzt fast neun Uhr war.

Irgendetwas war mit London passiert, etwas Unheil war über die Einwohner gekommen, überall schien der Tod zu sein, nicht gesehen, aber angedeutet.

Vereinzelte Erinnerungen an seltsame Geschichten von HG Wells gingen Jones durch den Kopf. Er erinnerte sich an die Stadt London, als die Marsmenschen mit ihr fertig waren, diese Stadt des Todes, des Grauens, des Sonnenlichts und der Stille.

Dann plötzlich, als er sich dem Gerichtsgebäude näherte, wurde ihm plötzlich die schreckliche Wahrheit bewusst.

Er ging an einer Ecke auf einen diensthabenden Polizisten zu, einen Polizisten, der unter der Faszination der allgemeinen Düsternis und Trübsal zu stehen schien, ein Polizist, der der blaue Betonkern der Verneinung hätte sein können.

„Sagen Sie, Officer", sagte Jones, „welcher Tag ist heute?"

„Sonntag", sagte der Polizist.

KAPITEL XXX

EIN GERECHTER MANN WÜTEND

Wenn Dinge über eine bestimmte Höhe hinaus übereinander gestapelt werden, fallen sie in der Regel krachend zu Boden.

Dieses eine Wort „Sonntag" war für Jones der letzte Tropfen, der das Fass zum Überlaufen brachte und Frühstück, Bank und alles wegfegte; Zusammen mit den Ereignissen der letzten vierundzwanzig Stunden brachte es seine geistige Selbstgefälligkeit in den Ruin, einen Ruin, aus dem lodernde Strahlen des Zorns hervorschossen.

Rote Wut erfüllte ihn. Man hatte ihn ausgenutzt, jeder und alles war gegen ihn. Nun ja, er würde beißen. Er würde zuschlagen. Er würde angreifen, ohne Rücksicht auf alles, ohne Rücksicht auf alles.

Glücklicherweise erregte ein fasziniert aussehendes Taxi, das auf der gegenüberliegenden Straßenseite entlang kroch, seine Aufmerksamkeit.

„Ich mache Heu!" rief Jones, als er über die Straße eilte. Er hielt das Taxi an.

„10A, Carlton House Terrace", rief er dem Fahrer zu. Er stieg ein und schloss die Tür mit einem Knall.

Er stieg an der Carlton House Terrace aus, lief die Stufen von 10A hinauf und klingelte.

Die Tür wurde von dem Mann geöffnet, der dabei geholfen hatte, Spicer herauszuwerfen. Er schien nicht im Geringsten überrascht zu sein, Jones zu sehen.

„Bezahlen Sie das Taxi", sagte Jones.

„Ja, mein Herr", antwortete der Diener.

Jones wandte sich dem Frühstücksraum zu. Als er die Tür öffnete, wehte ihm ein schwacher Kaffeeduft entgegen. Es waren keine Bediensteten im Zimmer. Nur eine Frau, die still und leise mit dem Leben des Heiligen Thomas von Kempis auf ihrem Teller frühstückt.

Es war Venetia Birdbrook.

Sie erhob sich halb von ihrem Stuhl, als sie Jones sah. Er schloss die Tür. Der Anblick Venetiens wirkte fast so schlimm auf ihn wie das Wort „Sonntag".

"Was machst du hier?" sagte er. „Ich weiß – du und die anderen haben mich in einer Irrenanstalt eingesperrt; Jetzt hast du das Haus in Besitz genommen."

Venetia war ziemlich ruhig.

„Da das Haus nicht Ihnen gehört", sagte sie, „kann ich nicht erkennen, welche Auswirkungen meine Anwesenheit hier auf Sie haben wird. Wir kennen die Wahrheit. Dr. Simms ist zu dem Schluss gekommen, dass Ihr Geständnis zumindest auf der Wahrheit beruhte. Dass Sie das sind, als was Sie sich ausgegeben haben, ein Mann namens Jones. Wir dachten, Sie wären verrückt, aber jetzt sehen wir, dass Sie ein Betrüger sind. Bitte verlassen Sie dieses Haus, sonst rufe ich einen Polizisten."

Jones' Geist verlor sein ganzes Feuer. Hass kann sowohl abkühlen als auch entflammen, und er hasste Venetia und all ihre Besitztümer, einschließlich ihrer Mutterwitwe und ihres Onkels, des Herzogs, mit einem Hass, der auf Vernunft und Fakten beruhte. All seine Angst vor Geistesstörungen, sollte er weiterhin die Rolle von Rochester spielen, war verschwunden, die Feuer der Trübsal hatten sie ausgelöscht.

„Ich weiß nicht, wovon Sie reden", sagte er. „Meinst du den Witz, den ich euch allen gespielt habe? Ich bin der Earl of Rochester, dies ist mein Haus, und ich bitte Sie, es zu verlassen. Sprich nicht. Ich weiß, was du sagen wirst. Sie und Ihre Familie werden dies tun und Sie werden jenes tun. Du wirst nichts tun. Selbst wenn ich ein Betrüger wäre, würden Sie es wagen, nichts zu tun. Die Wäsche Ihrer Familie ist viel, viel zu stark verschmutzt, um sie öffentlich auszustellen.

„Wenn ich ein Betrüger wäre, wer könnte dann sagen, dass ich kein ehrenhaftes Spiel gespielt habe? Ich habe wertvolles Eigentum zurückerhalten – habe ich es berührt und mitgenommen? Habe ich eine Affäre an die Öffentlichkeit gebracht, die einen Skandal ausgelöst hätte? Du wirst nichts tun und das weißt du. Du hast es nicht einmal gewagt, den Dienern hier zu erzählen, was passiert ist, denn der Diener, der mich hereingelassen hat, war kein bisschen überrascht. Wenn Sie nun Ihr Frühstück beendet haben, würden Sie dann freundlicherweise mein Haus verlassen?"

Venetia stand auf und nahm ihr Buch.

„ *Dein* Haus", sagte sie.

„Ja, mein Haus. Von diesem Tag an mein Haus. Aber das ist noch nicht alles. Morgen werde ich Anwälte an die Arbeit schicken und ich werde von euch allen haushohe Entschuldigungen bekommen – sonst werde ich strafrechtlich verfolgt." Er wurde wütend, „klagen Sie strafrechtlich an, weil

Sie mich gedopt haben." Er erinnerte sich an den Rat des Barometer-Mannes: „Dopieren Sie mich, um an diese Million Geld zu kommen."

Er ging zur Klingel und klingelte.

„Wir wollen keine Szene vor den Dienern", sagte Venetia hastig.

„Dann gehen Sie bitte", sagte Jones, „sonst haben Sie vor den Dienern ein perfektes Panorama."

Ein Diener trat ein.

„Schicken Sie Church hierher", sagte Jones. Er zitterte wie ein wütender Hund.

Er hatte die ganze Situation unter Kontrolle. Er hatte seine Geschichte erzählt und sich wie ein ehrenhafter Mann verhalten, die Narren hatten ihm nicht geglaubt und ihn unter Drogen gesetzt. Sie hatten die Wahrheit gewittert, aber sie wagten nichts zu tun. Mülhausen und die geborgene Mine, die Plinlimon-Briefe, Rochesters Vergangenheit, all das waren seine Bastionen, ganz zu schweigen von Rochesters Selbstmord.

Die Angst vor der Öffentlichkeit hielt sie in der Klemme. Sollten sie sogar nach Amerika gehen und beweisen, dass ein Mann namens Jones, genau wie der Earl of Rochester, in Philadelphia gelebt hatte, nach Savoy gehen und beweisen, dass ein Mann, der genau wie der Earl of Rochester dort gelebt hatte, die Kleidung hervorbringen, die er mitgebracht hatte Zuhause in dieser Nacht – all das würde sie, wohin – zu einer Klage führen.

Sie konnten ihn nicht als Betrüger verhaften, bis sie bewiesen hatten, dass er ein Betrüger war. Um das zu beweisen, müssten sie die Familiengeschichte vor der gaffenden Öffentlichkeit auf den Kopf stellen.

Mr. Church kam herein.

„Kirche", sagte Jones, „ich habe meinem Volk einen Streich gespielt. Ich traf im Savoy einen Mann namens Jones – nun, wir brauchen nicht ins Detail zu gehen, er war mir sehr ähnlich, und ich erzählte meinen Leuten aus Spaß, ich sei Jones. Die Narren dachten, ich sei verrückt. Sie riefen zwei Ärzte, gaben mir Medikamente und schleppten mich an einen Ort. Ich bin rausgekommen und hier bin ich zurück. Was halten Sie davon?"

„Nun, mein Lord", sagte Church, „wenn ich es Ihnen sagen darf, diese Scherze sind gefährlich – Lord Langwathby –"

„War er hier?"

„Er kam gestern Abend, mein Lord, um eine persönliche Erklärung zu einem Telegramm zu erhalten, das Sie ihm vor einiger Zeit aus Scherz geschickt hatten und das ihn nach Cumberland bringen sollte."

„Ich werde nie wieder einen anderen spielen“, sagte Jones. „Sag ihnen, sie sollen mir etwas Frühstück bringen, und sieh mal, Kirche, ich habe meiner Schwester gesagt, sie solle sofort das Haus verlassen. Ich will sie hier nicht mehr sehen. Sorgen Sie dafür, dass ihr Gepäck sofort abtransportiert wird.“
"Ja, mein Gebieter."
„Und sehen Sie, Kirche, lassen Sie niemanden herein. Lord Langwathby oder irgendjemand sonst. Ich möchte ein wenig Frieden. Lassen Sie übrigens ein Taxi rufen und sagen Sie mir, wann das Gepäck meiner Schwester unten ist.“
Während des Frühstücks kam Church herein und teilte mit, dass Miss Birdbrook abreisen würde, und Jones kam in den Flur, um die Tatsache zu überprüfen.
Venetia hatte eine Reisetasche aus Krokodilleder und einen Koffer mitgebracht.
Diese wurden zu einem Taxi befördert.
Sie sagte kein einziges Wort, um ihre empörten Gefühle zu lindern. Die Angst vor einer „Szene vor den Dienern“ hielt sie zum Schweigen.

KAPITEL XXXI

Er findet sich selbst

An diesem Abend um neun Uhr saß Jones im Raucherzimmer und schrieb. Er hatte Church eine wichtige Mission anvertraut, von deren Ausgang seine gesamte Zukunft abhing.

Wenn Sie seine Geschichte noch einmal Revue passieren lassen, so wie er sie jetzt selbst rezensiert hat, werden Sie feststellen, dass die Freiheit seines Willens trotz seines starken Willens und seiner Schnelligkeit immer durch die Umstände behindert wurde.

Die Umstände hatten von Anfang an bestimmt, dass er ein Lord sein sollte.

Ich überlasse es den Philosophen, zu bestimmen, was Umstände sind. Ich kann nur sagen, dass mir die Umstände bei einer angemessenen Kenntnis des Lebens mehr vorkommen als ein zufälliges Geschehen. Wer kennt nicht den Mann von Integrität und Können, den Mann, der für die Präsidentschaft oder den Vorsitzenden des Kollegiums vorgesehen ist und der sein ganzes Leben lang in einem Amt bleibt? Das Glück ist irgendwie gegen ihn. Oder der Mann, der mit allem, was gegen ihn ist, ins Leben startet und nicht schleichend, sondern sprunghaft ankommt.

Ich möchte die individuelle Leistung nicht in den Schatten stellen; Ich sage nur Folgendes: Wenn Sie jemals feststellen, dass die Umstände, deren anderer Name Fortune ist, Mitgefühl für Sie empfinden, um Sie zum Herrn zu machen, dann machen Sie sich keine Sorgen, denn wenn Fortune sich für einen Mann interessiert, ist sie als Frau schlau. Sie ist tatsächlich eine Frau.

Um halb zehn klopfte es an der Tür. Es wurde von Church eröffnet, die Teresa, Gräfin von Rochester, hereinbrachte.

Jones erhob sich von seinem Stuhl, Church schloss die Tür und sie standen sich allein gegenüber.

Das Mädchen setzte sich nicht. Sie stand da, hielt sich an einer Stuhllehne fest und blickte den Mann vor sich an. Sie sah verängstigt und benommen aus, wie eine Person, die an einem fremden Ort plötzlich aus dem Schlaf erwacht.

Jones wusste es sofort.

„Du hast die Wahrheit erraten", sagte er, „dass ich nicht dein Ehemann bin."

„Ich wusste es", antwortete sie, „als du es uns im Wohnzimmer erzähltest –
Die anderen hielten dich für verrückt. Ich wusste, dass du die Wahrheit
sagst."

„Deshalb bist du aus dem Zimmer gerannt."

"Ja; Was hast du noch zu sagen?"

„Ich habe noch viel mehr zu sagen; willst du dich nicht setzen?"

Sie setzte sich auf die Kante eines Stuhls, faltete die Hände und sah ihn
weiterhin mit diesem verängstigten, gehetzten Gesichtsausdruck an.

„Ich möchte genau das sagen", sagte Jones. „Ich habe in diesem Geschäft
von Anfang an versucht, ein klares Spiel zu spielen. Ich kann deinem
Gesichtsausdruck entnehmen, dass du Angst vor mir hast, als wäre ich etwas
Schreckliches. Ich gebe dir keine Vorwürfe. Ich bitte Sie, mir zuzuhören.

„Ihr Mann hat sich zwei Tatsachen zunutze gemacht: die Tatsache, dass ich
sein Zwillingsbild bin, wie er es nannte, und die Tatsache, dass ich
vorübergehend ohne Geld war und in London gestrandet war. Ich bin kein
Trinker, aber in dieser Nacht geriet ich unter den Einfluss starker Getränke.
Er nutzte das aus, um mich als sich selbst nach Hause zu schicken. Ich werde
etwas Schlimmes sagen; Das war nicht die Tat eines Gentlemans."

Das Mädchen zuckte zusammen.

„Niemals", fuhr Jones fort, „würde ich etwas gegen einen Mann sagen, der
tot ist, und dennoch bin ich gezwungen, Ihnen die Wahrheit zu sagen, damit
Sie diesen Mann so sehen können, wie er war – warten Sie."

Er ging zum Büro und holte einige Papiere heraus. Er reichte ihr eins. Sie las
den Inhalt:

„ Bleib dabei – wenn du kannst. Du wirst sehen, warum ich es nicht konnte .

„ ROCHESTER ."

„Das ist die Handschrift Ihres Mannes?"

"Ja."

„Denken Sie nun einen Moment über seine Tat Ihnen gegenüber nach. Er
hat mich, einen Fremden, nach Hause geschickt, ohne einen Gedanken an
dich zu denken."

Ihr Atem stockte.

„Was mich betrifft", fuhr Jones fort, „vom ersten Moment an, als ich Sie sah,
habe ich an Sie und Ihr Wohlergehen gedacht. Um deinetwillen habe ich
meine Geschichte erzählt, damit die Dinge geklärt werden könnten, und sie

haben mich wegen meiner Schmerzen in eine Anstalt gesteckt. Ich bin geflohen, ich bin hier, und um deinetwillen sage ich das alles. Macht es mir Freude, Ihnen den Charakter Ihres Mannes zu zeigen? Lieber würde ich mir die rechte Hand abschneiden, aber das würde dir nicht helfen. Du musst es wissen, sonst komme ich hier unmöglich raus. Lese das."

Er reichte ihr die Plinlimon-Briefe.

Sie las sie sorgfältig. Während sie das tat, setzte er sich und wartete.

„Diese wurden vor zwei Jahren geschrieben", sagte sie mit trauriger Stimme, als sie sie zusammenfaltete, „ein Jahr nach unserer Hochzeit."

Es war der Ton ihrer Stimme, der es bewirkte – als sie ihm die Briefe zurückgab, sah sie, dass seine Augen mit Tränen gefüllt waren.

Er stellte sie wortlos zurück in die Kommode. Er hatte das Gefühl, dass er die Unschuldigen erneut und auf grausamste Weise geschlagen hatte.

Dann kam er zu dem Stuhl zurück, auf dem er gesessen hatte, und blieb stehen und hielt die Rückenlehne fest.

„Sie sehen, wie wir beide aufgestellt sind", sagte er. „Um den Tod Ihres Mannes zu beweisen, müssten alle meine Geschäfte aufgebrummt werden. Es macht mir nichts aus, weil ich ehrlich gehandelt habe, aber es würde Ihnen etwas ausmachen. Die Tatsache seines Selbstmordes, die Tatsache, dass er mich nach Hause geschickt hat – alles, was einem immer wieder auffallen würde. Doch schauen Sie sich Ihre Position an – ich weiß nicht, was wir tun sollen. Wenn ich weggehe und in die Staaten zurückkehre, hinterlasse ich Sie vor der Welt als Frau eines noch lebenden Mannes, der Sie im Stich gelassen hat. Wenn ich bleibe und weiterhin Earl of Rochester bin, sind Sie an ein Phantom gebunden."

Er ging mit gesenktem Kopf auf und ab und kämpfte mit einem unlösbaren Problem, während sie dasaß und ihn ansah.

„Was ist für Sie am einfachsten?" fragte sie.

„Oh, ich", sagte er; „Ich denke nicht an mich selbst – natürlich zurück in die Staaten, aber das kommt nicht in Frage – es gibt viele einfache Dinge, die man tun kann, aber wenn mein Fall mit Ihrem in Berührung kommt, gibt es nichts Einfaches, das man tun kann. Glaubst du, es fiel mir leicht, an diesem Abend wegzugehen und dich auf mich warten zu lassen, mit dem Gefühl, dass du mich für ein Stinktier hältst? Nein, das war nicht einfach."

Sie hatte bis jetzt ganz ruhig und regungslos gesessen, dann blickte sie plötzlich nach unten. Sie brach in Tränen aus.

„Oh", rief sie, „warum warst du nicht er – wenn er nur du gewesen wäre."
Er kümmerte sich nicht um mich, aber ich liebte ihn – dich – dich –"

„Ich interessiere mich für nichts außer dir", sagte er.

Sie schauderte am ganzen Körper und wandte den Kopf ab.

„Das ist für mich das Schlimmste daran", fuhr er fort. „Ich kann nicht
entkommen, ohne dich und damit mich selbst zu verletzen – und doch
wundere ich mich nicht darüber, dass du mich hasst."

Sie drehte ihr Gesicht zu ihm, es war gerötet und nass.

„Ich hasse dich nicht", sagte sie; „Du bist der einzige Mann, den ich je
getroffen habe – selbstlos."

„Nein", sagte er, „ich bin egoistisch. Nur weil ich dich liebe, denke ich mehr
an dich als an mich selbst, und ich liebe dich, weil du gut und süß bist. Ich
kann dir deswegen nichts Unrecht tun. Wenn du eine andere Frau wärst,
würde ich mich nicht um dich kümmern. Ich schätze, ich wäre schon
grausam genug und würde losgehen und dich gefesselt zurücklassen und in
die Staaten zurückkehren – aber du bist du, und das ist mein Ärgernis. Ich
wusste bis jetzt nicht, wie ich an dich gebunden war; gestern in dieser Anstalt
und die ganze letzte Nacht habe ich nicht an dich gedacht. Mein einziger
Gedanke war, wegzukommen. Ich bin heute aus Geldmangel hierher
gekommen. Ich war so wütend über die ganze Sache, dass ich beschloss,
weiterhin Rochester zu bleiben – dann kam ich in den Sinn, und ich schickte
Church, um dich zu bitten, zu mir zu kommen – es hat viel Gutes bewirkt."

„Ich weiß es nicht", sagte sie.

Er sah sie schnell an. Ihr Blick senkte sich.

Im nächsten Moment war er neben ihr, kniete nieder und hielt ihre Hand.

Einen Moment lang sagten sie kein Wort. Dann sprach er, als würde er
Fragen beantworten.

„Wir können heiraten – Oh, es macht mir nichts aus, weiterhin Earl of
Rochester zu sein. Es gab Zeiten, in denen ich dachte, ich würde
durchdrehen – aber jetzt, wo du die Wahrheit kennst, kann ich wohl weiter
so tun, als ob. Man kann die Trauung zweimal durchführen lassen – natürlich
müsste es privat sein – ich kann nicht glauben, dass das wahr ist – ich glaube
nicht, dass du dich jemals um mich kümmern kannst – ich weiß nicht,
vielleicht wirst du das tun – Kümmerst du dich überhaupt um mich – ich
glaube, ich bin halb verrückt, aber sag mal – wann hast du angefangen, mich
um meinetwillen zu mögen – war es nur, weil du dachtest, ich sei selbstlos –
oder –"

„Wenn ich dich überhaupt mag", sagte sie mit einem kleinen Ton in der Stimme, „vielleicht war es diese – Nacht –"

„Welche Nacht?"

„In der Nacht, in der du zugeschlagen hast –"

„Der Russe – aber damals dachten Sie, ich wäre *er*."

„Vielleicht", sagte sie verträumt, „aber ich dachte, es wäre anders als er – verstehst du?"

"Ich weiß nicht. Ich verstehe nichts anderes, als dass ich immer für dich sorgen, dich anbeten und mich niederlassen muss, damit du darauf herumtrampeln kannst."

„Gute Nacht", sagte sie schließlich.

Sie stand da und bereitete sich auf den Weg vor. „Die Familie kennt die Wahrheit, zumindest ist sie sich der Wahrheit sicher, aber wie Sie sagen, sie können nichts tun. Stellen Sie sich ihre Gefühle vor, wenn ich ihnen erzähle, worüber wir uns geeinigt haben! Mit mir an Ihrer Seite sind sie absolut hilflos."

Glücklicherweise gibt es kein Gesetz, das die Wiederverheiratung zweier verheirateter Personen im privaten Rahmen verbietet; Die guten alten Anwälte Englands denken zweifellos, dass ein Mann, der die Zeremonie einmal durchlaufen hat, es für ausreichend halten würde.

All das, was ich Ihnen erzählt habe, geschah vor einigen Jahren, Jahre, die von einigen sehr praktischen und brillanten Reden im House of Lords und dem Tod des Hon. geprägt waren. Venetia Birdbrook leidet an Leberbeschwerden. Es ist eine seltsame Geschichte, aber nicht seltsamer als das Gesicht der Gräfinwitwe von Rochester, wenn sie privat all die netten Komplimente liest, die die Zeitungen über ihren Sohn zu sagen haben.